コンタクトセンターのプロから学ぶ

コンタクトセンター スーパーバイザー 完全マニュアル

顧客応対品質の管理と コミュニケーションマネジメント

公式テキスト

コンタクトセンター検定試験 スーパーバイザー資格

CMBOK2.0 準拠
試験範囲完全対応

FOM出版 | コン検
日本コンタクトセンター教育検定協会

一般社団法人　日本コンタクトセンター教育検定協会（コン検）は、
コンタクトセンター就業者の皆様とともに、『日本で初めての資格認定制度』を通じて、
コンタクトセンター業界の発展を支えていきます。

※発行者および編集者は、本書の使用によるコンタクトセンター検定試験の合格を保証するものではありません。
※コンタクトセンター検定試験問題は非公開です。本書に掲載している練習問題は、実際の試験問題と同様の仕様にて作題し、精査した問題ですが、実際の試験での出題を保障するものではありません。
※本書の出版にあたっては、正確な記述に努めましたが、発行者および編集者のいずれも、本書の内容に対して何らかの保障をするものではなく、内容に基づく如何なる運用結果にも一切の責任を負いません。
※本書に記載されている会社名、製品名はそれぞれ各社の商標および、登録商標です。
※本書では TM、®、©は割愛しております。

目次

第1章　コンタクトセンターとCMBOK　　1
- 1　コンタクトセンターとは　　2
- 2　CMBOKフレームワーク　　9

第2章　経営戦略と財務［ST］　　19
- ST-1　コンタクトセンター戦略　　20
- ST-2　計画の策定　　23
- ST-3　コンタクトセンターの財務　　26
- ST-4　リスクとコンプライアンス　　28
- ST-5　利害関係者の満足度とVOC　　31

第3章　カスタマーサービス［CS］　　37
- CS-1　サービスの特性　　38
- CS-2　サービス・エンカウンター　　41
- CS-3　サービスサイエンス　　43
- CS-4　顧客満足と顧客ロイヤルティ　　48
- CS-5　顧客対応　　51
- CS-6　サービスの提供　　54
- CS-7　新しいチャネルにおけるサービスの提供　　58
- CS-8　ソーシャルメディアサービス　　61
- CS-9　苦情・クレーム対応　　64
- CS-10　消費者保護と関連法規の理解　　69

第4章　CRMコンタクトセンター戦略の実践［CR］　　73
- CR-1　コンタクトセンターにおけるCRM活動の概要　　74
- CR-2　コンタクトセンターにおけるCRM活動の実践　　79
- CR-3　カスタマー・エクスペリエンス・マネジメント　　81
- CR-4　カスタマー・エンゲージメント・マネジメント　　83
- CR-5　ビッグデータ　　85

第5章　オペレーション［OP］ ... 87

- OP-1　業務量予測 ... 88
- OP-2　必要要員数の算出 ... 91
- OP-3　要員計画とシフト計画・調整 ... 95
- OP-4　リアルタイムマネジメント ... 99
- OP-5　指標管理 ... 102
- OP-6　プロセスのモニタリング ... 111
- OP-7　業務改善 ... 114
- OP-8　学習する組織（ラーニング・オーガニゼーション） ... 117
- OP-9　法令遵守と顧客保護管理態勢（コンタクトセンターのコンプライアンス） ... 121
- OP-10　職場環境の管理 ... 127
- OP-11　ビジネス継続性の確保（BCP） ... 130

第6章　ヒューマン・リソース・マネジメント［HR］ ... 133

- HR-1　スキル定義 ... 134
- HR-2　採用 ... 136
- HR-3　トレーニングの実施 ... 138
- HR-4　スキルの管理と検証 ... 141
- HR-5　コーチング ... 143
- HR-6　エンパワーメント ... 147
- HR-7　モチベーション ... 152
- HR-8　チームビルディング ... 157
- HR-9　ストレス管理 ... 160
- HR-10　スタッフの評価 ... 167
- HR-11　スタッフの定着促進 ... 169

第7章　センターアーキテクチャー［AR］ ... 173

- AR-1　業務要件定義の作成 ... 174
- AR-2　サービスの調達 ... 178
- AR-3　業務仕様書とサービスレベル・マネジメント ... 186

| AR-4 | ファシリティ・マネジメント | 191 |
| AR-5 | プロジェクトマネジメント | 192 |

第8章　ICTマネジメント［IC］　195

IC-1	コンタクトセンターシステムの選定	196
IC-2	電話回線の知識	198
IC-3	電話回線数の設定	200
IC-4	コンタクトセンターにおける主要な情報通信システム	202
IC-5	コンタクトセンターと情報セキュリティ	208
IC-6	ITサービスマネジメント	212

第9章　コンタクトセンターの監査［AU］　217

AU-1	監査の計画と準備	218
AU-2	監査の実施	220
AU-3	監査の報告	222
AU-4	フォローアップと是正活動	224

第10章　コンタクトセンターの職能スキル［PE］　227

PE-1	応対の基本	228
PE-2	コミュニケーション	231
PE-3	リスニングスキル	234
PE-4	トークスキル（話すスキル）	237
PE-5	質問スキル	239
PE-6	シンキングスキル（考えるスキル）	241
PE-7	ライティングスキル（書くスキル）	243
PE-8	ヒューマンリレーション	245
PE-9	チームワーク	250
PE-10	リーダーシップ	252
PE-11	ネゴシエーション	256
PE-12	業務の達成	260

PE-13	問題解決能力と論理的思考	264
PE-14	ロジカル・ライティング	273
PE-15	統計基礎	281

第11章　PCスキルの基礎［PC］　287

PC-1	コンタクトセンター PCスキル基礎	288
PC-2	文章入力	291
PC-3	Webと検索	297
PC-4	表計算	300
PC-5	データベース基礎	309

第12章　職業人としての個人の資質と行動［PA］　311

PA-1	顧客サービスの理解	312
PA-2	リーダーシップ・個人の責任	314
PA-3	モチベーションの維持	316
PA-4	役割と信頼関係の創出	317
PA-5	自信	318
PA-6	積極的・前向きな姿勢	319
PA-7	忍耐と包容力	320
PA-8	学習への意欲	321
PA-9	共感力	322
PA-10	創造性	324
PA-11	一貫性	325
PA-12	柔軟性	326

付　録　327

コンタクトセンター検定試験の概要	328
検定試験の練習問題	331
練習問題の解答と解説	349
用語集	365

第1章
コンタクトセンターとCMBOK

　日本コンタクトセンター教育検定協会（略称：コン検）では、コンタクトセンターのマネジメントに必要な知識やコンピテンシーを体系化し、「コンタクトセンターマネジメント知識スキル体系ガイド（Contact Center Management Body of Knowledge Guide Book）」として、まとめています。
　コン検では、この知識スキル体系を「CMBOK（シンボック）」と略称し、本書では、CMBOKのフレームワークを基に、スーパーバイザーとして求められるコンピテンシーについて記述しています。
　本章では、コンタクトセンターの定義とCMBOKのフレームワークを学びます。

1 コンタクトセンターとは

1 コンタクトセンターとは

「コンタクトセンター」は、一般には、「コールセンター」として知られていますが、最近では電話だけでなく、Eメールやファックス、郵便、さらにはソーシャル・ネットワークサービス（SNS）などを通じた非対面の顧客対応を広く取り扱っています。このため、顧客との接点（コンタクト）全般を扱うという意味で最近では「コンタクトセンター」といわれるようになってきました。CMBOKでも、そうした背景を踏まえ、企業の非対面の顧客接点を扱う組織をコンタクトセンターと呼んでいます。

1-1 コンタクトセンターとは何か

CMBOKでは、コンタクトセンターを「企業または組織の顧客接点の中心的な存在として、電話などの非対面のチャネルを通じて一元的に対応し、顧客満足度の向上と企業の利益を最大化することを目的としたさまざまな顧客サービスを提供する組織を指す」と定義しています。

電話などの非対面のチャネル

コンタクトセンターは、企業の営業部門などとは異なり、直接的な手段（対面）での顧客接点ではなく、電話などの非対面のチャネル（媒体）を通じた顧客対応を行う組織です。非対面のチャネルには、電話での顧客対応から、EメールやWeb上でのチャットシステム、ファックス、郵便が含まれます。さらに最近では、ソーシャル・ネットワークサービス（SNS）などの媒体を通じたコミュニケーションもコンタクトセンターの業務に取り入れる動きがあります。

一元的に対応

コンタクトセンターは、個別の組織内のグループで顧客対応を行うのではなく、ある程度の規模で一元的に対応を行うことを想定しています。他のコンピテンシー分野（運営）などで詳細を述べますが、規模を拡大すると生産性が向上するといわれています。

> **顧客満足度の向上と企業収益の最大化**
> 企業収益の最大化には、企業の顧客を維持し、さらに新しい顧客を獲得していくことが重要です。顧客接点を一元的に運営するコンタクトセンターの役割の大きさを理解しましょう。

2　コンタクトセンターの利害関係者とは

コンタクトセンターでの仕事を考えるとき、顧客（コンタクトセンターの利用者）と対応業務を行うオペレーターが、まず頭に浮かびます。しかし、コンタクトセンターの周りには、顧客、コンタクトセンター運営組織、クライアント組織など立場の異なる関係者がいます。これらの関係者のことを利害関係者（ステークホルダー）といいます。各ステークホルダーについて理解することは、コンタクトセンターでのキャリア構築の第一歩となります。

■ 2-1　コンタクトセンターの利害関係者

コンタクトセンターの利用者である顧客を中心とした利害関係者（ステークホルダー）を理解することにより、全体を俯瞰したコンタクトセンターマネジメントを行うことができます。

顧客戦略を遂行する上で考慮すべき利害関係者（ステークホルダー）

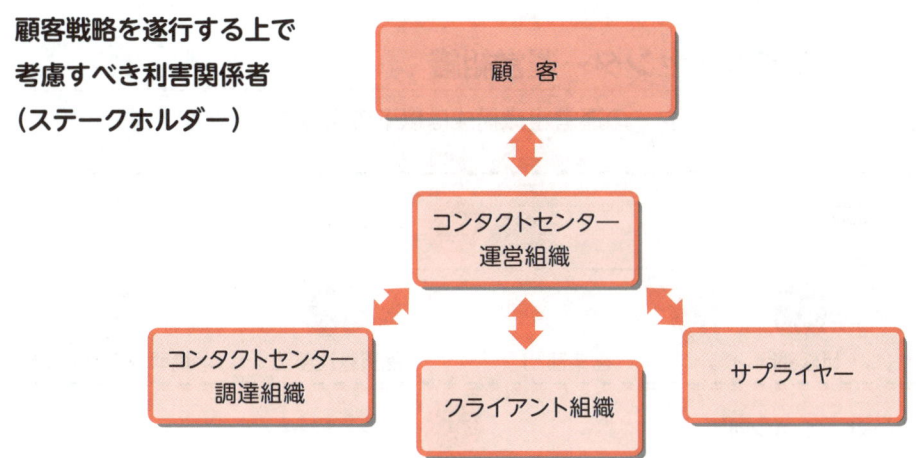

顧客	コンタクトセンターの利用者です。エンドユーザーということもあります。対法人（B to B）、対消費者（B to C）のいずれも、コンタクトセンターサービスの利用者を顧客と定義します。
コンタクトセンター運営組織	顧客に対して直接的にサービスを提供する組織であり、コンタクトセンター／コールセンターの業務を行う組織を指します。
クライアント組織	組織の顧客戦略を基に、コンタクトセンター運営組織にその実行を委嘱する組織を指します。
コンタクトセンター調達組織	クライアントに代わってコンタクトセンターの運営組織のすべて、もしくは一部を調達する役割を担う組織を指します。クライアント組織の一部としてその役割を担うことがあり、単一の組織ではなく、購買・法務などのコンタクトセンター外の組織を含むプロジェクトとして活動することもあります。
サプライヤー	特に情報通信システムなど、コンタクトセンター運営組織の活動をサポートする組織を指します。また、人材の提供などを行う人材派遣会社などもサプライヤーとして位置づけることができます。

大切なことは、企業や組織の活動にとって最も大切な顧客対応をバックアップするため、各々の利害関係者がサポートをしていることです。オペレーターとして顧客対応をしていても、スーパーバイザーとして顧客対応を行うオペレーターを管理する業務を行っていても、多くの利害関係者のサポートの基にサービスが提供されているのです。

2-2　コンタクトセンター運営組織

典型的なコンタクトセンターの運営組織構成は以下のようになっています。

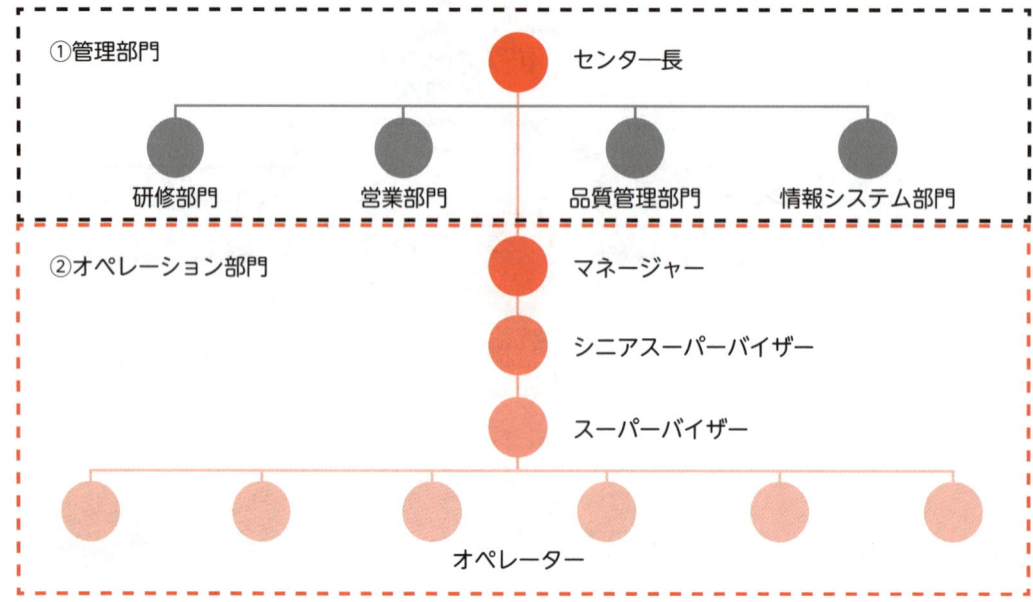

コンタクトセンターの組織は、企業や団体の組織や部門の構成によって異なります。しかし、機能単位でみていくとおおよそ上図の通りです。

■ コンタクトセンターを支える二つのグループ

①管理部門

サポート部門ともいい、オペレーション部門の仕事をサポートし、マネジメントを支える機能を持った部門です。

- コンタクトセンター全体を統括する「センター長」
- オペレーション部門で働くスタッフの教育や、電話などの機材の管理、コンタクトセンターで請け負う仕事の受発注、オペレーション部門の仕事を管理するスタッフなど

②オペレーション部門

顧客対応の業務を実際に行う部門です。

- オペレーター：
コンタクトセンターによって、エージェント、コミュニケーター、スタッフ、CSR、TSRなどと呼ぶセンターもあります。
- スーパーバイザー・リーダー：
    - 複数のオペレーターをまとめたチームのリーダーとしての仕事をします。コンタクトセンターのマネジメント職の初級にあたります。
    - 電話の状況をみてオペレーターの配置管理をしたり、オペレーターの勤怠や職場生活の監督をします。
    - オペレーターでの対応が難しい高度な内容や、苦情などの場合は直接お客様との対応も行います。

＊スーパーバイザーの業務は多岐にわたり、スーパーバイザーの中で業務を専門化して分化させ、複数の階層を設定することもあります。
（例：サブスーパーバイザー、シニアスーパーバイザーなど）

■ コンタクトセンターの具体的なポジションの例

以下はコンタクトセンター組織の例です。
ポジションによって業務のミッションは違っても、チームとしての目標達成（顧客満足度の向上、売上向上、業務パフォーマンスの管理と向上、コストの削減など）に向けてチー

ムを編成しています。

各々のポジションの業務を理解すると共に、組織目標にどのように貢献できるかを考えていく必要があります。

ポジション	役割の例
センター長	目標策定／予算管理／人事／クライアント組織との調整
マネージャー	担当部門の目標管理／運用管理／要員計画
管理スタッフ	指標管理（コール分析）／要員シフト計画／報告書の作成
ＩＴ担当者	情報通信システム企画・運用／ＩＴ資産管理
セキュリティ担当	コンプライアンス・ポリシー策定／運用監視／セキュリティ教育
品質管理担当	顧客満足度調査／モニタリング／パフォーマンス指標管理／業務改善計画／リスク管理
トレーナー	研修企画・計画／ミニマムスキル策定／コースデザイン・カリキュラム作成／研修実施／スキル・知識の検証（品質管理と連携）
スーパーバイザー	チーム統括／エスカレーション対応／シフト作成／環境整備／業務改善／モニタリング
オペレーター二次対応（エスカレーション）	一次対応からのエスカレーション
オペレーター	一次対応／受付・回答／応対の記録（ログ）の作成

3 コンタクトセンターマネジメントとは

コンタクトセンターを取り巻く利害関係者を理解して、それらの要求がそれぞれ異なることを理解すると、その調整と最適化が重要であることが分かります。例えば、顧客満足度の高い対応を求められる一方で、投入できる人材やお金には限りがあります。それらを適切にコントロールすることが求められています。どのようにそれらを最適化し、かつステークホルダーの要求を満たすかが問われています。

■ 3-1 コンタクトセンターマネジメントとはなにか

コンタクトセンターマネジメントとは、そのステークホルダーの要求を満足させる為に、必要なリソース（人、ツール・ICTなど）をコントロールすることです。コンタクトセンターマネジメントは、人、プロセス、ツールに対して、必要な知識、スキル、ツールおよび技法を活用することによって行われます。

コンタクトセンターマネジメントエリア

戦略エリア

戦略エリアでは、クライアント組織の構築した顧客戦略に基づき、コンタクトセンター組織が、どのようなコンタクトセンターを構築・運営していくか（コンタクトセンター戦略）を定めます。

オペレーションエリア

人材・プロセス・テクノロジー（ICTシステムなど）から構成されます。

人材	必要なプロフェッショナル領域の知識・スキル、顧客応対スキルを持つ人材の育成と管理を指します
プロセス	高品質のサービスを提供するための効率的な業務プロセスを指します
テクノロジー	コンタクトセンターに必要不可欠な情報通信システム（ICT）の適切な活用を指します

人材育成エリア

コンタクトセンターでキャリアを構築するために必要な、職能スキルを定義するとともに、必要な職能スキルを継続的に高めることができる人材育成の組織的な方法論について定めます。

コンタクトセンターマネジメントエリア

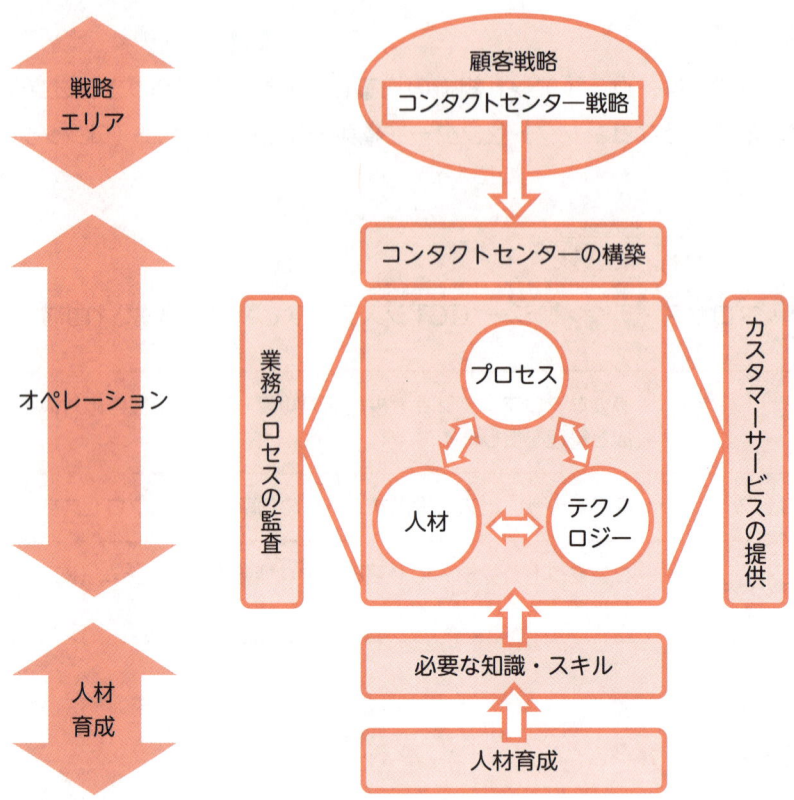

 ポイント　コンタクトセンターマネジメントとは、組織の顧客戦略を基盤として、人・プロセス・ツール（情報通信システムなど）を適切にコントロールして、顧客やクライアントなどの利害関係者の要求を満足させることです。

2　CMBOKフレームワーク

CMBOKの知識スキルエリア

CMBOKはコンタクトセンター戦略を基に、カスタマーサービス、運営、構築の主要3分野と、主要3分野のマネジメントプロセスをチェックする監査分野が定められており、これらのプロセスを支える人材のベーススキルをまとめたベース分野で構成されています。また、人材を育成するコンピテンシーとして、ラーニング・ファシリテーション分野を定めています。

CMBOK構成図

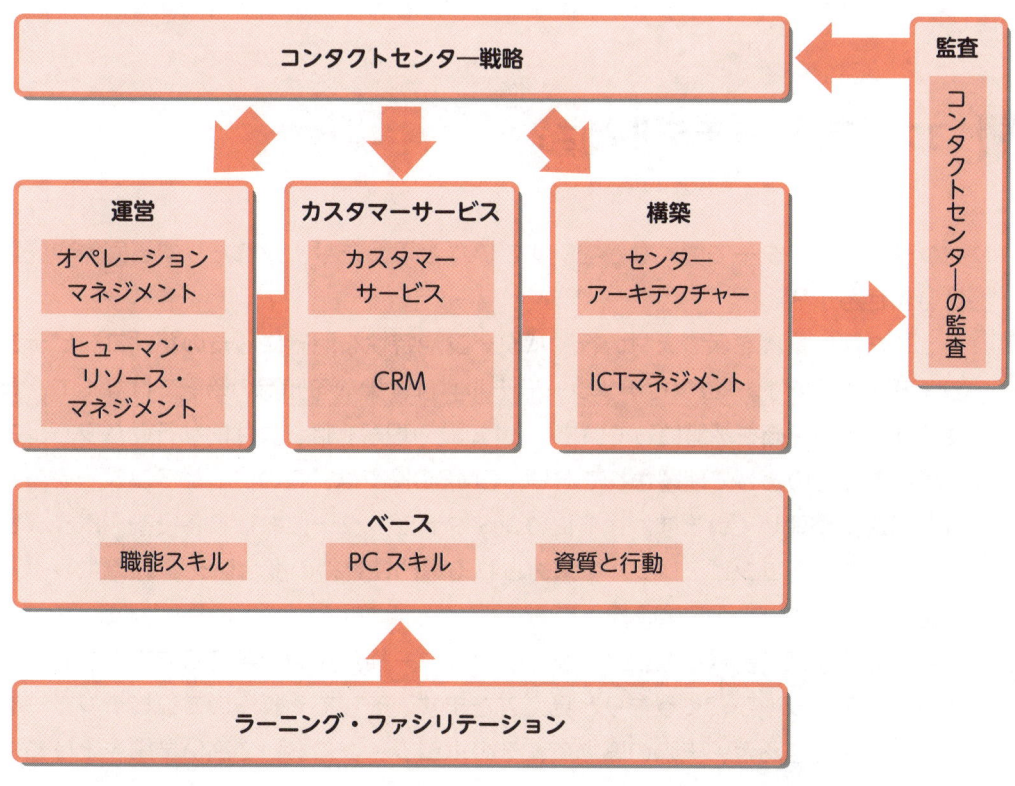

■ コンピテンシーモデルと専門性の実践

CMBOKでは、コンタクトセンターに従事する人材に求められるコンピテンシーを明確にし、コンタクトセンターにおけるキャリアパスを構築することを目指しています。

各コンピテンシーをその専門性の実践度に合わせて4つのレベルで定義しており、コンタクトセンター検定試験の各資格は、このレベルに応じて構築されています。

レベル	専門性獲得の度合い
レベル1	コンピテンシーを理解する
レベル2	コンピテンシーを実践する
レベル3	さらに複雑なタスクにおける実践や、改善活動を行う
レベル4	コンピテンシーの実践を指導する

スーパーバイザーは、多くのコンピテンシーで、「レベル2」の実践レベルや「レベル3」の高度な実践、改善レベルが求められます。

■ コンピテンシーモデルとは？

コンタクトセンターで働くなかで、すごいなと思ったり、憧れたりする同僚や先輩はいませんか？

そうした高い業績を保つ人材の行動パターンや特性を明確にしたのが「コンピテンシーモデル」です。「コンピテンシーモデル」は、単なる知識の暗記ではなくて、具体的な行動の評価を基盤にしています。「知識や理解」は、具体的な行動パターンの背景にあるものとして理解されており、CMBOKでは、このコンピテンシーを重要な分野毎に整理しています。さらにコンタクトセンターにおける各役割・ポジションに応じて、各コンピテンシーで求められる専門性獲得の度合いを4段階にレベル設定しています。

これらを注意深く調べると、コンタクトセンター検定試験の各資格で想定されているコンピテンシーが、くっきりと見えてきます。そしてそれらのコンピテンシーを正しく評価できると、実際の職場で、そのポジションにおいて高い業績を上げることが期待できます。

コンタクトセンター検定試験は、各資格の合格者がそのレベルに応じたポジションで実務でも業績を上げられるように設計されています。

■ 求められるコンピテンシーレベル

分野・分類		コンピテンシー		レベル 1：理解 2：実践 3：改善 4：指導				
				OP	SV	OMP	CAP	CSP
コンタクトセンター戦略								
経営戦略と財務（ST）								
	ST-1	コンタクトセンター戦略						
		1	クライアントの企業戦略の理解	1	1	2	2	2
		2	コンタクトセンター戦略の構築	1	1	2	2	2
	ST-2	計画の策定						
		1	コンタクトセンター中期計画の策定	-	1	3	3	2
		2	人材・調達・IT投資などの方針策定	-	1	3	3	2
		3	年間計画の策定	-	1	3	3	2
	ST-3	コンタクトセンターの財務						
		1	コンタクトセンター予算の管理	-	1	3	3	2
		2	コンタクトセンターにおける財務		1	3	3	2
	ST-4	リスクとコンプライアンス						
		1	リスクとその管理	1	1	4	4	3
		2	コンプライアンス	2	3	4	3	3
	ST-5	利害関係者の満足度とVOC						
		1	利害関係者の満足度	1	2	4	3	3
		2	顧客満足度調査（CS満足度調査）	1	2	4	3	4
		3	VOC	1	2	4	3	4
		4	クライアントおよびその他の利害関係者への満足度調査	1	3	4	3	3
		5	従業員満足度調査（ES調査）	1	3	4	3	2
カスタマーサービス								
カスタマーサービス（CS）								
	CS-1	サービスマネジメント						
		1	サービスについて	1	2	4	3	3
		2	サービスの特性	1	2	4	3	3
	CS-2	サービス・エンカウンター						
		1	サービス・エンカウンターとMOT	1	2	4	3	3
		2	コンタクト・パーソネル	1	2	4	3	3
	CS-3	サービスサイエンス						
		1	サービスサイエンス	1	2	4	3	3
		2	サービスサイエンスとコンタクトセンターでの活用	-	2	4	3	3
		3	サービスの分解	-	2	4	3	3
		4	サービスプロセスのモデル化	-	2	4	3	3
		5	事前期待のマネジメント	1	2	4	3	3
		6	サービスの価値創造	1	2	4	3	3
		7	サービスサイエンスとサービスの革新	-	2	4	3	3
	CS-4	顧客満足と顧客ロイヤルティ						
		1	顧客満足	1	2	4	2	3
		2	顧客ロイヤルティ	1	2	4	2	3
		3	スイッチング・バリアと顧客ロイヤルティ	1	2	4	2	3
		4	サービス品質と顧客満足度	1	2	4	2	3

分野・分類		コンピテンシー	レベル 1：理解 2：実践 3：改善 4：指導				
			OP	SV	OMP	CAP	CSP
CS-5	顧客対応						
		1 顧客サポートの目的	2	3	4	2	3
		2 顧客対応の基本姿勢	2	3	4	2	3
		3 顧客サポートの手法	2	3	4	2	3
CS-6	サービスの提供						
		1 顧客サポートの実施プロセス	2	3	4	2	3
		2 顧客サポートプロセスの改善	2	3	4	2	3
CS-7	新しいチャネルにおけるサービスの提供						
		1 新しいチャネルの利用	1	2	3	3	3
		2 利用するチャネルの特性を理解する	1	2	3	3	3
		3 チャネル単位での指標と目標値の管理	1	2	3	3	3
CS-8	ソーシャルメディアサービス						
		1 ソーシャルメディア	2	3	3	3	3
		2 ソーシャルメディアとコンタクトセンター	1	2	3	2	3
		3 ソーシャルメディアの活用	1	2	3	2	3
CS-9	苦情・クレーム対応						
		1 苦情・クレーム対応の方針	2	3	3	2	4
		2 苦情・クレーム対応のプロセス	2	3	3	2	4
CS-10	消費者保護と関連法規の理解						
		1 消費者保護関連法規の概要と、消費者団体に関する理解	2	2	3	2	3
		2 消費者保護関連法規の遵守	2	2	3	2	3
CRM　コンタクトセンター戦略の実践（CR）							
CR-1	コンタクトセンターにおける CRM 活動の概要						
		1 コンタクトセンター戦略の実践	1	2	4	2	2
		2 顧客アプローチの構築	1	2	4	2	2
CR-2	コンタクトセンターにおける CRM 活動の実践						
		1 CRM 活動実践のプロセス（顧客アプローチの構築）	1	2	4	2	2
		2 仮説検証のアプローチ	1	2	4	3	2
CR-3	カスタマー・エクスペリエンス・マネジメント						
		1 カスタマー・エクスペリエンス・マネジメント（CXM）	1	2	4	3	3
		2 カスタマー・エクスペリエンス・マネジメントの実践	1	2	4	3	3
CR-4	カスタマー・エンゲージメント・マネジメント						
		1 カスタマー・エンゲージメント	1	2	4	3	3
		2 カスタマー・エンゲージメント・マネジメント（CEM）	1	2	4	3	3
		3 ソーシャルメディアとカスタマー・エンゲージメント・マネジメント	1	2	4	3	3
CR-5	ビッグデータ（Big Data）						
		1 ビッグデータ	1	2	4	3	2
		2 ビッグデータの分析	1	2	3	3	2
運営							
オペレーション（OP）							
OP-1	業務量予測						
		1 需要の予測	1	1	3	4	2
OP-2	必要要員数の算出						
		1 必要要員数の算出	1	2	4	3	2
		2 アーラン C 式	1	2	3	4	2
		3 要員数の算出	1	2	3	4	2

分野・分類		コンピテンシー	レベル 1:理解 2:実践 3:改善 4:指導				
			OP	SV	OMP	CAP	CSP
OP-3	要員計画とシフト計画・調整						
		1 要員計画	1	3	4	2	2
		2 シフト計画・調整	1	3	4	2	2
OP-4	リアルタイムマネジメント						
		1 予測レベルの調整	1	3	4	2	2
		2 リアルタイムマネジメント	1	3	4	2	2
OP-5	指標管理						
		1 指標の理解と目標設定	1	3	4	4	2
		2 パフォーマンス管理	1	3	4	3	2
OP-6	プロセスのモニタリング						
		1 プロセスのモニタリング	1	3	4	2	3
OP-7	業務改善						
		1 プロセスのコントロールと改善	1	2	4	3	2
		2 変更管理	1	2	4	4	2
OP-8	学習する組織（ラーニング・オーガニゼーション）						
		1 自ら学ぶコンタクトセンターの構築	1	2	4	3	3
OP-9	法令遵守と顧客保護態勢（コンタクトセンターのコンプライアンス）						
		1 クライアント業務における法令遵守	1	2	4	4	4
		2 顧客保護管理態勢の構築	1	2	4	4	4
OP-10	職場環境の管理						
		1 職場の環境衛生	1	3	4	4	2
OP-11	ビジネス継続性の確保（BCP）						
		1 BCP（Business Continuity Plan）	1	2	4	4	2
		2 BCM（Business Continuity Management）	1	2	4	4	2
		3 BCPの発動と対応フェーズ	1	2	4	4	2
ヒューマン・リソース・マネジメント（HR）							
HR-1	スキル定義						
		1 ミニマムスキル定義	1	3	4	2	2
HR-2	採用						
		1 採用計画の構築	1	3	4	2	2
		2 募集・面談・採用	1	3	4	2	2
HR-3	トレーニングの実施						
		1 必要スキルの整理	1	3	4	2	2
		2 トレーニングメニューの開発	1	3	4	2	2
HR-4	スキルの管理と検証						
		1 スキルの検証計画と実施	1	3	4	2	2
HR-5	コーチング						
		1 コーチング	2	3	4	2	3
		2 コーチングによるパフォーマンスの向上	2	3	4	2	3
		3 コーチングを活用したフィードバック	2	3	4	2	3
		4 コーチング実施のポイント	2	3	4	2	3
		5 コーチングのメリット	2	3	4	2	3
HR-6	エンパワーメント						
		1 エンパワーメント	1	3	4	2	2
		2 エンパワーメントとリーダーシップ	1	3	4	2	2
		3 組織レベルでのエンパワーメント	1	3	4	2	2

分野・分類		コンピテンシー		レベル　1：理解　2：実践　3：改善　4：指導				
				OP	SV	OMP	CAP	CSP
HR-7		モチベーション						
		1	モチベーション理論	1	3	4	2	3
		2	モチベーションの管理	1	3	4	2	3
		3	モチベーションの向上	1	3	4	2	3
HR-8		チームビルディング						
		1	チームの条件	1	3	4	3	2
		2	チームビルディング	1	3	4	3	2
		3	チームダイナミクス	1	3	4	3	2
HR-9		ストレス管理						
		1	ストレス	2	3	4	2	2
		2	ストレスの原因	2	3	4	2	2
		3	ストレス管理の方法	2	3	4	2	2
		4	ストレスのデメリット	2	3	4	2	2
		5	役割ストレス	2	3	4	2	2
HR-10		スタッフの評価						
		1	スタッフの評価	1	3	4	2	2
HR-11		スタッフの定着促進						
		1	戦略的な定着のための施策	1	3	4	2	2
		2	スタッフの満足度の測定	1	3	4	2	2
		3	スタッフからのフィードバック	1	3	4	2	2
構築								
センターアーキテクチャー（AR）								
AR-1		業務要件定義の作成						
		1	利害関係者の要求事項の把握と調整	-	2	3	4	2
		2	業務要件定義書の作成	-	2	3	4	2
AR-2		サービスの調達						
		1	提案依頼書（RFP）の作成と発行のプロセス	-	1	2	4	1
		2	調達プロセスの実施	-	1	2	4	1
		3	契約プロセスの実施	-	1	2	4	1
AR-3		業務仕様書とサービスレベル・マネジメント						
		1	業務導入プランの構築と実施	-	2	3	4	2
		2	業務仕様書（SOW）策定	1	2	3	4	2
		3	サービスレベル・マネジメント（SLM）	1	2	4	4	2
AR-4		ファシリティ・マネジメント						
		1	サービス業におけるファシリティ・マネジメントの特性	-	1	3	4	1
		2	フロントオフィスとバックオフィス	-	1	3	4	1
		3	施設の立地	-	1	3	4	1
AR-5		プロジェクトマネジメント						
		1	プロジェクトマネジメントの基礎	1	2	3	4	1
		2	立ち上げとプロジェクト計画、プロジェクト憲章	-	1	3	4	1
		3	プロジェクトの実行とコントロール、終結プロセス	-	1	3	4	1
		4	プロジェクトコミュニケーション	-	1	3	4	1
ICT マネジメント（IC）								
IC-1		コンタクトセンターシステムの選定						
		1	コンタクトセンターシステム選定のポイント	1	1	2	4	1

分野・分類		コンピテンシー	レベル 1：理解 2：実践 3：改善 4：指導				
			OP	SV	OMP	CAP	CSP
IC-2		電話回線の知識					
		1 電話回線の種類	-	2	3	4	1
IC-3		電話回線数の設定（アーランBによる必要回線数の算出）					
		1 アーラン公式とコンタクトセンター	-	2	3	4	1
		2 アーランB式	-	2	3	4	1
		3 アーランの算出方法	-	2	3	4	1
		4 呼損率	-	2	3	4	1
		5 アーランB式での算出方法	-	2	3	4	1
		6 呼損率表からの回線数の算出	-	2	3	4	1
IC-4		コンタクトセンターにおける主要な情報通信システム					
		1 テレフォニーシステム（PBX）	1	2	3	4	2
		2 ACD	1	2	3	4	2
		3 CTIミドルウェア	1	2	3	4	2
		4 音声応答システム（IVR）	1	2	3	4	2
		5 アウトバウンドシステム	1	2	3	4	2
		6 CRM／SFA／CTS	1	2	3	4	2
		7 ナレッジ・マネジメント／FAQシステム	1	2	3	4	2
		8 WFM	1	2	3	4	2
		9 BI／データマイニング／テキストマイニング	1	2	3	4	2
IC-5		コンタクトセンターと情報セキュリティ					
		1 セキュリティ分野と目的の整理	1	3	3	4	2
		2 CMBOKの各分野との関係	1	2	3	4	2
IC-6		ITサービスマネジメント					
		1 ITサービスマネジメント	-	1	3	3	

監査

コンタクトセンターの監査（AU）

分野・分類		コンピテンシー	OP	SV	OMP	CAP	CSP
AU-1		監査の計画と準備					
		1 監査の分類	-	1	3	3	1
		2 監査の準備	-	1	3	3	1
AU-2		監査の実施					
		1 監査実施の重要事項	-	1	3	3	1
		2 監査実施時の注意点	-	1	3	3	1
		3 監査のテクニック	-	1	2	4	1
AU-3		監査の報告					
		1 報告における重要事項	1	2	4	4	1
		2 報告時の注意事項	1	2	4	4	1
AU-4		フォローアップと是正活動					
		1 是正計画の実施	1	3	4	4	3

ベース

コンタクトセンターの職能スキル（PE）

分野・分類		コンピテンシー	OP	SV	OMP	CAP	CSP
PE-1		応対の基本					
		1 応対の基礎	2	3	3	2	4
		2 敬語の使い方・言葉遣い	2	3	3	2	4

分野・分類		コンピテンシー	レベル 1：理解 2：実践 3：改善 4：指導				
			OP	SV	OMP	CAP	CSP
PE-2	コミュニケーション						
		1 コミュニケーション	2	3	3	2	4
		2 コミュニケーションの種類	2	3	3	2	4
		3 非対面のコミュニケーション	2	3	3	2	4
PE-3	リスニングスキル						
		1 リスニングスキルの重要性	2	3	3	2	4
		2 アクティブリスニングの活用	2	3	3	2	4
		3 アクティブリスニング活用のメリット	2	3	3	2	4
PE-4	トークスキル						
		1 トークスキルの重要性	2	3	3	2	4
		2 トークスキルの活用	2	3	3	2	4
		3 トークスキル活用のメリット	2	3	3	2	4
PE-5	質問スキル						
		1 質問スキルの重要性	2	3	3	2	4
		2 質問スキルの活用	2	3	3	2	4
		3 質問スキル活用のメリット	2	3	3	2	4
PE-6	シンキングスキル						
		1 シンキングスキルの重要性	2	3	3	2	4
		2 シンキングスキルの活用	2	3	3	2	4
		3 シンキングスキル活用のメリット	2	3	3	2	4
PE-7	ライティングスキル						
		1 ライティングスキルの重要性	2	3	3	3	4
		2 ライティングスキルの活用	2	3	3	3	4
		3 ライティングスキル活用のメリット	2	3	3	3	4
PE-8	ヒューマンリレーション						
		1 対人関係の維持	2	3	4	3	4
		2 顧客対応の基本姿勢	2	3	4	3	4
		3 顧客の不満を解消する	2	3	4	3	4
PE-9	チームワーク						
		1 チームワーク	2	3	4	3	3
PE-10	リーダーシップ						
		1 リーダーシップ	2	3	4	4	3
		2 リーダーの役割	-	3	4	4	3
		3 リーダーの特性	-	3	4	4	3
		4 リーダーシップのポイント	-	3	4	4	3
PE-11	ネゴシエーション						
		1 対立の回避	2	3	4	4	4
		2 交渉と説得	2	3	4	4	4
PE-12	業務の達成						
		1 顧客対応を成功させる	2	3	4	4	4
		2 高い品質を追求する	2	3	4	4	4
		3 セルフマネジメント／主体的責任感の維持	2	3	4	4	4
		4 業界トレンドへの理解	2	3	4	4	3
PE-13	問題解決能力と論理的思考						
		1 問題解決の基礎	2	3	4	4	4
		2 思考法	2	3	4	4	4
		3 思考を助けるフレームワーク	2	3	4	4	3

分野・分類		コンピテンシー	レベル 1：理解 2：実践 3：改善 4：指導				
			OP	SV	OMP	CAP	CSP
PE-14		ロジカル・ライティング					
		1 ロジカル・ライティング	2	3	4	4	4
		2 ストーリーライン	2	3	4	4	4
		3 ビジネス文書作成の基本事項	2	3	4	4	4
PE-15		統計基礎					
		1 いろいろな代表値	1	2	4	3	2
		2 分散	1	2	4	3	2
		3 母集団（サンプル数）	1	2	4	3	2
		4 サンプリングとコンタクトセンター分析	1	2	4	3	2
PC スキルの基礎（PC）							
PC-1		コンタクトセンター PC スキル基本					
		1 パーソナルコンピューターシステム基礎	2	2	3	4	2
		2 E メールの操作基礎	2	3	3	3	3
PC-2		文章入力					
		1 テキスト入力と編集	2	3	3	3	3
		2 ビジネスフォーマットの編集	2	3	4	4	4
PC-3		Web と検索					
		1 Web の基本概念とブラウザーの基本操作	2	3	3	4	3
		2 検索操作	2	3	3	4	3
PC-4		表計算					
		1 表計算の基礎	1	2	4	4	2
		2 表計算の応用（分析・グラフ作成）	1	2	4	4	2
PC-5		データベース基礎					
		1 データベース基礎	1	3	3	4	2

「日本コンタクトセンター教育検定協会」

「日本コンタクトセンター教育検定協会」や「CMBOK」の最新情報や詳細情報は、「日本コンタクトセンター教育検定協会」のホームページをご覧ください。

http://www.conken.org/

第2章
経営戦略と財務

経営戦略と財務は、日々のコンタクトセンター業務とはあまり関係のないように感じるかもしれません。しかし、クライアント組織や、コンタクトセンター自身の経営戦略と財務について理解することは、現場の顧客対応を担当するスーパーバイザーにとって、大変重要なことです。

コンタクトセンター戦略は、センターの中長期計画から、日常業務の仕様、そしてスーパーバイザーやオペレーター個人の目標設定にまで密接に関わってくることを理解することが必要です。

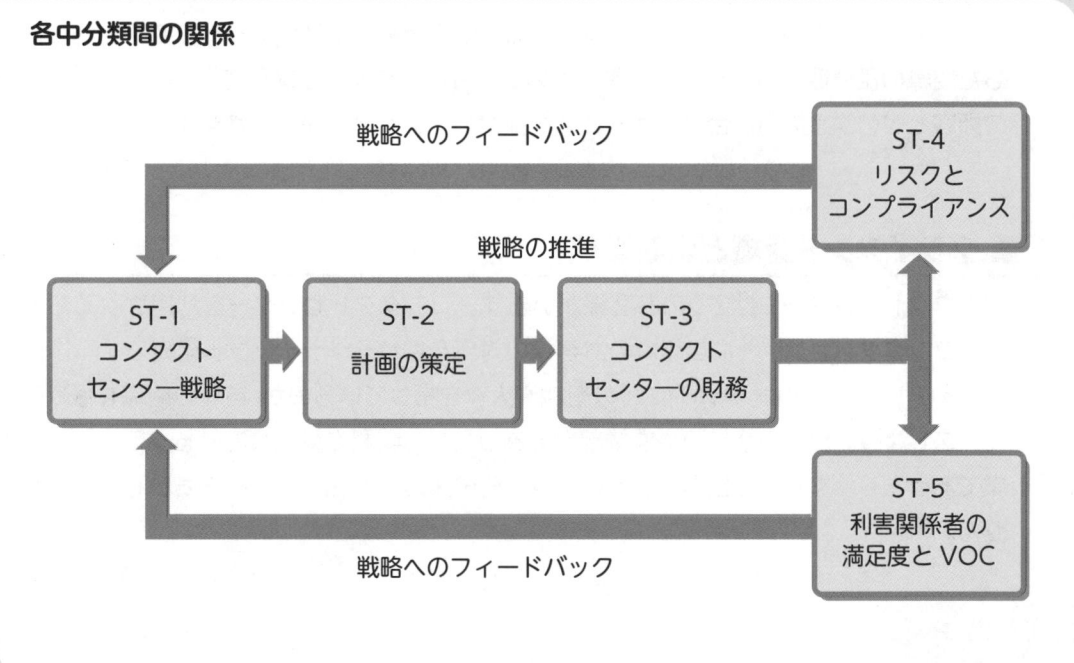

各中分類間の関係

ST-1　コンタクトセンター戦略

コンタクトセンターのもうひとつの「顧客」であるクライアント組織は、クライアント組織の「お客様」対応をコンタクトセンターに委ねています。そのため、クライアント組織の顧客戦略と、顧客戦略に基づくコンタクトセンター戦略の関係について、理解する必要があります。コンタクトセンターの業務は、これらの戦略が基盤となって設計されています。

学習ポイント

- 自社にとっての、クライアント組織を理解する
- クライアントの企業戦略、顧客戦略、コンタクトセンター戦略の関係について理解する
- コンタクトセンター戦略の重要な要素を理解する

1-1　クライアントの企業戦略の理解

クライアント組織のビジョン・ミッションは、その組織や企業のあるべき姿や目的を形にした組織の価値観といえるものです。そのビジョン・ミッションを基に、組織・企業として顧客とどのように向き合い、サービスを提供していくかが決定されます。

■ クライアント組織と企業戦略

コンタクトセンターには2つのお客様がいます。コンタクトセンターを利用されるお客様と、コンタクトセンターに自組織のお客様の対応を委ねるクライアント組織です。

クライアント組織とは、具体的にどの組織や人々を指しているのか、自らの組織を振り返ってみましょう。自社の経営陣や営業部門であったり、業務を受託しているクライアント企業であったり、なかには自らがクライアント側の組織に所属している方もいるかもしれません。

■ クライアントの企業戦略の重要な要素

- 組織のビジョン・ミッション
- 戦略と戦術
- 顧客戦略

組織のビジョン・ミッション

どのような組織にも、その価値観やあるべき姿、さらに活動目的が存在します。これらは、年次計画のように毎年改訂されるものではなく、組織・企業として継続的に社会に対してどのような価値観を提供していくかを定めたものです。企業のホームページを確認すると、会社概要のページなどで確認することができます。

- 価　　　値：組織や企業の存在の原則、行動基準
- ビ ジョン：組織や企業のあるべき姿
- ミッション：企業の活動目的

戦略と戦術

戦略とは、組織のミッションを実現するための具体的な方法論です。戦略をさらに具体的な施策として、組織の計画にまで落とし込んだものが戦術です。

戦略には、組織全体として、各部門としてさまざまなものが具体化されていきます。

顧客戦略

顧客のいない組織・企業はあり得ません。そして顧客と直接的に関係を持つ部門はたくさんあります。マーケティング部門、開発部門、営業部門、そしてコンタクトセンターなどです。これらの部門の個別の戦略を構築していく前に、まず検証しなければならないのが顧客戦略です。

顧客戦略は、コンタクトセンターにとって、クライアント組織の戦略を理解し、自らの戦略を構築する上で、最も大切なものです。

顧客戦略の重要な要素

- 顧客の定義（組織／企業にとっての顧客とは何か）
- 顧客のセグメンテーション（企業が継続的な活動〈売上や利益〉を達成するために大切な顧客は誰か）
- 顧客をどのように取り扱うか
- 顧客に何を提供すべきか（製品／サービスは何か）
- 顧客の声をどのように把握し、戦略にフィードバックするか

1-2　コンタクトセンター戦略の構築

顧客戦略に基づき、コンタクトセンター戦略を構築します。コンタクトセンター戦略は、クライアント組織とビジョン・ミッションを共有し、顧客戦略を理解していくことで、コンタクトセンターの中長期計画、年次計画、センター内の部門やチームの目標、個人目標の管理まで落とし込まれていきます。

クライアントの顧客戦略では、具体的な顧客対応運営についてまでは定義していないことも多いため、コンタクトセンターで具体的な戦略として、落とし込んでいく必要があります。

■ コンタクトセンター戦略に含まれる重要な要素

コンタクトセンター戦略では、コンタクトセンター運営に関わる具体的な方策などが含まれます。

カスタマーセグメンテーション	顧客をどのように取り扱うか
コンタクトセンターのコンタクトタイプ、チャネル	どのようなセンター構成にするか
営業時間	営業時間はどうするか、休日も開設するのか
コンタクトセンターの業務の流れ、コールの流れ（ルーティング）	電話の場合、どのようなコールの流れにするのか、音声応答装置などは使うのか
主要なパフォーマンス指標	何をもって良い状態と判断するのか
人材（スキル設定、採用と教育、検証）	どのような人を採用し、研修するのか
ナレッジベースの提供	オペレーターにどのような情報を提供するのか
コールログの計測	顧客との対応履歴をどのように記録するのか
顧客満足度の測定	顧客の声をどのように分析するのか
必要な投資額の計算	今後新たな投資が必要となるのか、情報通信システムや場所の移動などを行うのか

まとめ

求められるコンピテンシーのレベル

レベル1	レベル2	レベル3	レベル4
理解	実践	改善	指導

➡ コンタクトセンターの運営方針について、センターのポリシーや計画の発表を通じて理解している

ST-2　計画の策定

計画の策定とは、コンタクトセンター戦略を具体的な計画に落とし込むプロセスです。計画には、3年程度以上の中長期計画、それに基づく投資計画、そして年間計画があります。

> **学習ポイント**
> - コンタクトセンター戦略の策定プロセスについて理解する
> - コンタクトセンターの中期計画と目標の設定について理解する
> - コンタクトセンターの年間計画について理解する

2-1　コンタクトセンター中期計画の策定

中期計画では、3年から最大5年程度の中長期にわたるコンタクトセンターのあり方を定めていきます。

■中期計画の重要な要素

中期計画を策定するためには、どのような目標をたて、どのようにそれを達成していくかが重要となります。
- 目標の設定
- 達成プロセスの策定

■目標の設定

中期計画の策定には目標設定が重要です。その際、コストを削減する、売り上げをあげるといった財務的な視点だけでなく、顧客戦略の実現のために広く目標を検討することが重要です。

■ バンランス・スコアカード

バンランス・スコアカード

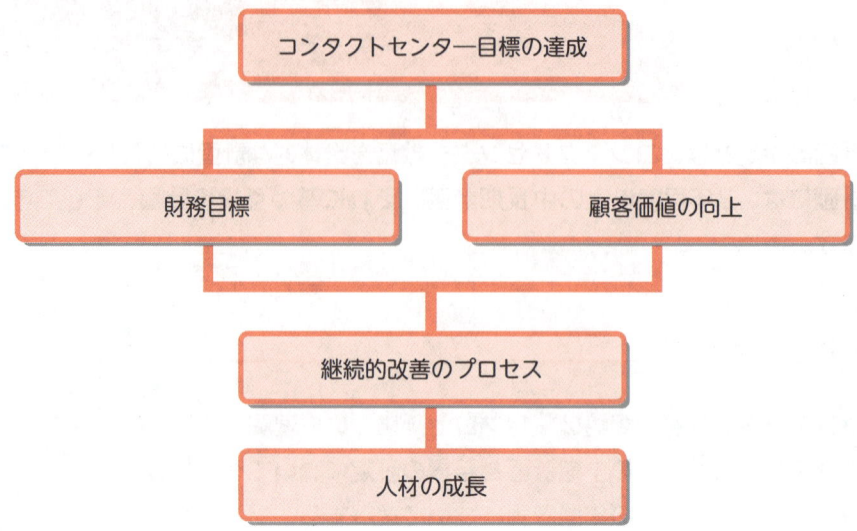

バンランス・スコアカードとは、「財務」「顧客」「業務プロセス」「学習と成長」の4つの視点から、組織の目標を設定し、その達成プロセスを整理する考え方で、コンタクトセンターの中期計画の目標設定にも有効です。財務的な視点だけにとらわれず、コンタクトセンターのマネジメントのエリアから適切な目標設定を行うことができます。

視点	例
財務	低いオペレーションコスト、高い生産性、高い売上高
顧客	顧客満足度の向上、顧客ロイヤルティの向上
業務プロセス	高いサービスレベル、高い精度
学習と成長	豊富な知識、高いコミットメント

達成のプロセス

目標を整理した上で、目標達成にむけた具体的な課題、問題を整理し、必要な施策を検討していきます。
その上で、具体的なスケジュールと必要な費用や人材などを検討します。

2-2　人材・調達・IT投資などの方針策定

中期計画では、内容によっては通常のオペレーションの枠組みを超えて、さまざまな計画

や投資が必要となることがあります。

■ 人材・調達・IT投資の重要な要素

中期的な計画や投資には以下が含まれます。
- 人材の知識スキル定義と育成計画の策定（人材の育成）
- コンタクトセンター構築プロセスの実施（運営の枠組みの変更）
- IT調達プロセスの実施（情報通信システムへの投資）
- プロジェクトマネジメント（計画の実行のプロセス）

2-3　年間計画の策定

年間計画は、1年間（1会計年度）の業務運用計画を中心とした計画です。コンタクトセンター戦略で重要な要素（ST-1-2参照）を、具体的に運営していくための計画です。
コンタクトセンター戦略の重要な要素を実行するため、業務量の予測や必要な人材の投入、運営のコスト、人材育成などを通じて、クライアント組織が要求するパフォーマンスを達成することが重要となります。

まとめ

求められるコンピテンシーのレベル

レベル1	レベル2	レベル3	レベル4
理解	実践	改善	指導

➡ コンタクトセンター戦略に基づく、部門またはグループの年次計画について理解している

ST-3　コンタクトセンターの財務

コンタクトセンターの計画の実行には、コンタクトセンターの予算を立て、適切に運用することが必要です。予算を構成する要素を理解することで、日々の業務の中でどのように予算の適切な運用に貢献できるかを知ることができます。

学習ポイント

- コンタクトセンターの予算管理の重要な要素について理解する
- 業務のパフォーマンスが財務に与える影響を理解する
- コンタクトセンターに関係する財務や投資効果について理解する

3-1　コンタクトセンター予算の管理

コンタクトセンターにおける予算管理を行うには、予算にどのような項目があるかを理解しなければなりません。また、コンタクトセンターにおける日々のパフォーマンスが、財務活動にどのような影響があるのかを理解して、日々の業務の改善に努めることが大切です。

■ コンタクトセンター予算の重要な要素

- 運営予算
- コンタクトセンターパフォーマンスが財務に与える影響

運営予算

組織が予算を策定するのは、年初までに財務的な目標とゴールを設定し、その達成にむけて適切なマネジメントをするためです。コンタクトセンターの運営は、変動費と固定費を区分して管理します。業務量に基づき、変動費と固定費を計算し、月次の予算を計上して年次の予算を確定します。

- 変動費
  顧客のコンタクトセンターに対する需要（コール件数や取り扱い件数など）により変動

する費用（人件費、電話代など）
- 固定費
需要や活動により変化しない費用（一般的には、ビルの賃貸料、情報通信システムの償却費など）

■ コンタクトセンターパフォーマンスが財務に与える影響

コンタクトセンターに求められる状況と財務

コンタクトセンターはクライアント組織から、コスト削減と効率的な運営を要求されると同時に、業務品質や顧客満足度の向上を要求されています。

パフォーマンスとコストの両立

電話のつながりやすさを確保する、間違いのない応対を行う、顧客満足度を向上させる、これらは一般にコストがかかることだと思われています。しかし、パフォーマンスの向上とコスト削減を同時に実現させることは可能です。

また、コンタクトセンターにおける運営予算の70％から80％を占めるのが人件費です。そのため、人材の効率的な活用が予算全体に与える影響は非常に大きくなります。

まとめ

求められるコンピテンシーのレベル

レベル1	レベル2	レベル3	レベル4
理解	実践	改善	指導

➡ オペレーターなどの現場業務のパフォーマンスが、コンタクトセンターの財務にどのような影響があるか、日常の活動レベルでの基本的な知識を持っている

ST-4　リスクとコンプライアンス

コンタクトセンター戦略の実行にあたっては、想定しうるリスクに備えること、またコンプライアンスを遵守していくことが前提条件となります。

学習ポイント

- リスクのタイプとその管理について理解する
- コンタクトセンターにおけるコンプライアンスについて、2つの側面を理解する

4-1　リスクとその管理

リスクとは、将来起こるかもしれない望ましくない出来事のことです。コンタクトセンターは、企業の顧客接点として重要な役割を持っています。コンタクトセンターが、中長期の計画を達成し、かつ日常的な業務を高い品質で実行することは非常に大切なことです。これらに対して望ましくない影響を与えるリスクは何かを分析し、その予防策や対処策を事前に立てて、監視を怠らないようにすることが重要です。

■ リスクとその管理における重要な要素

内的リスクと外的リスク

リスクは、コントロールすることが可能な内的リスクと、コントロールが不可能、または困難な外的リスクとに分類することができます。

- 内的リスク：コンタクトセンター運営組織、クライアント組織などの利害関係者がコントロールすることができるリスクです。
  電話のつながりやすさなどのコンタクトセンターのパフォーマンス低下による顧客満足度の低下も内的リスクのひとつです。これらのリスクは、オペレーターの要員確保、シフト計画、電話のつながりやすさなどのマネジメントの強化により低減できることが多いと考えられます。

- 外的リスク：コンタクトセンター運営組織やその他の利害関係者でコントロールが不可能なリスクです。
  市場動向や競合他社の動向、政策や自然条件の変化、交通の遮断などがあります。

リスク管理

リスク管理は、まず組織としてどのようにリスクに取り組むかを規定した、リスク管理方針が必要です。その上で、リスクを洗い出し、その発生確率や影響度を分析します。さらに対応策の検討と準備を行い、リスクの発生を監視します。また、万が一リスクが発生した場合にあらかじめ準備したリスク対応策を実行します。

リスクの発生確率と影響度から、事前の予防策、発生時の対策、日常の監視体制などを検討します。

まとめ

求められるコンピテンシーのレベル

レベル1	レベル2	レベル3	レベル4
理解	実践	改善	指導

➡ 所属するコンタクトセンターのリスク管理方針について理解している

4-2　コンプライアンス

コンプライアンスとは、コーポレートガバナンス（企業統治）の基本原理のひとつとされています。コンタクトセンターも企業や組織の一員として、関連する法律や規則などの基本的なルールに従って活動することが求められています。

■ コンプライアンスの2つの側面

①消費者保護視点でのコンプライアンス
　非対面での顧客対応を行う窓口部門として、一般消費者に対して顧客対応を提供する場合に必須となります。

②職場（人事・労務）に関する法律の順守
　コンタクトセンターでは、オペレーターをはじめ多くのスタッフが働いています。職場における法律の遵守は、安心して働ける環境を整える上で必須となります。

戦略へのフィードバック

２つのコンプライアンスが的確に遵守できない場合には、コンタクトセンターの戦略レベルでのリスクとなることが考えられます。そのため、コンプライアンスの遵守の状況は、コンタクトセンター戦略策定の際に必要となります。

まとめ

求められるコンピテンシーのレベル

レベル1	レベル2	レベル3	レベル4
理解	実践	改善	指導

➡ 所属するコンタクトセンターのコンプライアンス基準について理解し、業務プロセスレベルでの改善活動ができる

ST-5 利害関係者の満足度とVOC

コンタクトセンター戦略を実行した結果、目標が達成されたか、また継続的に目標を達成していくことができるかどうかについて検証し、戦略の見直しをしていくことが大切です。
戦略の方向性が正しかったのかどうかを知るためには、コンタクトセンターを取り巻く利害関係者（ステークホルダー）の満足度や声を調査・分析する必要があります。

学習ポイント
- コンタクトセンターの利害関係者の満足度調査について知る
- 利害関係者の満足度調査の基本的な手法について知る
- 主要な利害関係者の満足度や声の調査ができるようになる

5-1　利害関係者の満足度

コンタクトセンターの利害関係者の満足度を知ることは、戦略を見直し、業務の改善にもつながる大変重要なことです。そのため、調査方法はできる限り客観的かつ高い精度で検証できる方法であることが重要です。

■ 主要な利害関係者の満足度

コンタクトセンターにおける利害関係者とは、コンタクトセンターのサービスを提供する顧客、コンタクトセンター業務を委託するクライアント、コンタクトセンターで実際に業務に従事する従業員などになります。
- 顧客満足度（CS調査）
- VOC（ボイス・オブ・カスタマー）
- クライアント満足度
- 従業員満足度（ES調査）

5-2　顧客満足度調査（CS調査）

利害関係者の満足度調査の中で、最も重要といっていいものが顧客満足度調査です。顧客満足度のことをCustomer Satisfaction（カスタマー・サティスファクション）ということから、CS調査ということもあります。

■ 目的と調査手法（CS調査）

顧客満足度調査の目的は、サービスを利用している顧客の期待（ニーズ）とコンタクトセンターが提供するサービスを経験した後のギャップについて分析することです。そのため、顧客のコンタクトセンター利用経験に基づいて調査を行い、定量化することで評価と分析を実施します。

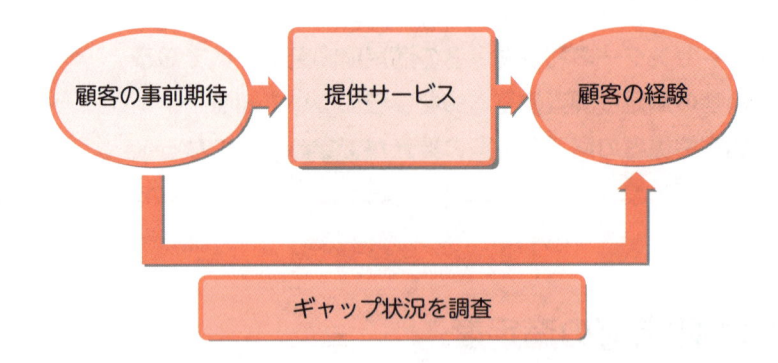

```
顧客の事前期待 → 提供サービス → 顧客の経験
       ↑                              ↓
       └──── ギャップ状況を調査 ────┘
```

調査手法

一般的には、コンタクトセンターの利用者に対するアンケートにより調査が実施されることが多くなっています。

- 定量的手法：5段階や9段階など、複数の段階でランク付けして満足度を回答してもらい、数値として把握する手法です。

- コメントなどを収集する手法：総合的な評価や個別の質問に対して自由に感想や感じたことをコメントしてもらい、その内容によって分類・分析する手法です。

一般には定量的な手法で総合満足度や個別の要素に対する評価をもらいつつ、自由にコメントができる設問を用意する形で併用します。

調査の媒体
アンケート調査では、郵送や音声応答サービス、電話、Webなどのチャネルを利用します。

サンプル数と誤差
アンケート調査では、コンタクトセンターの利用者全員に対して調査を実施することは難しいため、実際には統計的な手法を用い、できるだけ適正な測定誤差を考慮して、サンプルを抽出し調査を実施します。

調査項目
顧客満足度調査では、顧客の体験の総合的な満足度と、満足度の背景となった個別の要素についても調査します。そして、どの要素が最も満足度に影響があったかなどを分析します。

主な調査項目
- 総合的な満足度
- 電話のつながりやすさ（アクセスのしやすさ）
- オペレーターの理解力
- 回答の速さ、迅速性
- 回答内容の正確性
- 必要なレベルでのマナー

分析
一般に、定量的な調査で「満足」の占める割合を調査し、統計的な分析によりどの要素が総合的な満足度に影響があったかなどを分析します。

5-3　VOC（ボイス・オブ・カスタマー）

顧客から企業に寄せられる、意見や苦情など顧客からの情報を「顧客の声」（Voice Of Customer = VOC）といいます。

VOCのタイプ

VOCは、アンケートによる定性的なコメントの収集だけにとどまりません。顧客との接点におけるあらゆるコメントや意見がVOCとなりえます。
- 顧客満足度調査（CS調査）におけるコメント
- 実際にオペレーターが現場の応対の際に記録したコメント

- 応対の録音データをテキストデータ化したもの

■ 目的と調査手法（VOC）

VOCの目的は、特定の定量的な評価だけではわかりづらい、顧客の「生」の声をデータとして分析することです。

調査手法

VOCをデータとしてみると、大量かつ膨大なものであるため、専用のツールを利用して、必要な情報やキーワードなどを検索・収集・分類することがあります。テキストマイニングツールと呼ばれるソフトウェアなどの利用により顧客から寄せられた大量の情報を迅速に分析することができます。

調査結果の活用

顧客から寄せられた大量の情報を迅速に分析することで、コンタクトセンターのサービス向上に役立てるだけでなく、新しい商品やサービスの開発における基礎データとすることができます。

顧客の声（VOC）とコンタクトセンター

最も多くのVOCを収集できる部門が、企業・組織の顧客対応を担うコンタクトセンターです。コンタクトセンターは、他部門と連携をし、より深く顧客の分析を実施します。
また、コンタクトセンターに寄せられたVOCを適切な部門にフィードバックし、改善につなげていきます。

5-4　クライアントおよびその他の利害関係者への満足度調査

クライアント満足度調査は、コンタクトセンター運営組織による、クライアント組織への調査です。その他に、外部の委託事業者、人材派遣会社、システムのサプライヤーなどにも調査することがあります。

■ 目的と調査手法（クライアント満足度調査）

クライアント組織は、コンタクトセンター運営組織にとって、もうひとつの「顧客」です。クライアント組織の戦略や要求に沿って、適切に運営され、高いパフォーマンスを発揮しているかどうかなどについて、満足度を測定し、さらに「不満」と感じている内容と理由を調査します。

調査手法

クライアントおよびその他の利害関係者への満足度調査は、アンケートやインタビューを活用します。

調査項目

調査項目としては、定量的な調査と定性的な調査を併用します。
- コンタクトセンター運用に関する満足度
- コストに関する満足度
- コンタクトセンターの対応に関する満足度
- その他、その利害関係者に直接的に関係する要素
- 上記に対する定性的なコメント
- 不満に感じている点とその理由

分析と改善

調査の結果に基づき、その利害関係者の満足度に影響する施策はどのようなものかを分析します。また苦情や不満については、現状の調査や問題点の把握、改善活動の実施をします。

5-5　従業員満足度調査（ES調査）

顧客に対して、直接サービスを提供しているオペレーターなどの従業員の満足度が高くなければ、良いサービスを継続して提供することはできません。
従業員満足度をEmployee Satisfaction（エンプロイー・サティスファクション）をいうことから、ES調査ということもあります。

■ 目的と調査手法（ES調査）

従業員の満足度について定期的に調査し、満足と感じている従業員の割合や、不満と感じている内容やその理由について調査を行います。これらの調査により、職場環境の向上、モチベーションの向上、離職理由の分析による定着率の向上、効果的な採用活動など、業務改善にもつなげることができます。

調査手法

従業員満足度調査は、アンケートやインタビューを活用します。

調査項目

調査項目としては、定量的な調査と定性的な調査を併用します。
- 職場環境に関する満足度
- 業務に関する満足度
- 人事評価に関する満足度の定量的調査
- 上記に対する定性的なコメント
- 不満に感じている点とその理由

分析と改善

調査の結果に基づき、その従業員の満足度に影響する施策はどのようなものかを分析します。また不満については、現状の調査や問題点の把握、改善活動の実施をします。

まとめ

求められるコンピテンシーのレベル

レベル1	レベル2	レベル3	レベル4
理解	実践	改善	指導

➡ 所属するコンタクトセンターの利害関係者に対する満足度調査の実施方針や方法について理解している
➡ 所属する満足度調査の実施方針や方向について理解し、業務において協力できる
➡ VOCを収集し、的確に記録できる
➡ クライアント満足度の重要性を理解し、必要に応じて調査に協力できる
➡ 従業員満足度調査の目的を理解し、積極的に調査に協力できる

第3章
カスタマーサービス

CS

企業や組織の顧客接点であるコンタクトセンターにおけるカスタマーサービスは、その最も中心的な活動です。カスタマーサービスの目的は、顧客の問題を解決し、商品サービスの提供者としての責務を果たすことです。さらに、顧客の期待やサービス提供のプロセスにおける問題点を把握し、コンタクトセンターおよび関連部門の活動改善を通じて顧客との長期間にわたる関係を構築することです。これらの目的を達成するために、カスタマーサービスでは、顧客対応の一連のプロセスに対する設計、さらには消費者保護視点などのコンプライアンスへの配慮などを実践していくことが重要となります。

さらに、それらの活動の基盤として、カスタマーサービスの本質的な価値を評価し、広くサービスの特性を理解し、サービスサイエンスに基づくサービス設計を行う必要があります。

各中分類間の関係

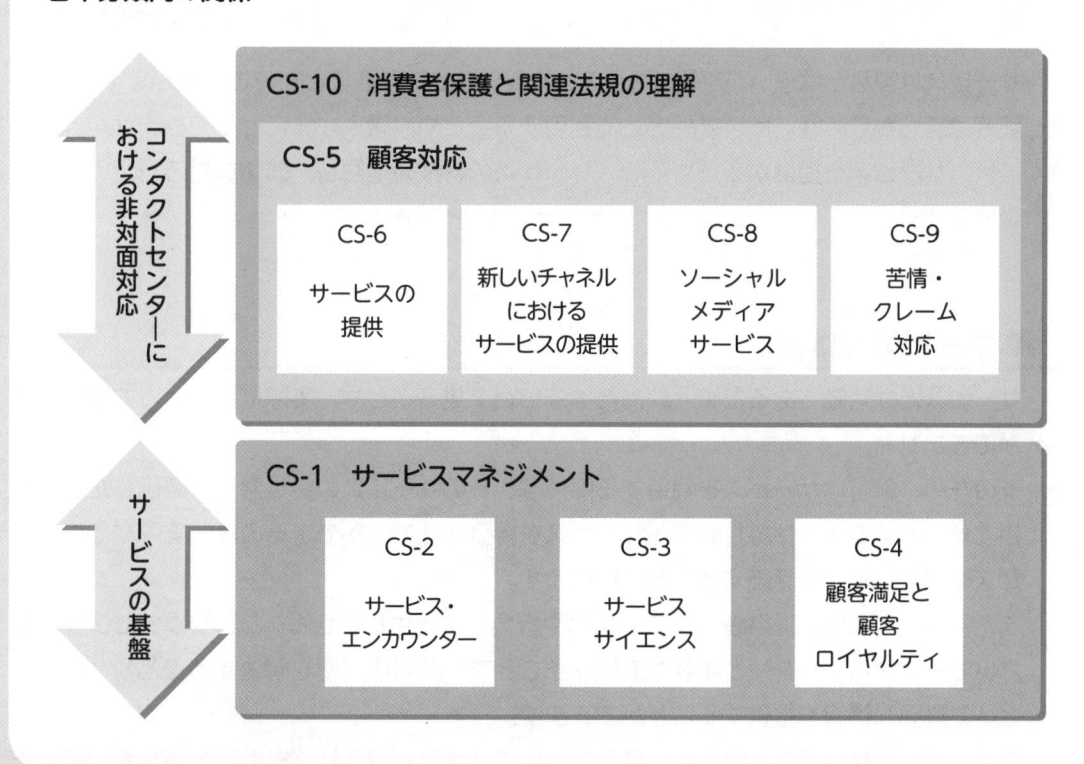

コンタクトセンターにおける非対面対応

- CS-10　消費者保護と関連法規の理解
  - CS-5　顧客対応
    - CS-6　サービスの提供
    - CS-7　新しいチャネルにおけるサービスの提供
    - CS-8　ソーシャルメディアサービス
    - CS-9　苦情・クレーム対応

サービスの基盤

- CS-1　サービスマネジメント
  - CS-2　サービス・エンカウンター
  - CS-3　サービスサイエンス
  - CS-4　顧客満足と顧客ロイヤルティ

CS-1 サービスの特性

顧客にサービスを提供するためには、提供者がサービスについて理解しておく必要があります。サービスの特性や、サービスが抱えている問題を理解しながら業務を遂行することで、顧客に対しより良いサービスを提供することができます。コンタクトセンターは顧客にサービスを提供する組織であるため、そこで働くオペレーターやスーパーバイザーはサービスを理解し、日常の業務に活用することが大切です。

学習ポイント

- サービスは人の活動であることを理解する
- サービスの4つの特性を理解する
- サービスの特性からサービスが抱えている問題を理解する

1-1 サービスについて

サービスは製品とは違い、実際に見ることや手にとって触ることができません。そのため、顧客はあらかじめサービスを評価して利用することや、購入することができません。顧客に良いサービスを提供するためには、サービスの特性を理解し、適切な対応を行うことが重要です。

■ サービスとは何か

サービスとは活動であるため、製品とは違い目で見ることや、実際に手にとって触ることができません。

そのため、顧客はサービスを利用する際には、そのサービスの良し悪しを評価した上で利用することはできません。顧客がサービスを評価することができるのは、実際にそのサービスを経験した後で評価することになります。

また、サービスは、提供者だけでの活動や行為では発生しません。コンタクトセンターにおいても、オペレーターと顧客が協働することで、顧客の問題を解決することや、顧客にとって必要な情報を提供することができます。

このように、サービスとは、目に見えないもの（無形）であり、提供者と消費者の相互作

用を必要とするあらゆる経済活動と定義することができます。

1-2　サービスの特性

サービスは無形であるため、財物とは違う特性を持っています。サービスの特性を理解することで、サービスを提供する場合の問題点や、注意しなければならない点を理解することができます。顧客に対し、良いサービスを提供するためには、サービスの提供者は、サービスの特性について理解しておくことが大切です。以下にサービスの4つの特性について説明します。

1 無形性

サービスは、活動や行為そのものであるため、製品とは違い目で見て確認することはできません。そのため、顧客はあらかじめサービスを見たり、触ったりして善し悪しを確認することができません。顧客がサービスの善し悪しを判断するためには、実際にサービスを利用し、経験しなければなりません。サービスは目に見えないため、顧客が初めてそのサービスを利用する場合には不安を持ちながら利用していることを理解しておくことが重要です。

2 同時性

多くの製品は、工場で生産され、倉庫に貯蔵・保管された後、販売店などで販売されます。サービスは、無形であるため、工場で大量生産したり、倉庫に貯蔵・保管したりすることはできません。サービスは、サービスの提供者（オペレーター）と顧客が協働する場面で初めて生産されます。また生産と同時に顧客はサービスを消費するため、生産と消費が同時に発生します。サービスは顧客との協働で初めて発生し、オペレーターはサービスを生産、提供し、顧客がサービスを消費していることを理解しておくことが重要です。

良いサービスを顧客に提供するためには、オペレーターの活動が大きな影響を与えることを理解しておくことが重要です。

3 異質性

機械で生産される財物の場合には、高度な品質管理により製品の品質はほぼ一定に保たれます。しかし、人が提供するサービスは、サービスを提供する人や場所、時間、顧客により品質にばらつきが発生してしまいます。

そのため、品質にばらつきが発生しないように管理することが重要となります。コンタク

トセンターでは、トークスクリプトを利用したり、手順の標準化を行ったり、オペレーターの研修を定期的に行うことによって、品質のばらつきを発生させないようにしています。

4 消滅性

サービスは財物と違い、保管や貯蔵しておくことができません。サービスは消費されないとその価値はなくなってしまいます。

そのため、サービスを提供する場合には、需要と供給が重要となります。コンタクトセンターでは、コール予測と予測されたコール数に対応するための要員数を算出し、要員配置計画を行います。これは、顧客の電話に対応できる適切な要員を配置していなければ、顧客にサービスを提供する（顧客がサービスを消費する）ことができなくなるためです。

まとめ

求められるコンピテンシーのレベル

レベル1	レベル2	レベル3	レベル4
理解	実践	改善	指導

➡ サービス提供のために必要となる用件を理解し、実践している
➡ サービスの特性を理解し、改善提案ができる

CS-2　サービス・エンカウンター

コンタクトセンターは、顧客と直接接触し対応を行います。顧客との接点となる場面は、電話などを利用した通話であるため、目で見ることはできません。サービスは、オペレーターやスーパーバイザーが顧客と直接電話対応している場面で発生しているため、通話の状況を管理することが重要です。

学習ポイント

- サービス・エンカウンターの意味を理解する
- サービス・エンカウンターの管理方法を理解する
- コンタクトパーソネルについて理解する

2-1　サービス・エンカウンターとMOT（真実の瞬間）

コンタクトセンターでは、顧客と直接会話をするのは、主にオペレーターとなります。顧客からすると、オペレーターの対応が、その企業が提供するサービスの内容や、品質となります。オペレーターは、自身の対応により、顧客が企業の提供するサービスを評価することを理解し、対応を行うことが大切です。

■ サービス・エンカウンターとMOT（真実の瞬間）

顧客が直接企業の担当者と接触する場面を、サービス・エンカウンターといいます。サービス・エンカウンターでは、企業が提供するサービスを、顧客が実際に体験する時でもあります。また、この瞬間は、Moment Of Truth（＝真実の瞬間）と呼ばれています。コンタクトセンターにおいては、実際に顧客がオペレーターと会話をする瞬間がサービス・エンカウンターとなります。コンタクトセンターの対応を通し、顧客が実際に企業のサービスを体験する瞬間となります。

MOT（真実の瞬間）を管理する

コンタクトセンターの業務は、対面で行われないため、サービス・エンカウンターの状況を目で確認することはできません。MOT（真実の瞬間）を管理するためには、通話モニ

タリングを行うしかありません。モニタリングでは、単に会話の丁寧さや、挨拶をしているかなど、ソフトスキルの面を管理するのではなく、顧客にとって良い経験となる対応が行われているか、対応プロセスについても確認することが重要となります。

2-2　コンタクトパーソネル

サービス・エンカウンターの場面で、実際にサービスを提供する従業員をコンタクトパーソネルといいます。サービス・エンカウンターでは、コンタクトパーソネルの対応が「真実の瞬間」に大きく影響を与えるため、コンタクトパーソネルとなる従業員に対し、適切なトレーニングとスキルの管理を行うことが大切です。コンタクトセンターでコンタクトパーソネルにあたるのは、オペレーターだけでなく、顧客と直接会話をする機会がある従業員すべてが対象となります。

エスカレーションなどにより、スーパーバイザーやマネージャーが直接顧客と対応を行うセンターでは、オペレーターだけでなく、スーパーバイザーやマネージャーについてもトレーニングやスキルの検証を行う必要があります。

まとめ

求められるコンピテンシーのレベル

レベル1	レベル2	レベル3	レベル4
理解	実践	改善	指導

➡ サービス・エンカウンターに関する改善提案ができる
➡ プロセスモニタリングの重要性を理解し、実践できる

CS-3　サービスサイエンス

クライアント組織の顧客戦略と、顧客戦略に基づくコンタクトセンター戦略の関係について、理解する必要があります。コンタクトセンターの業務は、これらの戦略が基盤となって設計されています。

学習ポイント

- サービスサイエンスを理解する
- コンタクトセンターの改善にサービスサイエンスを活用する
- 顧客の事前期待と満足度の関係を理解する

3-1　サービスサイエンス

サービスサイエンスとは、Service Science Management and Engineeringを簡略化した名称で、サービスとしての基礎学問に位置づけられています。

サービスビジネスの重要性が高まる中、サービス産業の生産性は、製造業に比べて低いため、サービス産業の生産性と品質の向上が求められるようになっています。日本においても、サービス産業の就労者が増加していますが、経験や勘に頼ったマネジメントが行われていることが、少なくありません。サービスを科学と捉え、科学的に体系化された知識とアプローチにより生産性と品質を高めることを目的として、サービスサイエンスが生まれました。

3-2　サービスサイエンスとコンタクトセンターでの活用

コンタクトセンターでサービスサイエンスを活用するためには、自社のサービスについて定義する必要があります。自社のサービスを定義するためには、自社が提供しているサービスにはどの様な特性があるかを明確にしなければなりません。サービスの特性を明確にするためには、サービスについて分類する必要があります。自社が提供するサービスを分類するためのひとつの手法として、4象限で、自社サービスの特性を分類する方法があります。4象限での分類を利用する場合には、分類するための2つの軸が必要となりますが、

2軸の選択については、自社が提供しているサービスに基づいて選択することが重要です。例えば、手順型でのサービスか、気づき型のサービスなのか、個人顧客に対するサービスなのか、組織に対するサービスなのか、販売に関するサービスなのか、保守に関するサービスなのかなど、2つの軸を選定し分類を行います。

3-3　サービスの分解

サービスの分解とは、サービスの提供についてプロセス単位に分解することをいいます。コンタクトセンターが顧客にサービスを提供するプロセスを分解し、どの様なプロセスがあるのか明確にします。例えばコンタクトセンターのオペレーターのプロセスは、下記の通りになります。

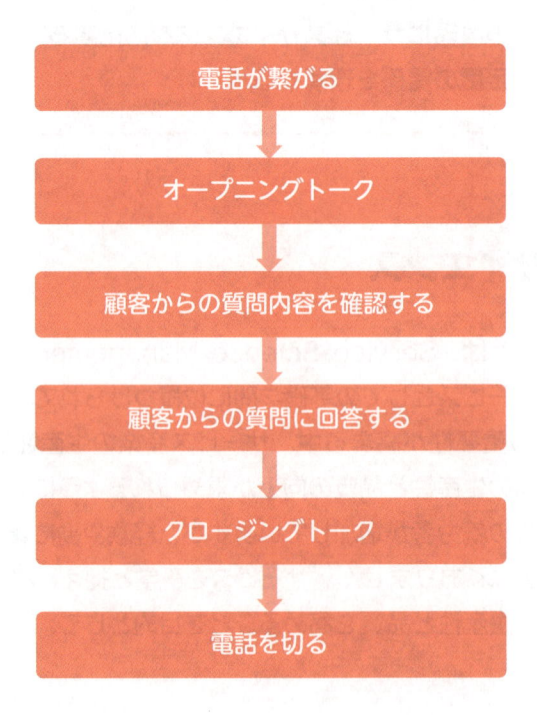

```
電話が繋がる
   ↓
オープニングトーク
   ↓
顧客からの質問内容を確認する
   ↓
顧客からの質問に回答する
   ↓
クロージングトーク
   ↓
電話を切る
```

3-4　サービスプロセスのモデル化

プロセスの分解を行った後には、各プロセスではどのようなサービス品質が重要となるか定義をします。
各プロセスでどのようなサービス品質が重要かを明確化するためには、各プロセスとサービス品質についてモデル化を行います。
サービス品質の項目は「正確性」「迅速性」「柔軟性」「共感性」「安心感」「好印象」などで評価を行います。

各プロセスにおけるサービス品質

	プロセス① 電話が繋がる	プロセス② オープニング	プロセス③ 質問内容を 確認する	プロセス④ 質問に 回答する	プロセス⑤ クロージング	プロセス⑥ 電話を 切断する
正確性				◎		
迅速性	◎			○		
柔軟性				○		
共感性			◎			
安心性			○		○	
好印象		◎			◎	○

◎：最重要　○：重要

プロセスとサービス品質をモデル化することで、各プロセスにおいてはどのようなサービス品質が重要となるか、可視化することができます。このモデル図を作成する場合は、自社サービスの特性を考慮して、重要度合いを決定することが重要です。このモデル図から、自社コンタクトセンターの各プロセスで重要となるサービスの品質が明確になり、各プロセスで管理しなければならない項目や、担当者の教育は何が必要となるのかを明確にすることができます。

3-5　事前期待のマネジメント

顧客は、事前期待を持ちコンタクトセンターに電話をかけてきます。
顧客の満足度を向上するためには、事前期待にあったサービスを提供することが重要です。顧客満足は顧客が持つ事前期待と、コンタクトセンターで実際に経験したギャップにより変化します。
顧客の事前期待よりコンタクトセンターの対応が良かった時には、顧客は「大変満足」と感じ、継続的にコンタクトセンターのサービスを利用しようとします。顧客の事前期待通りの時には「満足」と感じ、コンタクトセンターを継続して利用します。顧客の事前期待よりコンタクトセンターの対応が悪かった場合には「不満」と感じ、コンタクトセンターを積極的に利用することを止めてしまいます。
このように、顧客満足は、顧客の事前期待とコンタクトセンターでの経験により異なります。また、顧客の事前期待は、常に変化します。顧客の事前期待以上のサービスを継続して受けていると、当たり前のサービスと感じ、顧客の事前期待はより高い期待に変化します。顧客の事前期待が高まることにより、コンタクトセンターが提供するサービスも、より高度なサービスにしなければなりません。

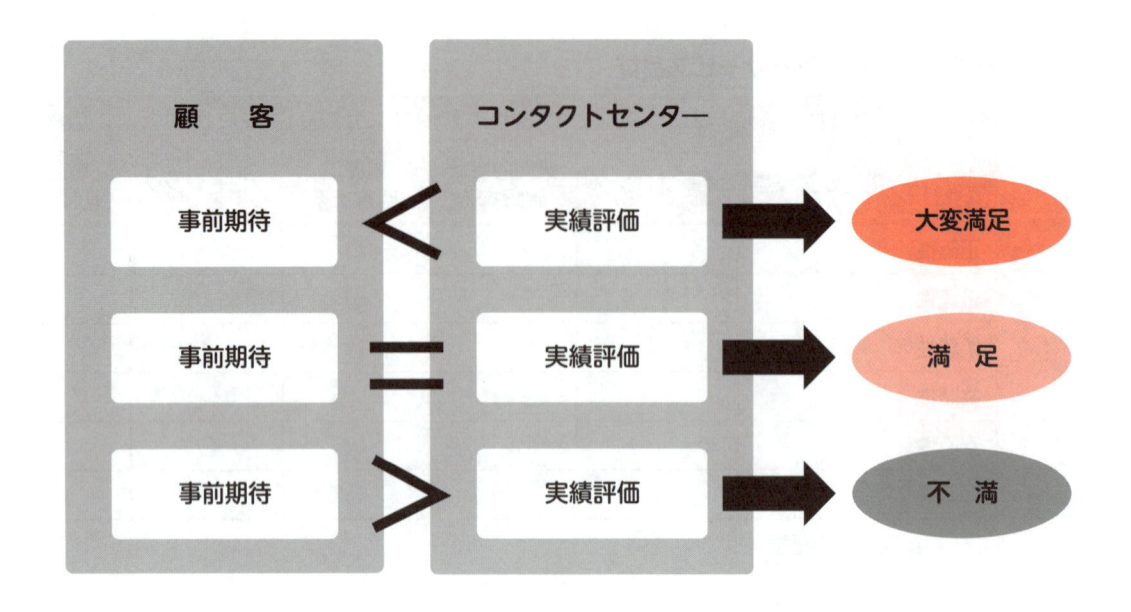

顧客の事前期待は、個々人で違いがあることや、事前期待のレベルには上限がないため、戦略的に顧客の事前期待をマネジメント（抑制）することが必要となります。顧客の事前期待をマネジメントする方法としては、契約書に提供サービスの内容を記載して、あらかじめサービスの内容を理解してもらう方法や、「メールは受け付けてから12時間以内に回答します」という告知などにより、サービスの内容を認知してもらう方法があります。また、依頼された内容の進捗状況をWebなどに公開し、顧客がいつでも状況を確認できるようにしておくなど、さまざまな方法が考えられています。

3-6　サービスの価値創造

コンタクトセンターが提供するサービスについて、その価値（サービス・バリュー）を高めることも重要です。例えば、提供サービスの品質を向上させることは、顧客にとっては信頼を高める価値が発生します。また、サービスの内容を契約書や事前の説明を行うことで、顧客はサービスを納得して利用することができます。サービスの価値は、顧客ごとに違うため、顧客対応を行うオペレーターやスーパーバイザーは、顧客の事前期待を把握し、適切にサービスを提供する必要があります。顧客の事前期待を把握するためには、顧客視点に立った対応と共感性により、真に求めていることを引き出す必要があります。

顧客の事前期待以上のサービスを提供することで、顧客満足は向上し、提供サービスの価値を向上させることができます。

3-7 サービスサイエンスとサービスの革新

サービスのモデル化により、各プロセスで重視すべきサービス品質が明確になります。各サービス品質については、具体的にあるべき姿について考える必要があります。具体的なあるべき姿により、目標を設定することができます。コンタクトセンターでは、サービス品質や提供プロセスの問題点を発見するためには、あるべき姿（目標）と現在の状況のギャップについて分析する必要があります。あるべき姿と現在の状況にギャップが発生している場合には、ギャップが発生している問題点について分析する必要があります。

問題点を改善するためには、今までとは違う新しいプロセスや、新しいやり方が必要となる場合もあります。新しいやり方は、新しいプロセスの構築や新しいビジネスモデルの構築となる場合もあり、新しいサービス・バリューを生む可能性もあります。このように、サービスサイエンスは、提供サービスを可視化し、問題点を発見し改善することで、新しいやり方（イノベーション）を生み出すことが可能となります。

まとめ

求められるコンピテンシーのレベル

レベル1	レベル2	レベル3	レベル4
理解	実践	改善	指導

➡ 顧客の期待に応える対応を理解し、期待に応える対応を実践できる
➡ プロセス単位のモニタリングの重要性を理解している
➡ プロセスの改善提案ができる

CS-4 顧客満足と顧客ロイヤルティ

コンタクトセンターが提供するサービスが、顧客の事前期待以上の対応であった場合には、顧客は満足を感じ、再度、コンタクトセンターを利用しようとします。顧客は満足する対応を常に提供されることで、その企業のファンとなり、その企業の製品や商品、サービスを自分の意志で再購入、再利用をするようになります。この状態を、顧客ロイヤルティといいます。顧客は、満足する対応を継続して提供されることにより、顧客満足から、顧客ロイヤルティの状態になります。そのため、顧客対応を行う担当者は、常に高品質なサービスの提供を心がけ、対応することが大切です。

学習ポイント
- 顧客満足と顧客ロイヤルティの違いを理解する

4-1 顧客満足

顧客がコンタクトセンターに電話をする場合には、何らかの事前期待を持って電話をかけてきます。コンタクトセンターの対応が、顧客の事前期待通りか、期待以上の対応であった場合には、コンタクトセンターの対応に対し、満足と感じます。一方で、顧客の事前期待に応えられていない場合には、顧客は不満と感じます。顧客満足とは、顧客が持つ事前期待と、実際にコンタクトセンターを利用し、体験した結果とのギャップで決定されます。顧客満足で重要な点は、満足、不満足を決定するのは、顧客であるということです。そのため、担当者は、顧客の事前期待を正しく理解し、事前期待に沿う対応や、事前期待以上の対応をすることが求められます。

4-2 顧客ロイヤルティ

ロイヤルティとは、日本語では忠誠心、愛着心という意味です。顧客ロイヤルティとは、顧客が特定の企業や、特定の商品、サービスを、顧客自身の意志により継続的に利用している状態や、商品やサービスを再購入することをいいます。顧客ロイヤルティを持った顧客は、特定の企業や、特定の製品・サービスのリピーターとなり、競合他社の商品やサー

ビスを利用することがなく、自社の商品やサービスについての良い情報を、友人や知人に知らせ、利用を薦めてくれます（口コミ効果）。顧客ロイヤルティは、顧客満足の状態が継続的に続くことで初めて形成されるため、担当者は、常に顧客が満足と感じる対応を行うことが大切です。

4-3　スイッチング・バリアと顧客ロイヤルティ

顧客が置かれている環境、状況により、特定の商品やサービスを利用しなくてはならないことがあります。顧客の意志とは無関係に、特定の商品やサービスを利用しなくてはならない状況を、スイッチング・バリアといいます。

スイッチング・バリアに置かれている顧客は、周囲の環境の状況が変化した時には、競合他社の製品やサービスを利用してしまう可能性があります。例えば、顧客が必要としている商品やサービスが、特定の企業からしか発売されていなければ、顧客は自分の意志で商品やサービスを選択することができませんが、類似商品が他社から発売された時には、競合他社の製品を選択する可能性もあります。顧客が自らの意志で、商品やサービスを選択していれば、顧客の置かれている環境が変化しても、商品やサービスを継続して利用してもらうことができます。コンタクトセンターは、顧客のロイヤルティの形成のために、常に顧客に満足してもらう対応を行うことが大切です。

4-4　サービス品質と顧客満足度

限られた時間、リソース、コストのなかで、コンタクトセンターがサービスの改善を行う場合には、顧客満足に影響を与える要素を分析し、効率的に行うことが大切です。顧客がサービスに対して感じる満足度の要素を区分し、分析する方法として「狩野モデル」を利用した手法があります。狩野モデルでは、サービスの要素を「当たり前品質要素」「一元的品質要素」「魅力的品質要素」の3つに区分しています。

1 当たり前品質要素

当たり前品質要素とは、不十分だと不満を与えるが、十分でも満足されない品質要素

2 一元的品質要素

一元的品質要素とは、不十分だと不満を与え、十分だと満足される品質要素

3 魅力的品質要素

魅力的品質要素とは、不十分でも顧客に不満を与えることはないが、十分だと満足される品質要素

The Kano Model　狩野モデル

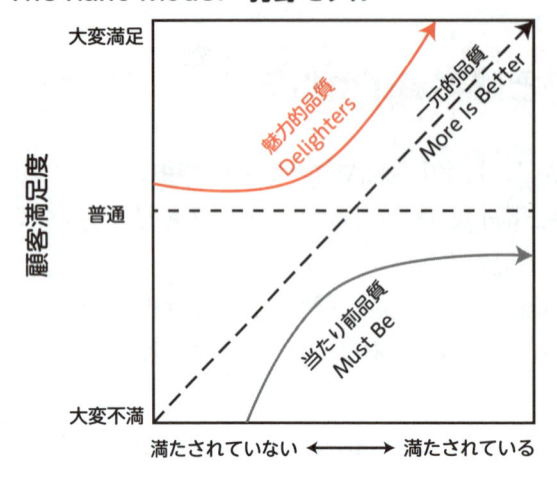

（グラフ：縦軸 顧客満足度〔大変満足／普通／大変不満〕、横軸 満たされていない←→満たされている。魅力的品質 Delighters、一元的品質 More Is Better、当たり前品質 Must Be の3曲線）

顧客ニーズの分析

1. **当たり前品質（Must Be）**
   （不満足因子）＝当たり前のこと
   ➡ 悪いパフォーマンスを排除する

2. **一元的品質（More Is Better）**
   （満足因子）＝やればやるほど、満足度が向上するもの
   ➡ 改善を続ける

3. **魅力的品質（Delighters）**
   ＝感動を与えること
   ➡ 不満足因子と満足因子がコントロールされた後に着手する

「当たり前品質要素」にあたる要素は、無いと顧客は不満に感じるが、高めても満足とはならない要素であるため、一定水準のレベルが保たれていれば良い要素となります。この要素を高めても、顧客満足度は向上しないため、改善についての重要度は低くなります。
「一元的品質要素」にあたる要素は、品質が低いと顧客は不満に感じ、高いと満足と感じる要素のため、改善の取り組みが必要な要素となります。この要素を高めることで、顧客満足度の向上も期待できるため、改善の重要度は高くなります。
「魅力的品質要素」とは、無くても顧客は不満と感じることはありませんが、高めることで顧客が満足する要素でもあり、いわゆる「感動のサービス」にあたる要素となります。顧客ロイヤルティの形成に有効な要素でもあるため、改善の重要度は高くなります。
コンタクトセンターでは提供するサービスを、以上の3つの要素に分類し、サービス改善の優先順位付けを行い、最も顧客満足度の向上が期待できる改善を優先的に行うことが大切です。

まとめ

求められるコンピテンシーのレベル

レベル1	レベル2	レベル3	レベル4
理解	実践	改善	指導

➡ 継続的に顧客満足が得られる対応を心がけ、実践できる
➡ 顧客満足につながる要素について的確に理解し、対応ができる

CS-5 顧客対応

顧客からの問い合わせを直接受け付けるオペレーターの責任は、問い合わせに対して正しい情報を提供し、問題解決を迅速に行うことで、顧客との信頼関係を構築し、顧客満足の維持・向上を実現することです。

学習ポイント

- 顧客サポートの目的を理解する
- 顧客対応のプロとして求められる基本部分を理解する
- 顧客サポートを行う体制構築におけるポイントを理解する

5-1 顧客サポートの目的

コンタクトセンターには、顧客満足を維持・向上させ、顧客との良好な長期的関係を構築するという役割があります。そのためには、顧客との信頼関係を築く必要があります。
顧客との信頼関係を築くには、顧客の事前期待や要求内容を正確に理解し、迅速に解決することや、顧客との約束を守ることが大切です。
こうして、信頼関係を築くことで、顧客からの協力を引き出すことができ、より良いサービスの提供ができます。顧客サポートをする上での目的である顧客との信頼関係構築や顧客満足度は、コンタクトセンターの対応によって変化することを理解しましょう。
また、明確な方針、一貫した対応など、品質の高いサービス提供により、顧客のコンタクトセンターへの印象を良くできます。印象を向上させるためには、オペレーターやスーパーバイザーは、顧客の問題解決にあたり、積極的かつ前向きな姿勢で臨む必要があります。
一方で、顧客に対する対応品質を向上させるだけでなく、コンタクトセンターに問い合わせをするという一連の顧客経験を良い体験とすることが、信頼関係構築や満足度の向上につながります。

5-2 顧客対応の基本姿勢

顧客対応を行うオペレーターは、組織の方針や目標を理解し、方針に基づいて目標達成の

ために活動する必要があります。顧客からの問い合わせに対し、企業の代表として、顧客の要求や抱えている問題を正しく理解し、迅速に解決することで、顧客が企業や製品に対し、不安や不満を抱かないようにする必要があります。

対応の際は、くだけすぎた言葉や専門用語の使用を避け、顧客のスキルや属性に応じた応対を行います。また、効率的に応対するために顧客との会話の主導権を握り、顧客を急がせることなく、短時間で手際よく応対を完了させることも大切です。

顧客の問題に対しては、すべての問題が解決するまで、責任を持って管理する必要があります。解決までに長期間かかる場合には、進捗状況などの途中経過についての情報を顧客に提供します。顧客の問題解決では、問題を積極的に解決しようとする姿勢を心がけることが重要です。

また、情報提供の正確性だけでなく、コンタクトセンターが提供するサービスは、どのオペレーターが対応しても、一貫性を持つことが重要です。対応手順、顧客の問題に対しての優先順位付け、重要度の判断などの基準を合わせる必要があります。

顧客の満足度は、コンタクトセンターが顧客の「事前期待」以上のサービスを提供できたかで決まります。「事前期待」は顧客ごとに異なり、時間の経過とともに同一顧客の事前期待も変化します。顧客対応を通じてそれぞれを正しく理解することが重要です。

5-3　顧客サポート体制のポイント

顧客サポートを行う組織として、コンタクトセンターでは、以下のような点に留意して体制を整える必要があります。

■ 役割と責任の理解

コンタクトセンターは企業の顧客対応窓口として、問い合わせが対応範囲外であっても、適切な部門に顧客を誘導する責任があります。迅速かつ円滑に誘導するためには、他部門の役割や責任範囲についても理解しておく必要があります。ただし、顧客の言いなりになるのではなく、センターの方針、対応範囲、サービスレベルなどを理解して対応することが大切です。

企業の方針により顧客の要求に対応できない場合は、代替案を積極的に提案し、顧客との衝突の回避、信頼関係の継続に努めます。

■ 手順の標準化と遵守

効率的なサービスを提供し、サービスの品質を一定に保つ上で、対応手順の標準化は効果的です。手順を標準化することで、その手順がサービス提供において最善であるかどう

かの検証が可能です。決められた手順やガイドラインを守ることで、顧客に提供するサービス品質を一定に保つことが可能です。

スーパーバイザーは、オペレーターに対し、なぜ決められた手順やガイドラインを守る必要があるのかを理解させ、実行させる必要があります。

■ 知識と情報の収集

決められた手順を遵守し、顧客の要求に応えるためには正しい知識が不可欠です。新しい商品・サービスの提供や、仕様の変更が行われた場合には、適宜トレーニングを行い、適切な知識やスキルの習得をします。

その他、優れたサービスを顧客に提供するためには、他社のコンタクトセンターの情報収集が効果的です。顧客はコンタクトセンターのサービスを比較することがあるため、新たなサービスや、技術の動向について情報を収集し、他社のコンタクトセンターの方が優れているとわかった時には、自社のセンターのサービス提供プロセスやサービス内容について、見直しを行います。

まとめ

求められるコンピテンシーのレベル

レベル1	レベル2	レベル3	レベル4
理解	実践	改善	指導

➡ すべての顧客対応について、顧客視点に立って行われているかをモニタリングできる
➡ 顧客対応の問題点を把握し、是正にむけた組織的な活動ができる
➡ 顧客のニーズに応えるための、問題解決の技法を理解し、実践できる
➡ 顧客サポートのプロセスの見直しを行うことができる
➡ 顧客との長期的な信頼関係を築く施策を検討できる
➡ 将来的な顧客の期待と要求の変化を推測し、顧客対応を改善できる

CS-6　サービスの提供

顧客対応においては常に顧客視点で考える必要があります。サービス提供におけるプロセスを遵守し、顧客サポートの手法を理解することで一貫したサービスの提供とは何かを理解することが重要です。

> **学習ポイント**
> - 顧客サポートの実施プロセスを理解する
> - 顧客対応のプロとして求められる基本部分を理解する

6-1　顧客サポートの実施プロセス

顧客対応で重要なことは、コンタクトセンターの対応が顧客にとって良い経験となることです。顧客が良い経験を得るためには、コンタクトセンターの提供するサービスが、高品質なサービスでなければなりません。高品質なサービスを提供するためには、直接電話対応を行うオペレーターやスーパーバイザーが積極的な対応を行う必要があります。

■ 積極的に傾聴する

顧客の話を積極的に聴く姿勢は、顧客に安心感を与え、会話をスムーズに進めることができます。顧客との会話がスムーズであれば、顧客は積極的に話すようになります。顧客が積極的に話すことで、より多くの情報を得ることができるため、顧客の期待や顧客が抱えている問題を正しく理解することができます。顧客の期待や問題を正しく理解し、問題を迅速に解決することは、顧客満足の向上だけでなく、オペレーターのストレスを軽減することにもなります。

■ 顧客の要求を理解する

顧客がコンタクトセンターに電話をする場合には、何らかの期待（事前期待）や要求を持っています。顧客の事前期待や要求していることを正しく理解するためには、顧客の立場に立った対応をすることが大切です。顧客の立場に立った対応をするためには、共感性を発

揮し対応することが大切です。顧客は、担当者が顧客の話す内容について理解してもらえていないと感じると、苦情を申し立てることや、コンタクトセンターに電話することを止めてしまいます。また、最悪の場合には、その企業の商品やサービスの利用を止めてしまうこともあります。

■ 顧客の期待を理解する

顧客からの電話は、企業が提供している商品やサービスを利用したことで発生した問題だけでなく、企業が提供している商品やサービスに対し期待していることを伝えることがあります。企業にとっては、商品やサービスに対し顧客がどのような期待を持っているのかを知ることができる機会でもあります。また、要望だけでなく、苦情やクレームについても、顧客からの貴重な意見であるため、内容を正しく理解し、改善に役立てることが大切です。

■ 顧客に提案する

コンタクトセンターの重要な役割は、顧客が抱えている問題を正しく理解し、迅速に解決することです。問題解決では、顧客の期待に応じていることと、常に顧客と企業が「Win-Win」の関係になることが大切です。問題解決のための提案が複数ある場合には、すべての内容を顧客に説明し、選択してもらうことで、顧客の期待に応えることができます。

■ 適切なエスカレーションを実施する

エスカレーションとは、オペレーターが権限内で解決できない問題や、調査が必要な問題、対応に時間がかかると判断された問題について、上位のサポート者や他部門に対応を依頼することです。適切なエスカレーションは、顧客が電話対応のためにかかる時間を短時間にし、顧客満足の低下を防ぐためにも大切です。オペレーターが適切なタイミングでエスカレーションをするためには、エスカレーションのルールや手順を策定し、遵守させることと、適切なエスカレーションが顧客満足の低下を防止するために有効であることを理解させることが大切です。

■ コールログを管理する

顧客からの問い合わせ内容や顧客との対応履歴を記録したものをコールログといいます。コールログは、発生した問題や、顧客との対応状況を正しく記載する必要があります。対応が完了した後に、コールログを確認することで、顧客の問題がすべて解決されているか、解決までの手順が適切であったかを検証することができます。解決までの手順に問題がある場合には、解決までの手順や問題の発生した箇所について改善を行う必要があります。

■ 問い合わせ内容を文書化し活用する

コールログは、顧客とのやり取りについてのすべての内容が記録されているため、内容を確認することで、効率的、効果的な問題の解決方法を検討することができます。また、コールログは、別の担当者が対応する場合にも、履歴を参照することができるため、続きからの対応を行うことができます。コールログの内容から、担当者で共有することが有用な情報は、FAQなどに掲載することや、トークスクリプトの見直し、他部門の問題をフィードバックする場合にも活用することができます。

■ 必要な情報を顧客に提供する

顧客の問題を解決するために、長期間かかる場合には、定期的に進捗状況を連絡することが大切です。今後の予定や、完了する予定日などを報告することで、顧客との良い関係を継続することができます。

■ 顧客の声を関係部門にフィードバックする

コンタクトセンターが収集した情報や、顧客からの声（VOC）は、関係する部門に適切にフィードバックする必要があります。他部門に関する苦情やクレームが発生した場合には、迅速に報告するだけでなく、連携して問題を解決する必要があります。

6-2　顧客サポートプロセスの改善

コンタクトセンターでは顧客対応についてのガイドラインや対応手順を標準化し、オペレーターがこれを守ることで顧客への均質なサービス提供を可能にしています。そのため、これらのガイドラインや対応手順が最良のものになるよう、常に改善の意識を持って業務にあたることが重要です。

顧客サポートプロセスの改善は、以下のように、顧客サービスそのものの改善と、サービス提供プロセスの改善に分類できます。

■ 顧客サービスを改善する

顧客対応における優良な事例（ベストプラクティス）をコンタクトセンター内で共有することで、オペレーターの応対を精査するのは有効な手法です。その結果によって導かれた方法論をセンター全体で実践することで、顧客の問題をより迅速に解決できます。更に、サービス品質を改善し、顧客満足度を向上させることも可能です。その他には、コンタクトセンターを利用した顧客に対し、顧客満足度調査を実施することで、顧客が期待してい

たサービスと、コンタクトセンターが提供するサービスのギャップを調査できます。ギャップが発生している場合には、このギャップがセンターへの不満足に直結する可能性が高いため、提供サービスの内容を顧客サービスの側面で見直す必要があります。内容によっては、プロセス改善に活用することも可能です。

■ サービス提供プロセスを改善する

プロセスを改善するには、サービス提供プロセスに関する顧客からの苦情やクレームの活用が有効です。問題が発生したプロセスの特定と発生状況、顧客への影響度合いを調査し、迅速に改善を図ります。

プロセスの改善が遅くなれば、苦情やクレームの発生が増加するだけです。また、プロセスの改善はサービス品質のみでなく、生産性の向上にも直結するため、特にスーパーバイザーなどの管理者は強く意識をする必要があります。

まとめ

求められるコンピテンシーのレベル

レベル1	レベル2	レベル3	レベル4
理解	実践	改善	指導

➡ コンタクトセンター戦略をふまえた、顧客サービスを提供できる
➡ 顧客がコンタクトしてきた理由を把握し、分類できる
➡ 顧客サポートの実施プロセスを評価し、改善活動ができる
➡ サービスの提供にあたってのコストを把握し、その最適化に努めることができる

CS-7 新しいチャネルにおけるサービスの提供

顧客視点でのサポートを行うために、顧客の利便性を考え、さまざまなチャネルからコンタクトセンターへ連絡できるサービスが増えています。新しいチャネルを導入する場合に注意しなければならない点について理解しておくことで、新しいチャネルにおいても、顧客に対し良い経験を提供することができます。

学習ポイント
- コンタクトセンターで利用するチャネルの特性について理解する
- チャネルの管理方法について理解する

7-1 新しいチャネルの利用

顧客への良い経験を提供するために、コンタクトセンターへの連絡方法も顧客がいつでも、どこからでも連絡ができるよう、電話から、Eメール、Web上でのチャット、ソーシャルメディアなど多様なチャネルが使われるようになってきています。新しいチャネルが増えることは、顧客にとっては利便性の向上となりますが、コンタクトセンターが新しいチャネルを利用する場合には、チャネルごとで提供サービスの内容や品質が違わないよう、注意する必要があります。

また、新しいチャネルを導入した場合には、それまで利用していたチャネルからの問い合わせを廃止することはできないため、複数のチャネルを統合管理する必要がでてきます。顧客はさまざまなチャネルからコンタクトセンターに連絡をするため、顧客からの問い合わせ履歴については、チャネル別に担当者を分けていても、履歴などの情報は共有できる仕組みが必要となります。

また、新しいチャネルを導入する場合には、顧客にとって、良い経験が得られるよう、顧客視点でのプロセス設計を行うことが重要です。

7-2　利用するチャネルの特性を理解する

コンタクトセンターが利用するチャネルは、電話のようにリアルタイムで顧客対応を行うものや、Eメールのように非リアルタイムで対応を行うものなど、チャネルごとに特性があります。各チャネルの特性を理解し、チャネルの特性に合った適切な管理を行うことが大切です。

■ リアルタイム性

電話での対応やWeb上でのチャットによる対応は、顧客と担当者が1対1で、リアルタイムに進行します。電話やWeb上のチャットは、コール件数の予測と要員配置計画を行い、リアルタイムで対応が行える体制を準備する必要があります。また、担当者は、リアルタイムで顧客対応を行うため、顧客対応に必要となる知識とスキルを持った担当者が対応する必要があります。

■ 半リアルタイム性

ソーシャルメディアの対応は、電話での対応とは違い、リアルタイム性はありませんが、顧客は早い時期に回答がくることを期待しているため、電話での対応と同様に、件数予測と要員配置についての計画を行う必要があります。担当者は、電話のように、リアルタイムに処理をする必要はないですが、迅速に処理を行う必要があるため、顧客対応に必要となる知識とスキルを持っている必要があります。

■ 非リアルタイム性

Eメールなど、非リアルタイムの対応は、顧客からの質問に対し回答を作成する時間を多く取ることができます。また、電話のように、サービスレベルや、応答率など、つながりやすさを測定する必要はありませんが、回答までにかかった時間について管理する必要があります。

7-3　チャネル単位での指標と目標値の設定

各チャネルの管理については、特性にあわせた管理を行うことが必要です。そのため、管理指標や目標値については、チャネル単位で設定する必要があります。リアルタイム性の対応では、コンタクトセンターのつながりやすさを測定する必要があり、半リアルタイム性や非リアルタイム性の対応では、つながりやすさの測定は必要ありませんが、回答まで

にかかる時間を測定する必要があります。また、リアルタイム性や、半リアルタイム性の処理では、対応が必要となる処理の件数を予測し、必要となる要員を配置する計画が必要となります。コンタクトセンターが複数のチャネルで対応している場合には、各チャネルの特性と、特性にあった指標を設定し、管理を行う必要があります。

まとめ

求められるコンピテンシーのレベル

レベル1	レベル2	レベル3	レベル4
理解	実践	改善	指導

➡ コンタクトセンター戦略に基づく、チャネルの活用方針について理解している
➡ チャネルごとのサービス提供方針にしたがい、顧客サービスを提供できる
➡ チャネルごとの評価指標と目標値を理解し、その達成に向けた活動ができる

CS-8 ソーシャルメディアサービス

顧客へのサービス提供方法は、顧客視点での対応に変化しています。そのため、顧客からコンタクトセンターへの問い合わせ方法は、顧客の利便性も考慮し、電話だけでなく、EメールやWeb上のチャットなどさまざまなチャネルに拡大されています。その中で、最新のチャネルとして、ソーシャルメディアを利用した顧客サポートが登場しています。

学習ポイント

- ソーシャルメディアについて理解する
- コンタクトセンターがソーシャルメディアを管理するメリットを理解する
- ソーシャルメディアでのサポート手法を理解する

8-1 ソーシャルメディア

ソーシャルメディアとは、インターネット上で個人が情報を発信することで形成されるメディアのことをいいます。ソーシャルメディアでは、閲覧者の制限がなされていなければ、発信された情報は世界中の誰でも閲覧することができ、その情報に対する意見や追加の情報を投稿することができます。双方向のコミュニケーションにより、情報が追加され、その情報により新たな価値が発生することもあります。ソーシャルメディアには、ブログや掲示板、動画共有サイトなどがあります。特に、TwitterやFacebookは世界中で利用され、利用者も多いためソーシャルメディアの代表的なものとなっています。

8-2 ソーシャルメディアとコンタクトセンター

ソーシャルメディアは個人間のコミュニケーションや、情報共有のために利用されていましたが、企業がキャンペーンや情報発信などのマーケティングツールとして利用し始めました。ソーシャルメディアでの成功事例が報告されると、多くの企業が情報発信のメディアとしてソーシャルメディアを利用するようになりました。ソーシャルメディアでは、企業が発信した情報に対し、閲覧者（＝顧客）が意見や苦情を返すことができるため、企業と顧客の双方向のコミュニケーション（B to C）が発生しました。顧客から寄せられ

る苦情や問題も多くあり、これらの処理を行うことや、閲覧者からの投稿がいつされるか
わからないため、ソーシャルメディアを常時管理する必要がでてきました。顧客の問題解
決や、24時間体制で顧客対応を行っていたコンタクトセンターは、ソーシャルメディア
を運用するために必要となる条件を備えており、追加の投資や研修をすることなく運用す
ることが可能であったため、ソーシャルメディアの管理をコンタクトセンター部門が担当
するようになりました。

8-3　ソーシャルメディアの活用

企業がソーシャルメディアを利用する場合には、キャンペーンなどの情報を発信するマー
ケティングツールとして利用する場合と、顧客からの質問や意見、苦情などに対して対応
する、カスタマーサポートのチャネルとして利用されています。

■ ソーシャルメディアでの活用種類

ソーシャルメディアを活用する企業が増えていますが、その利用の仕方はさまざまです。
単に情報発信のみで、ソーシャルメディアでは、意見や苦情、要望を受け付けない場合も
多くあります。また、投稿された内容に、企業に対する苦情や不満があれば、投稿者に直
接返信し、その苦情に対する対応を行う企業もあります。

■ ソーシャルメディアの活用種類

ソーシャルメディアの活用方法には、以下の種類があります。

リスニング機能
企業側からの情報発信は行わず、企業に対する個人の投稿内容を収集し、分析を行います。

情報発信機能
個人からの意見や要望、苦情についての受付は行わず、キャンペーンや、企業が行ってい
るCSR活動、採用案内など、企業側からの情報のみを発信する機能。

パッシブ・サポート（リアクティブ・サポート）
カスタマサポートのひとつのチャネルとして、顧客からの意見や要望、苦情などを受け付
け、対応する機能。電話でのインバウンドやEメールでの対応と同様の機能。

アクティブ・サポート

顧客がその企業に対しての不満や苦情に関する投稿を行った場合に、企業側から積極的に本人に連絡し、不満や苦情に対しての問題解決を行うサポート方法。

まとめ

求められるコンピテンシーのレベル

レベル1	レベル2	レベル3	レベル4
理解	実践	改善	指導

➡ 所属するコンタクトセンター戦略に基づく、ソーシャルメディアの活用方針にしたがい、業務の運用ができる
➡ ソーシャルメディアサービスの提供方針に従い、顧客サービスの提供の改善ができる
➡ 適切なソーシャルメディアサービスの評価指標と目標値を設定し、その達成に向けた改善活動ができる

CS-9　苦情・クレーム対応

顧客が苦情やクレームにより、感情的になり、怒って電話をかけてくることがあります。このような顧客には、不満や主張を述べていただくことで、会話ができる状況を作ります。また、積極的に支援を申し出るなど、前向きな姿勢で対応することが大切です。苦情・クレームに対しては、方針や対応のプロセスを把握して対応にあたることが大切です。

学習ポイント
- 苦情・クレーム対応の方針を理解する
- 苦情・クレーム対応のプロセスを理解する

9-1　苦情・クレーム対応の方針

苦情やクレームの対応はコンタクトセンターにとって大変重要な役割です。クレームとは顧客の最もストレートな心の声であり、対応次第では顧客を失うこともありますが、逆に顧客との関係を深めることも可能です。クレーム対応を行うにあたっては、クレームの重要性を理解し、苦情・クレーム対応をする際にどのように顧客に向き合うかのスタンスを明確にしておくことが大切です。

■ クレームは氷山の一角

商品やサービスに不満があってもクレームは上げないけれど、二度と購入しない、という顧客は非常に多いです。クレームという形で顕在化するのは氷山の一角にすぎず、クレームを上げずに去っていく顧客をサイレントクレーマーといいます。コンタクトセンターにおいては、発生したクレームはチャンスと捉えて取り組む必要があり、サイレントクレーマーを一人でも減らせるよう、顧客の声に耳を傾ける必要があります。

```
表出されたクレームは氷山の一角
表に出てこないクレーム
クレーム予備軍                    不満
隠されたヒント
```

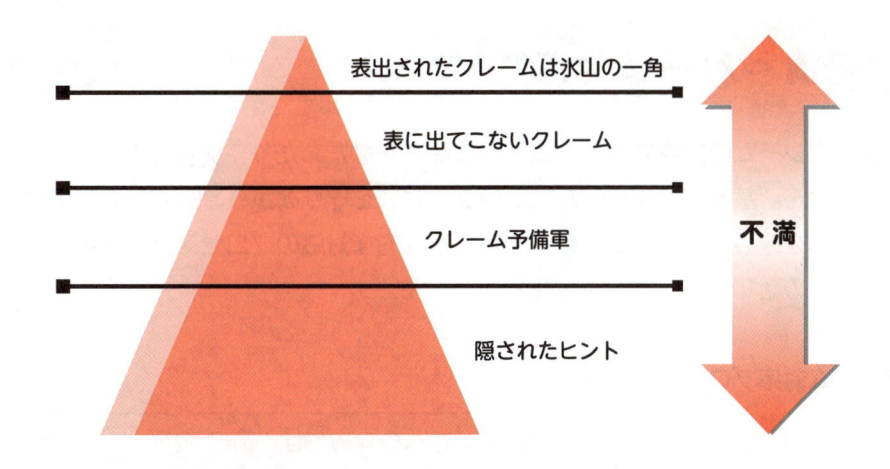

顧客の目線になる

怒っている顧客は、自分が怒っている理由を理解して欲しいと考えています。顧客の言い分を聞くというスタンスに終始するのではなく、同じ目線になり、何が起こっているのかを理解することが重要です。顧客の立場に立ち、共感を示すことで顧客との信頼関係を構築することができます。そうすることで初めて会話ができる状況となるのです。怒っている顧客とオペレーターが張り合ってしまうことの無いよう注意が必要です。

クレームから逃げない

顧客と信頼関係を築き、話を聴く姿勢をとっていただくためには、オペレーターが「自分が責任を持って対応する」という姿勢を顧客に伝えることが重要です。オペレーターが、クレームを正しく処理することで、その顧客に企業の製品やサービスを再利用してもらうことができることを理解してもらうことが重要です。

迷惑をかけている状況を謝る

苦情やクレームが発生した場合、自社の製品やサービスの不具合などにより顧客を困らせていることを理解し、謝罪することで、相手との信頼関係を構築することができます。過失の所在が明確でないうちから謝罪することに対し、疑問視する声も聞かれますが、あくまでも顧客を不快にさせたことへの謝罪は必要です。「気軽に謝罪してはいけない」というような心理的バリアは顧客に容易に伝わり、関係性をこじらせることがあるので注意が必要です。

9-2　苦情・クレーム対応のプロセス

苦情やクレームの対応では、やみくもに顧客をなだめたり、謝罪したりしても効果的とはいえません。基本的なクレーム対応のプロセスを守りながら、顧客の感情の動きを読み取り、対応を進めていく必要があります。基本的な対応のプロセスは以下の通りです。オペレーターの話す割合に注意が必要です。

クレーム対応プロセス

顧客の感情を受け止める
怒っている顧客への対応では、顧客が持っている不満をすべて話すまで相手に話をさせることが重要です。すべての不満を話した後で、顧客はオペレーターの話が聞ける状況になります。この段階では簡単な相槌を打つ程度で、自分から話はしない方がよいです。ここで企業側の代表者であるオペレーターが防御の姿勢をとり、言い訳などをしたら対応は失敗します。

顧客の話を聴き要求を把握する
顧客の話す内容から事実を探り、何を要求しているのか探り出します。真実と意見を聞き分けることが大切です。感情的な顧客は、客観的事実というより、推測を交えたご自身の意見を中心に話をしがちです。苦情やクレームが発生した原因を探るためにも、何が事実かを見極めることが大切です。この段階では顧客の話を理解していることを伝えるために、積極的な相槌と復唱のスキルが有効です。

解決策の提案
ここまでの顧客の申し出を受け、解決策を提示します。この段階に来て、初めて自分が主体的に話をし、会話のリードを考える必要があります。何ができて、何ができないのかをわかりやすく説明することが大切です。顧客の要求を受け入れることができない場合は、必ず代替案を提示することを心がけます。

対応結果の確認と再発防止
対応が終了した後で、すべての問題が解決されたか、再度確認を行う必要があります。また、問題の再発を防止するため、問題の根本原因について調査・分析し、問題が再発しないよう、早急な対策をとることが大切です。そういった最終の部分まで、報告を求める顧客もいるため、情報開示と再発防止の意識を持って対応をクローズする必要があります。

■ クレーム対応の留意点

プロセスの通りに対応すれば必ず成功するというわけではありません。クレーム対応においては、さまざまな留意点があります。以下のポイントには特に注意が必要です。

①メモを取る

顧客の話した内容で、重要な点はメモを取り、会話に含めて復唱します。顧客は、自分が理解されていると感じるため、話を聴く姿勢をとってくれるようになります。
顧客の主張を間違って把握し対応をすると、怒りが増強することが多く、事実を正しく、客観的に把握することが重要です。

②迅速に対応を行う

苦情やクレームの対応は迅速に行うことが大切です。解決が長引けば顧客は離反してしまう可能性が高くなります。一方、問題を迅速に解決することで、顧客との信頼関係を回復することが可能です。

③人、時間、場所を変える

苦情やクレームで怒っている顧客には、適切なタイミングや手順で、エスカレーションによる担当者の変更や、コールバック、他部門での対応など、一定の時間を置いたり、状況を変えたりすることで感情を落ち着かせることも有効です。また、発生した事象に腹を立てているのではなく、対応者に対して怒りを感じている場合は、そのオペレーターが顧客を納得させるのは困難です。顧客の怒りの先によっては、迅速なエスカレーションが有効です。

④記録と分析

クレームは再発を防止することが重要です。そのため、顧客との会話や実施した内容とその結果については、すべて記録を残す必要があります。すべての処理が完了した後に対応内容を確認し、問題の発生原因について分析します。同様のクレームが複数発生している場合には早めに改善策を検討する必要があります。また、オペレーターの対応手順に問題がなかったかの分析を実施し、より迅速に解決する手順の検討を行います。

9-3　組織で苦情・クレーム対応を行う

オペレーターの対応だけでクレームが解決できない場合や、現場で判断できないようなクレームについては、組織（チーム）として対応を行うことが重要です。
オペレーターは顧客満足の向上を目的にクレーム対応を行う必要がありますが、金銭や特別扱いの要求が見て取れる場合には、リスクマネジメントの対応へ移行し、組織として

クレーム対応を行う必要があります。

スーパーバイザーは、組織として対応するクレームが発生したときには、迅速に関係部門に報告し、連携しながら対応することが重要です。

まとめ

求められるコンピテンシーのレベル

レベル1	レベル2	レベル3	レベル4
理解	実践	改善	指導

➡ 苦情・クレームの種類や内容のタイプを類型化し、定義することができる

➡ 苦情・クレームの分類や件数、対応者に必要なスキルを把握し、センターの構築や人材育成プランに反映させることができる

➡ 非定型的苦情案件について、適切なエスカレーションを含め、センター内で求められる対応ができる

CS-10 消費者保護と関連法規の理解

消費者保護と関連法規については、カスタマーサービスに関わるすべての関係者が理解し、業務に適用する必要があります。

学習ポイント

● 消費者保護関連法規の概要と消費者団体に関して理解する

10-1 消費者保護関連法規の概要と、消費者団体に関する理解

消費者保護関連法規については、その経緯を含め正しく理解する必要があります。またコンタクトセンターが業務を行う分野や業種に特有の消費者保護視点の関連法規がある場合には、それらを含めた顧客保護管理体制の確保が必要です。

■ 消費者基本法の理解

消費者基本法は、1968年制定の「消費者保護基本法」を改定し、より消費者の自立を求め、「保護」をとって、2004年に制定されました。
第5条は、事業者の責務となっており、コンタクトセンターにおけるカスタマーサービスの提供時にその責務を負います。

> 第五条　事業者は、第二条の消費者の権利の尊重及びその自立の支援その他の基本理念にかんがみ、その供給する商品及び役務について、次に掲げる責務を有する。
> 一　消費者の安全及び消費者との取引における公正を確保すること。
> 二　消費者に対し必要な情報を明確かつ平易に提供すること。
> 三　消費者との取引に際して、消費者の知識、経験及び財産の状況等に配慮すること。
> 四　消費者との間に生じた苦情を適切かつ迅速に処理するために必要な体制の整備等に努め、当該苦情を適切に処理すること。

■ 消費者団体の発足

消費者問題の解決に取り組む消費者団体発足の経緯を理解することは、適切なカスタマーサービスを提供する上で必要です。

1940年代から、技術革新に基づく大量生産・大量販売体制が広まり、「安かろう、悪かろう」の製品流通が横行しました。欠陥商品による消費者被害や、不当表示事件が発生しています（不良マッチ事件、砒素ミルク事件、ニセ牛缶事件など）。

1948年に主婦連合会が発足
現在も消費者団体の中心的存在として活動しています。事務局長は、2009年9月に発足した内閣府消費者委員会の委員でもあります。

上記に対応した行政側の動き
1961年：東京都に消費生活課設置　苦情処理、相談受付、啓発
　　　　これを皮切りに全国の都道府県に担当課と消費生活センターを設置
1968年：「消費者保護基本法」公布・施行（5月30日）
1970年：特殊法人国民生活センター発足（現在は独立行政法人）

■ 適格消費者団体の役割

2007年に消費者契約法が改定され「消費者団体訴訟制度」が発足しました。これは、消費者全体の利益を擁護するため、内閣総理大臣が一定の要件を満たす消費者団体を「適格消費者団体」として認定し、その団体に事業者の不当な行為（不当な勧誘、不当な契約条項の使用）に対する差止請求権を認めるものです。非力な消費者が個人的に訴訟を起こすことは不可能であり、団体としてそれを肩代わりできるように配慮されています。消費者の動きは、団体として動くケースが増えるということを理解する必要があります。

■ 消費者庁と消費者委員会の位置づけ

消費者庁：　　2009年9月に、消費者行政の一元化を目指して、消費者庁が内閣府の外局として発足しました。また、消費者行政のお目付け役として、消費者委員会が内閣府内に発足しました。
消費者委員会：消費者の意見が直接届く透明性の高い仕組みとして、かつ、消費者庁を含めた関係省庁の消費者行政全般に対して監視機能を有する独立した第三者機関として、2009年9月に、消費者庁とともに発足しました。

■ 消費者情報の経営反映

消費者対応の最前線で得た貴重な消費者情報を、いかに全社で有効に活用するかが非常に重要です。コンタクトセンターにおけるカスタマーサービスの際に、消費者保護視点での対応を図ると共に、正確かつ十分なコールログの収集および、適切なフィードバックと社内活用が重要となります。消費者情報については、コンタクトセンターと専門部署との連携や、経営への情報提供プロセスも確保される必要があります。

10-2 消費者保護関連法規の遵守

消費者保護関連法規のうち、特に一般消費者向けのコンタクトセンターにおける顧客対応においては、十分な理解をもって顧客対応の設計を行う必要があります。

■ 主要な消費者保護関連法規

消費者契約法

消費者契約法は、消費者と事業者の情報力、交渉力の格差を前提として、消費者の利益擁護を図ることを目的に、2001年4月に施行されました。
この法律では、契約を勧誘されている時に事業者に不適切な行為があった場合には契約を取り消すことができます。また、消費者の権利を不当に害する条項は無効になるよう、契約書に定められています。

特定商取引法

訪問販売、通信販売、連鎖販売取引など、消費者トラブルを生じやすい特定の取引形態を対象として、消費者保護と健全な市場形成の観点から、特定商取引法を活用し、取引の適正化を図っています。
特定商取引法では、事業者の不適正な勧誘、取引を取り締まるための「行為規制」やトラブル防止・解決のためにクーリング・オフなどの「民事ルール」を定めています。

不当景品類及び不当表示防止法

不当な表示や過大な景品付き販売が行われると、それにつられて消費者が実際には品質が良くない製品やサービスを購入してしまい、不利益を被る恐れがあります。
そのため、製品やサービスの品質や、内容、価格などについて、偽り表示を行うことを規制し、過大な景品類の提供を防ぐため、景品の最高額を制限することにより、消費者が良い製品やサービスを、自主的かつ合理的に選択できる環境など、消費者の利益を保護することを目的とする法律です。

薬事法

薬事法とは、医薬品・医薬部外品・健康食品・化粧品・医療用具・医療機器などの品質・有効性・安全性の確保などを目的とする法律で、医薬品などの製造・販売・流通に関する規定、医薬品などの表示・広告、薬局の開設に関する内容などについて定める法律です。

まとめ

求められるコンピテンシーのレベル

レベル1	レベル2	レベル3	レベル4
理解	実践	改善	指導

➡ 消費者保護関連法規を理解し、業務プロセスへの適用範囲を理解している
➡ 消費者保護の関連法規を正しく理解し、業務に適用することができる
➡ 消費者情報や顧客保護視点での、的確な対応ができる

第4章
CRMコンタクトセンター戦略の実践

コンタクトセンターにおけるCRM活動とは、クライアント組織の顧客戦略をコンタクトセンターの役割として具体的に定義し、実行することです。
コンタクトセンターはクライアント企業の期待に応えるため、電話、Eメールなど非対面のチャネルを活用して、目標を達成するためのさまざまなアプローチを実施します。

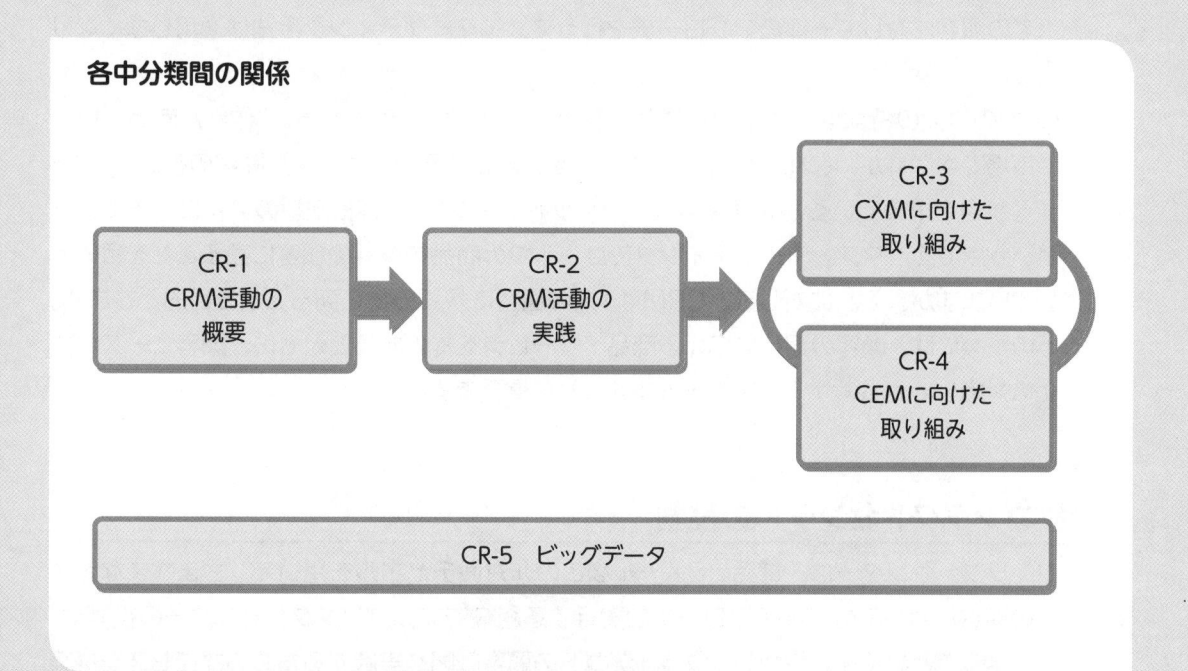

各中分類間の関係

- CR-1 CRM活動の概要
- CR-2 CRM活動の実践
- CR-3 CXMに向けた取り組み
- CR-4 CEMに向けた取り組み
- CR-5 ビッグデータ

CR-1 コンタクトセンターにおけるCRM活動の概要

コンタクトセンターは、企業の顧客戦略を達成するための効果的な活動を構築し、実践する必要があります。これらはCRM活動として、さまざまな角度からの分析も必要です。CRMとはCustomer Relationship Managementを指します。これは、企業がさまざまな活動で得た顧客情報を一元管理し、顧客のニーズにきめ細かく対応することで、顧客の利便性と満足度を高め、顧客を常連客として囲い込んで収益率の極大化を図ることを目的とした経営手法・考え方のことです。

学習ポイント
- CRMにおけるコンタクトセンターの役割を理解する
- 顧客に適切なアプローチをするためのセグメンテーションの重要性を理解する

1-1　コンタクトセンター戦略の実践

経済社会の成熟化に伴い「モノを作れば売れる」という時代は終焉を迎え、市場にいるすべての顧客に対して一律のアプローチを行うマス・マーケティング手法は通用しなくなりました。

CRMの最大の特徴は、従来の企業サイドからのアプローチである、"作った商品をいかに市場でさばくか"（プロダクト・アウト）を目的とするのではなく、顧客の視点にたち、顧客が何を求めているかを考える（マーケット・イン）、顧客指向型のアプローチであるという点です。マス・マーケティングでは、1つの商品を多くの顧客に売ることを目的としていますが、それに対して、CRMは1人の顧客に多くの物を売ることを目的とします。そのためには、顧客の期待に応える商品・サービスを提供するとともに、顧客ニーズの変化に対応して商品・サービスを改善することが重要です。

■ コンタクトセンターの役割

コンタクトセンターは、電話、Eメールなどの非対面チャネルを用いて、さまざまなタイプの顧客に対して最適なアプローチを実行する組織です。コンタクトセンターの役割は、チャネルごとの特徴を生かし、クライアントの顧客戦略を実践するためのプロセスを構築

し、運用することです。

コンタクトセンターにおけるCRM活動の手法と考え方

コンタクトセンターは、顧客の便益と企業の収益の双方を生み出すために、電話、Eメールなどを用いたアプローチを実行します。例として以下のような手法とその目的があります。

- 顧客への情報提供（宣伝）— 商品・サービスを認知させる。
- メリットを説明して購入の動機を喚起（セールス）— 購買を決定させる。
- コンタクトの利便性を高める（サービス向上）— 購入頻度を高める。
- 問題解決、サービス品質向上により顧客満足度向上（ロイヤルカスタマー育成）— 継続して購入させる。

1-2　顧客アプローチの構築

コンタクトセンターにおけるCRM活動においては、さまざまな顧客にアプローチをする必要があります。しかしながら、すべての顧客に対して同一のアプローチをとっていては成功しません。成功のためには、顧客のタイプに応じた効果的なアプローチをする必要があります。顧客のタイプをどう分類するか、効果的なアプローチとは何かを解説します。

適切な顧客アプローチとは何か

顧客アプローチを成功させるためには、属性、嗜好、ニーズなどによって決定される顧客の行動特性に応じて、最も顧客の利便性が高い方法をとることが重要です。アプローチ方法を決定するにあたり、通信手段の種別だけでなく、顧客のタイプによって変化する効果を考慮する必要があります。以下は顧客のタイプによる違いの代表的な例です。

顧客のタイプによる効果の違い

- 中高年層へのアプローチはEメールよりも電話が好まれる。
- Eメールの利用頻度が少ない顧客は、タイムリーにEメールを読んでくれない可能性が高い。
- 若者は自宅の電話による会話よりも、携帯電話（Eメール）によるやりとりを好む。
- サラリーマンへのアプローチは平日昼間よりも夜間の方が効果的。
- 男性は簡潔な情報を好み、女性は豊富な情報を好む。

■ 顧客アプローチ構築の手順

コンタクトセンターは、顧客タイプに応じた適切なアプローチを構築する必要がありますが、同時に、膨大な顧客群を効率的に処理しなければなりません。そのために必要となるのがセグメンテーションと顧客の分類です。

■ セグメンテーション

本章の冒頭で記載があるように、企業は、ニーズの変化が激しい市場の中から、ターゲットとする顧客層を見つけ出さなければなりません。

同一の商品・サービスを購入してくれる顧客が同じ購買行動を示すとは限らないため、セグメンテーションにより、すべての消費者の中からターゲットとなり得る顧客属性を抽出します。

具体的には、いくつかの共通項で市場を分割し、企業側のアプローチに同様の反応を示す集団に分類し、その中の特定集団をターゲットに、マーケティングの資源を集中投下するということです。これにより同一のアプローチを用いることが可能な顧客層（細分化された顧客グループ）を抽出することが可能となります。

■ セグメンテーションの基準

セグメンテーションの絶対的な基準はありませんが、消費者を対象とする場合、主要な基準として通常、以下の変数が使用されます。

区分	変数	備考
人口属性基準	年齢	サラリーマン、主婦、学生など
	性別	男性、女性
	職業	自営業、サラリーマンなど
	家族構成	独身、既婚者、子供など
	世代	20代、30代など
地理的分割基準	国	日本、米国、欧州など
	地域	関東、関西、北海道など
	都道府県	東京、大阪、九州など
心理的基準	ライフスタイル	アウトドア志向、健康志向など
	パーソナリティ	社交的、内向的、社会的志向など
行動的基準	ユーザー状態	初回ユーザー、非ユーザーなど
	ロイヤルティ	熱狂的、無関心など
	使用率状況	初心者、ヘビーユーザーなど

セグメンテーションの前提条件

セグメンテーションにおける前提条件は「現実的に実行可能」なことです。したがって、左の表中の区分は主要なものにとどめ、範囲を極端に細分化させないことが重要です。

顧客の分類

顧客の分類とは、セグメンテーションとは異なり、アプローチ方法を決定するための、企業側の基準に基づいた分類のことです。企業側の基準により定義した例としては以下のものがあります。

顧客の分類

	定義
優良顧客	ロイヤルティ、収益性が最も高い顧客。
一般顧客	通常の顧客。囲い込んで優良顧客化を図る。
不良顧客	採算が合わない顧客。コストのかからない無人チャネルに誘導する。
新規顧客	取引開始直後の顧客。顧客経験を提供し取引の基盤を作る。
見込顧客	取引のない顧客。プロモーションにより取引開始を目指す。

アプローチタイプおよび方針の例

区分	会社員	専業主婦	高齢者
優良顧客	専用ダイヤルを設け、いつでも待たずに電話をかけてもらう 電話、Eメールの併用、専用Webサイトを設けるなど利便性を向上させる	専用ダイヤルを設け、いつでも待たずに電話をかけてもらう 電話、Eメールの併用、専用Webサイトを設けるなど利便性を向上させる	専用ダイヤルを設け、いつでも待たずに電話をかけてもらう
一般顧客	夜間または土日に電話をかけ、簡潔に商品情報を提供する Eメールを併用して情報伝達の効果を高める	平日昼間に電話をかけ、競合製品や流行などの関連情報も含めた丁寧な商品説明を行う	平日の日中に電話をかけ、時間をかけて丁寧に説明する
不良顧客	自動発信の定形メールのみによる対応とする無人チャネルに誘導する	自動発信の定形メールのみによる対応とする 無人チャネルに誘導する	―
新規顧客	サービスに慣れてもらうため積極的なコンタクトを行う（方法は一般顧客と同様）	サービスに慣れてもらうため積極的なコンタクトを行う（方法は一般顧客と同様）	サービスに慣れてもらうため積極的なコンタクトを行う（方法は一般顧客と同様）
見込顧客	取引開始に向けた積極的なコンタクトを行う（方法は一般顧客と同様）	取引開始に向けた積極的なコンタクトを行う（方法は一般顧客と同様）	取引開始に向けた積極的なコンタクトを行う（方法は一般顧客と同様）

まとめ

求められるコンピテンシーのレベル

レベル1	レベル2	レベル3	レベル4
理解	実践	改善	指導

➡ コンタクトセンター戦略から落としこまれたCRM戦略を理解している
➡ セグメンテーションによる顧客対応の差別化戦略を理解し、実践できる

CR-2 コンタクトセンターにおけるCRM活動の実践

セグメンテーションおよび顧客の分類に基づいたアプローチ方法の決定後、詳細な活動プロセスおよび実行計画を策定し、実施します。

学習ポイント
- 顧客アプローチプロセス構築の手順を把握する
- プロセスの効果検証における仮説の重要性を理解する

2-1　CRM活動実践のプロセス（顧客アプローチの構築）

顧客タイプを定義した後、顧客アプローチプロセスを構築します。構築にあたっては、以下のような手順が有効です。

■ CRM活動プロセス構築の手順

- 顧客タイプの定義
  セグメンテーション、顧客分類に基づき決定する。
- 顧客の行動目標設定
  顧客タイプごとに、具体的にどのように行動させたいかを決定する（「購入を決定させる」、「店舗に誘導する」、「購入頻度を上げる」など）。
- アプローチ方法決定
  顧客タイプごとの具体的なアプローチ方法を決定する（電話アウトバウンド、Eメールによる情報提供、DM送付など）。
- アプローチ計画の策定
  具体的な活動日程を策定する。
- プロセス・ツールの作成
  アプローチプロセスを構築する、アプローチに必要なツール（スクリプトなど）を作成する。
- 要員計画およびスキルトレーニング
  アプローチに必要な要員を確保する、アプローチに必要なスキルトレーニングを実施する。

- アプローチの実施
  計画に基づいたアプローチを実施する。

2-2　仮説検証のアプローチ

顧客アプローチは定形的なプロセスではありません。そのため、適宜アプローチの効果を測定し、アプローチ手法を再検討、プロセスの改善およびオペレーターのスキルを改善する必要があります。市場および顧客の事情、企業の事情、コンタクトセンターの事情など、さまざまな要因によりアプローチの効果が常に変化していることから、仮説検証に基づいた継続的な修正が求められます。これにより、CRM活動の成果を高めることができるのです。

■ 仮説に用いられる市場および顧客の事情

仮説に用いられる、活用される市場および顧客の事情には以下のようなものがあります。
- 商品・サービスのライフサイクル短縮化
- 顧客の嗜好、ニーズの変化
- 通信手段、顧客の通信リテラシーの変化

■ 仮説に用いられる企業の事情

仮説に用いられる企業の事情には以下のようなものがあります。
- 新製品などの販売マーケティング方針
- 競合する企業のアプローチ手法に対する差別化の必要性

まとめ

求められるコンピテンシーのレベル

レベル1	レベル2	レベル3	レベル4
理解	実践	改善	指導

➡ 顧客のセグメンテーションに応じて定義されたサービスを理解している
➡ 商品・サービスのプロモーションや営業計画を理解している

CR-3 カスタマー・エクスペリエンス・マネジメント

カスタマー・エクスペリエンスとは、顧客がコンタクトセンターのサービスを経験し、そのサービスに対して感じた価値のことをいいます。カスタマー・エクスペリエンスを適切に管理することで、顧客とのエンゲージメント（顧客との長期的な、より高い信頼関係）を構築することができます。

学習ポイント
- カスタマー・エクスペリエンスを理解する
- カスタマー・エクスペリエンス・マネジメントを理解する
- カスタマー・エクスペリエンス・マネジメントの必要性を理解する

3-1　カスタマー・エクスペリエンス・マネジメント（CXM）

■ カスタマー・エクスペリエンス

カスタマー・エクスペリエンス・マネジメント（CXM）とは、顧客の経験を「良い経験」とするために、オペレーターの応対や提供するサービスプロセスを管理することです。
カスタマー・エクスペリエンスを管理するには、顧客の声（VOC）や顧客満足度調査、ネット・プロモータースコア、カスタマ・エフォートスコアなどの顧客アンケート調査から、顧客が不満と感じた問題点を分析し、改善することが重要となります。

■ カスタマー・エクスペリエンス・マネジメント（CXM）

カスタマー・エクスペリエンス・マネジメント（CXM）とは、顧客の経験を良い経験とするため、オペレーターの応対や提供するサービスプロセスについて管理することです。

3-2　カスタマー・エクスペリエンス・マネジメントの実践

■ カスタマー・エクスペリエンス・マネジメントの重要性

コンタクトセンターは、Eメールやソーシャルメディアなど、電話以外の複数のチャネルで顧客サポートを行うため、顧客が利用するすべてのチャネルにおいて良い経験となるように管理する必要があります。

例えば、ホームページ上のFAQ（よくある質問集）については、顧客が調べたい問題や、知りたい情報をまったく見つけることができない場合には、顧客はFAQを二度と利用したいとは思わないでしょう。

また、Eメールでのサポートでは、顧客に返信する内容が、顧客に理解できるように簡潔に、わかりやすく作成されていなければ、顧客の問題を解決することができません。Eメールで問題が解決されなかった顧客は、結局、コンタクトセンターに電話をしなければならなくなり、Eメールでのサポートを利用しなくなってしまいます。

■ 複数チャネルの活用

複数のチャネルを利用し、顧客サポートを行うには、各チャネルについて、利用した顧客の経験がどのような状況か、チャネル別に顧客満足度調査を行い、全てのチャネルで顧客に良い経験を提供することが重要です。

顧客が、どのチャネルからコンタクトセンターを利用しても、顧客に良い経験を提供することができれば、顧客は自分が置かれている状況にあわせて自由にチャネルを選ぶことができるため、顧客の経験をより良いものとすることができます。

まとめ

求められるコンピテンシーのレベル

レベル1	レベル2	レベル3	レベル4
理解	実践	改善	指導

➡ 自社の顧客接点の「顧客経験価値」提供における、コンタクトセンターの役割を理解している

➡ コンタクトセンターにおいてカスタマー・エクスペリエンスを向上するための具体的な行動指標について理解し、実践できる

CR-4 カスタマー・エンゲージメント・マネジメント

カスタマー・エンゲージメントとは、企業と顧客が双方向で良好なコミュニケーションを構築していることをいいます。また、カスタマー・エンゲージメントでは、顧客が企業の"ファン"となって、その企業や製品についての良い情報や経験を他の顧客に発信するため、新規顧客獲得につながります。

学習ポイント

- カスタマー・エンゲージメントを理解する
- カスタマー・エンゲージメント・マネジメントを理解する
- カスタマー・エンゲージメント・マネジメントが重要な理由を理解する

4-1 カスタマー・エンゲージメント（CE）

■ 顧客ロイヤルティ

顧客が企業や企業の提供する製品やサービスに対し愛着心を持ち（ファンとなり）、その企業の製品やサービスを顧客の意志で継続して再利用、再購入することを、顧客ロイヤルティといいます。顧客ロイヤルティは、顧客の意志であるため、顧客から企業への一方的な関係です。

■ 双方向コミュニケーション

これまで、企業は自社のファンである顧客に対し、新製品についての情報などを発信してきました。現在ではソーシャルメディアの広がりにより、顧客も企業に対し、製品やサービスについての提案ができるようになりました。企業と顧客との双方向のコミュニケーションは、顧客の愛着心を更に高めることとなり、顧客は自分が気に入っている製品や新製品に関する情報を、周囲の人に話すことや、掲示板への書き込みを行うことにより、顧客が情報の発信を行い、口コミとして広まることになります。

■ カスタマー・エンゲージメント（CE）

企業と顧客の双方向のコミュニケーションにより、顧客が企業や製品について、愛着心が更に高まることを、カスタマー・エンゲージメントといいます。

カスタマー・エンゲージメントでは、企業が新たな製品やサービスを開発するときに、ファンとなった顧客から意見を聞くなど、開発プロセスに直接参加してもらうことで、顧客のニーズにあう製品やサービスを開発することができるため、企業と顧客の双方向のコミュニケーションが重要となります。

4-2　カスタマー・エンゲージメント・マネジメント（CEM）

企業にとっては、カスタマー・エンゲージメントが長期的、継続的であることが重要です。カスタマー・エンゲージメントが長期的に継続されるための取り組みをカスタマ・エンゲージメント・マネジメントといいます。

カスタマー・エンゲージメントでは、ファンとなった顧客から発信された情報が口コミとなり、見込み顧客への情報となるため、企業にとっては、新規顧客獲得の機会となります。そのため、企業は、顧客との双方向のコミュニケーションを常に良好であるように管理し、長期的、継続的な関係を保つことが重要です。

まとめ

求められるコンピテンシーのレベル

レベル1	レベル2	レベル3	レベル4
理解	実践	改善	指導

➡ カスタマー・エンゲージメント・マネジメントにおける、コンタクトセンターの役割、ソーシャルメディアの重要性を理解している

➡ コンタクトセンターにおいてカスタマー・エンゲージメントを向上するための具体的な行動指標について理解し、実践できる

CR-5 ビッグデータ

インターネットやソーシャルメディアの広がりにより、さまざまな情報が蓄積され、それらの情報をビジネスに活用する企業が増えています。情報には、テキスト情報や、画像情報、映像など複数あり、これらの情報はビッグデータと呼ばれています。

学習ポイント
- ビッグデータを理解する
- ビッグデータの必要性を理解する

5-1　コンタクトセンターにおけるビッグデータ

企業は、コンタクトセンターに集まる顧客からの苦情や要望などを、顧客の声として分析し、マーケティングや製品の改善、新商品の開発などに活用しています。コンタクトセンターに集まる顧客の声は、限られた情報であるため、より多くの情報を収集するために、ソーシャルメディアやインターネット上の掲示板などで発信されている情報をビッグデータとして収集・活用しています。

5-2　ビッグデータの分析

コンタクトセンターに寄せられた顧客の声は、限られた顧客からの情報です。顧客の声を分析し、活用することが重要ですが、分析内容が正しいか確認するために、ビッグデータを活用することができます。
また、顧客が社外でどのような行動をとっているかについても、コンタクトセンターで収集できる情報からだけでは分析範囲が限られているため、ビッグデータを利用することで、より広い範囲で顧客の分析を行うことができます。このように、企業が顧客の購買動機や行動を知るために、ビッグデータをビジネスに利用しています。

まとめ

求められるコンピテンシーのレベル

レベル1	レベル2	レベル3	レベル4
理解	実践	改善	指導

➡ コンタクトセンターのデータ取集方針に基づき、必要なデータの収集に関連する活動ができる

第5章
オペレーション

OP

コンタクトセンターマネジメントの中心的な部分について学習していきます。コンタクトセンターの利用者である顧客のニーズに的確に応えるためには、その需要の変化やコンタクトセンター内の生産性の変化に対応して、人員配置を調整したり、品質などのパフォーマンスを満たす業務プロセスを実施したりする必要があります。

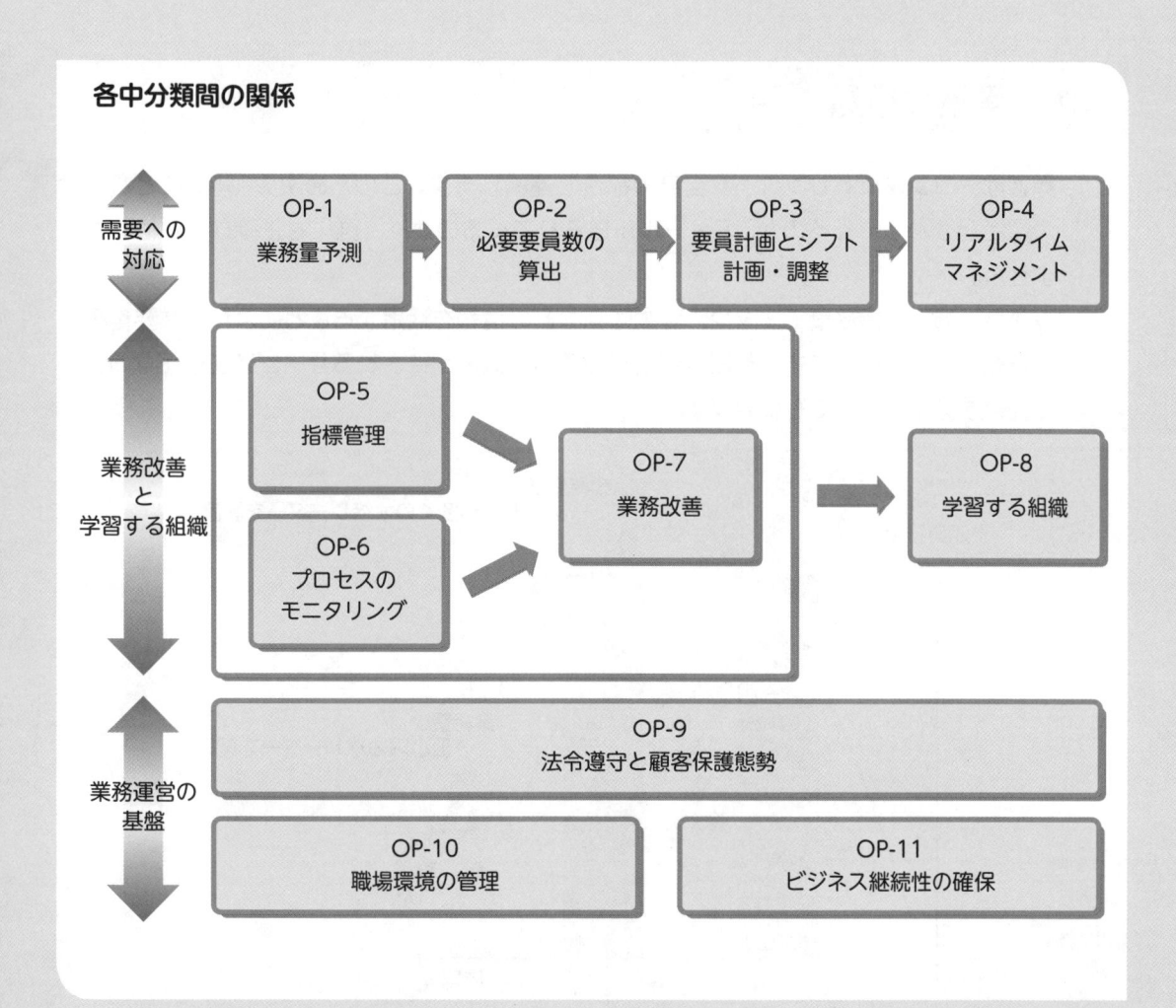

各中分類間の関係

需要への対応
- OP-1 業務量予測
- OP-2 必要要員数の算出
- OP-3 要員計画とシフト計画・調整
- OP-4 リアルタイムマネジメント

業務改善と学習する組織
- OP-5 指標管理
- OP-6 プロセスのモニタリング
- OP-7 業務改善
- OP-8 学習する組織

業務運営の基盤
- OP-9 法令遵守と顧客保護態勢
- OP-10 職場環境の管理
- OP-11 ビジネス継続性の確保

OP-1 業務量予測

コンタクトセンターは、刻々と変化する顧客の需要に対応して、適切な人員配置を行う必要があります。その第一歩は、顧客の需要を分析し、予測することです。

> **学習ポイント**
> ● 予測が必要な理由を理解する
> ● 目的に応じた複数のタイプの予測があることを理解する
> ● 業務量変動を与える要素にどのようなものがあるか理解する

1-1 需要の予測

顧客は、コンタクトセンターへ自身の都合で連絡します。このため次の1時間にどれだけの電話がかかってくるのか、Eメールが送られてくるのかは、誰にも正確なことはわかりません。

しかし、過去の業務量データや、変動傾向などの情報を活用することにより、業務量の予測を行うことは可能です。予測精度を高める活動は、期待されるサービスを適正なコストで提供するためにとても重要です。

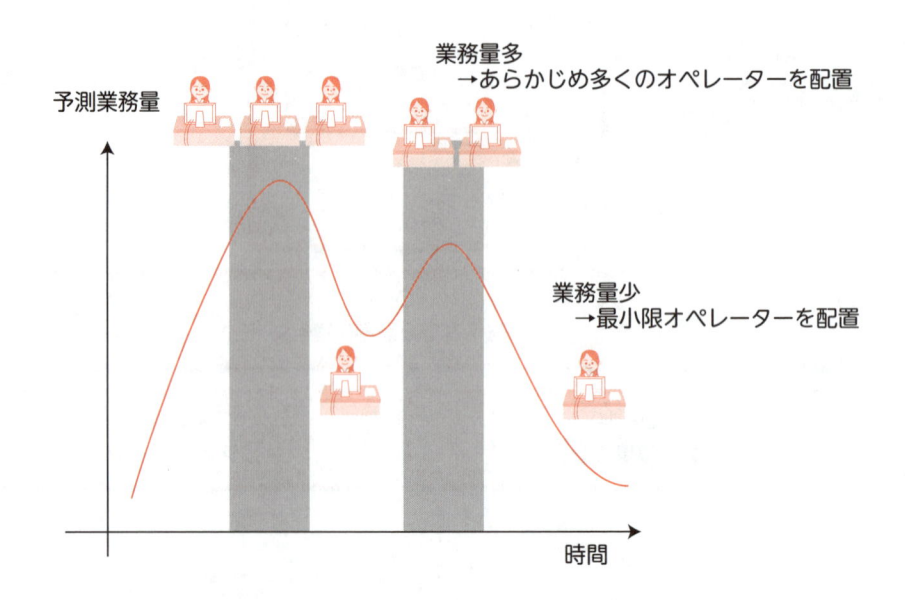

業務量多
→あらかじめ多くのオペレーターを配置

業務量少
→最小限オペレーターを配置

予測業務量

時間

予測のタイプ

予測は必要なオペレーターを配置するために行いますが、大きく分けると以下2つの目的で使用されます。

①要員計画にむけた予測：中期予測（1ヶ月～3ヶ月）

業務量に合わせて、採用計画を立てるために使用する予測です。
例えば、新製品の発売などでコール量の大幅な増加が見込まれる場合、必要な人員を増強するためには、スタッフの採用活動だけでなく、その後の研修期間まで考慮して3～6ヶ月前には準備を開始する必要があります。
このため、要員計画には中期予測（1ヶ月～3ヶ月単位）が必要となります。

②シフト計画にむけた予測：短期予測（日次・週次）

既存のスタッフのシフト計画やシフト調整に使用する予測です。
シフト計画の作成や、日々の業務量変化に合わせたシフト調整をするために、
翌月や翌週の業務量を、日次やインターバル単位で予測したものが必要となります。

予測の種類	予測時期	予測間隔	用途
中期予測	3～6ヶ月先	日、週、月	要員計画（スタッフィング）
短期予測	翌日、翌週、翌月	30分、60分、1日	シフト計画・調整（スケジューリング）

予測の方法

予測は、年単位の予測から、月単位、週単位、日単位、インターバル（1時間／30分）単位と順次詳細な単位の予測を行っていきます。
その上で、キャンペーンやイベント、天候などの変動要素を加味します。

業務量予測に用いる情報

業務量の予測をするためには次の表にあるような情報が使用されます。
予測精度を高めるためには、キャンペーンやイベント、天候などの業務量に変化を与える可能性がある要素を加味することが必要です。

> **ポイント** 業務量変化に強く影響を与えるものは、提供するサービスの性質により大きく異なります。

業務量の予測に用いる情報

過去実績 （プログラム単位）	過去24ヶ月の着信件数データ、コールパターンを示す直近12ヶ月のデータ（年次・月次・週次・インターバル単位）
売上・顧客数	売上高、販売個数、顧客数・会員数、アクティブな顧客数、ユーザー層の変化
商品・サービス	新商品の発売、提供する情報の変更、類似商品の有無
キャンペーン情報	テレビ・雑誌・新聞広告、DM送付、その他
その他	天候・気温、年中行事（正月・クリスマス・決算日・ゴールデンウィークなど）、地域行事

まとめ

求められるコンピテンシーのレベル

レベル1	レベル2	レベル3	レベル4
理解	実践	改善	指導

➡ 業務量予測の重要性や目的について理解している

OP-2　必要要員数の算出

業務量の予測ができたら、目標とするパフォーマンスを達成するために、必要となる要員数を算出します。ここでは要員の算出方法と、精度高く見積もるためには何が重要かを学びます。

学習ポイント

- 必要要員数の算出に必要なパラメーターを理解する
- 必要要員数を精度よく算出するには何が重要か理解する

2-1　必要要員数の算出

顧客から電話やEメールをいただいた際に、オペレーターが応答するまで必要以上にお待たせしたり、時間帯によりつながりやすさがバラバラになってしまったりすることは、望ましい状態ではありません。顧客を待たせることなく既定の時間で応答できるようにするためには、予測される業務量に合わせて必要要員数を算出し、それを基に適切な数のオペレーターを配置することが重要です。

目標とするサービスレベルを達成するために、最低何人のオペレーターを配置していたらよいかは、アーランC式などの数値シミュレーションにより計算します。数値シミュレーションではFTE（フルタイム換算相当）の必要要員数が求まります。

ここでの算出結果に影響を与える要素としては、サービスレベルや応答率などのセンター目標（どの程度のつながりやすさを目指すか）と、AHT（Average Handling Time：1件当たりの平均処理時間）があります。
AHTについては新規に採用された新人オペレーターの数やチーム構成、新製品リリースや不良品の発生状況などにより変化することがあるので注意が必要です。

> **ポイント**
> コンタクトセンターの電話システムは、一般的な家庭やオフィスの電話と異なり、着台しているオペレーター数以上のコールを同時に受けた場合でも、一時的にお客様を待たせ、順番にオペレーターにつなぐ機能を持っています。
> 詳細は「第8章　ICTマネジメント」で説明しています。

2-2　アーランC式

数値シミュレーションの結果は、アーランC式と呼ばれる計算式で表現されます。必要な入力パラメーターを設定したアーランC式を計算すると、サービスレベル目標を達成するのに必要なオペレーター数を算出できます。

ただし、ここで求まる人数はFTE（フルタイム換算相当）といわれるシミュレーション上の必要人数です。実際のシフト作成時には、休憩や予期しない休み、研修といった「目減り要素」も加味しなくてはなりません。

> **ポイント**
> アーランC式では、予測呼量、オペレーター数、AHTから、平均待ち時間やサービスレベルが算出されます。これを利用して、目標とするサービスレベルを達成するために必要な要員数を見積もることができます。

2-3　要員数の算出

通常は、計算ツールを使って算出します。以下が入力パラメーターとなります。
　① 平均処理時間（AHT）
　② サービスレベルの目標値（○○秒以内の応答率○○％）
　③ 単位時間あたりの着信数

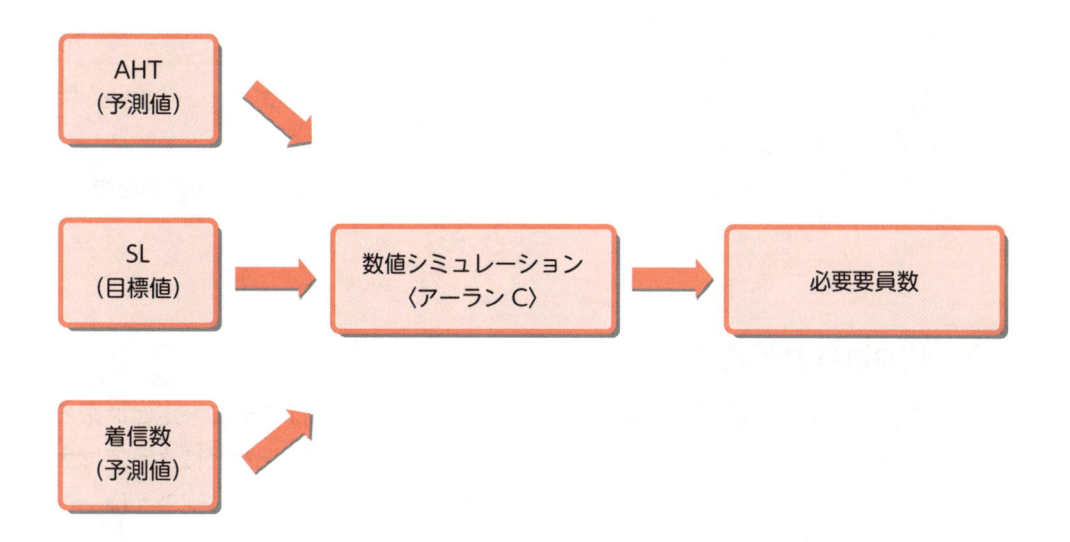

```
AHT
(予測値)  ┐
          ↓
SL      → 数値シミュレーション → 必要要員数
(目標値)    〈アーランC〉
          ↑
着信数    ┘
(予測値)
```

> **ポイント** 適切な要員数を求めるためには、入力パラメーターである、AHTと着信数の予測精度を高くすることが重要です。

■ 必要人数の算出例

アーランC式により、以下の条件で必要人数を算出した結果を下表に示します。表では着信数ごとに目標サービスレベルを達成するために必要とされる人数と、予想される占有率を示しています。

条件

予測されるAHT：120秒
サービスレベル目標：90／20（20秒以内に90％の呼に応答）

着信数ごとの必要人数と占有率

着信数	必要人数	占有率
30 コール／時	3人	33%
60 コール／時	5人	40%
120 コール／時	7人	57%
240 コール／時	12人	67%
360 コール／時	17人	71%

> **ポイント**
>
> コール数が2倍、3倍と増えても、必要な人数は2倍、3倍より少なく済みます。
> これはコール数が多いほうが占有率を高くすることができるためです。

■ 平均処理時間の予測

AHTが変化すると求まる必要人数も変わってきます。AHTは常に一定とは限らず、コンタクトセンターを取り巻く状況、日次の推移、新人の採用状況などによっては大きく変動することがあります。このため、あらかじめAHTの変動を予想しシミュレーションの入力値へ反映させることが重要です。

まとめ

求められるコンピテンシーのレベル

レベル1	レベル2	レベル3	レベル4
理解	実践	改善	指導

➡ 業務量予測に基づく必要人数算出に必要な要素について理解している
➡ 精緻な必要要員数算出の基盤となる、定常業務の正確なデータ提供ができる

OP-3 要員計画とシフト計画・調整

業務量の予測と必要人数のシミュレーションに基づいて、要員計画やシフト計画を立てます。

> **学習ポイント**
> - 要員計画策定時に考慮が必要な事項を理解する
> - シフト計画を作成する際に考慮が必要な事項を理解する

3-1 要員計画

要員計画とは、中期予測に基づいて必要なスタッフを準備することです。
単に必要な人数を採用するのにかかる時間だけではなく、ミニマムスキルを身につけてデビューするために必要な研修期間を考慮する必要があります。
このため通常3ヶ月以上先の中期計画として策定されます。

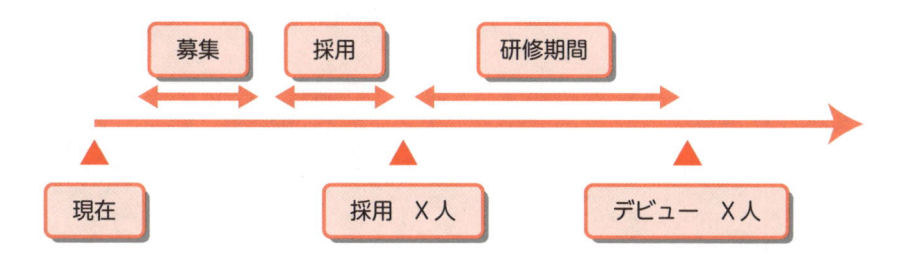

```
      募集       採用       研修期間
     ←――→     ←――→     ←――――――→
  ▲――――――――▲――――――――▲―――――――――――→
  現在       採用 X人    デビュー X人
```

3-2 シフト計画・調整

数値モデルで算出された人数を基にシフト計画を作成します。
数値モデルでは、休憩・予期しない休み・研修などが加味されていませんので、これらを「目減り要素」として加え、実際に必要となる要員数を算出することが重要です。

■ 目減り要素

実際にシフト計画を作成する際は、数値シミュレーションの結果に加えて、遅刻・欠勤・研修などにより着台できなくなる人が発生することも考慮しておく必要があります。
このように、あらかじめ見込まれる減員要素を「目減り要素（Shrinkage:シュリンケージ）」といいます。

■ シフト計画の難しさ

必要な人員数は30分もしくは60分のインターバルごとに算出されますが、現実的には100％必要数通りに出勤してもらうことは困難です。
例えば、一日のうち最も繁忙となる時間が1時間だけだった場合でも、1時間だけ出勤してもらうということは難しいためです。
シフト計画作成時は、オーバーアンダーチャートやWFM（Work Force Management）ツールを活用し、可能な限り必要人数の増減に対応できるようにシフト調整することが重要です。

シフト表とオーバーアンダーチャートの例

	8:00	9:00	10:00	11:00	12:00	13:00	14:00	15:00	16:00	17:00	18:00
Aさん 早番			休憩		昼休						
Bさん			休憩			昼休					
Cさん				休憩		昼休					
Dさん				休憩		昼休					
Eさん					昼休		休憩				
Fさん					昼休		休憩				
Gさん 遅番					昼休			休憩			
Hさん 遅番					昼休			休憩			
Iさん 遅番					昼休			休憩			
Jさん 遅番					昼休				休憩		
計画シフト数	1	6	8	8	3	7	8	7	8	4	4

シフト計画上の配置人数①

	8:00	9:00	10:00	11:00	12:00	13:00	14:00	15:00	16:00	17:00	18:00
予測入電数	5	70	100	100	50	70	100	90	60	50	40
AHT（予測値）	120	120	120	120	120	120	120	120	120	120	120
必要要員数	2	5	6	6	4	5	6	6	5	4	4
目減り要素	1	1	1	1	1	1	1	1	1	1	1
必要シフト数	3	6	7	7	5	6	7	7	6	5	5

予測値と目減り要素から算出した必要人数②

	8:00	9:00	10:00	11:00	12:00	13:00	14:00	15:00	16:00	17:00	18:00
オーバーアンダー	-2	0	+1	+1	-2	+1	+1	0	+2	-1	-1

要員計画とシフト配置人数の隔たり（①-②）

まとめ

求められるコンピテンシーのレベル

レベル1	レベル2	レベル3	レベル4
理解	実践	改善	指導

➡ 要員計画・業務量予測に基づいた計数的方法論を活用して、シフト計画を策定できる

➡ 要員計画に基づいた、採用や研修などの計画を立案できる

OP-4 リアルタイムマネジメント

どんなに予測やシフト計画を綿密に調整しても、当初の予測から大幅に業務量が変動する事態が発生することがあります。そのような状況に的確に対応するのがリアルタイムマネジメントです。

学習ポイント

- リアルタイムマネジメントが必要となるケースを理解する
- 予測レベルの調整を実施する契機を理解する
- 当日の業務量に合わせて、どのような調整を行うか理解する

4-1 予測レベルの調整

翌日や週内の見通しが、当初の見込みと異なることが判明した場合、その度合いを見極め、再予測を実施し、影響が最小になるように要員計画の見直しとシフト調整を実施します。

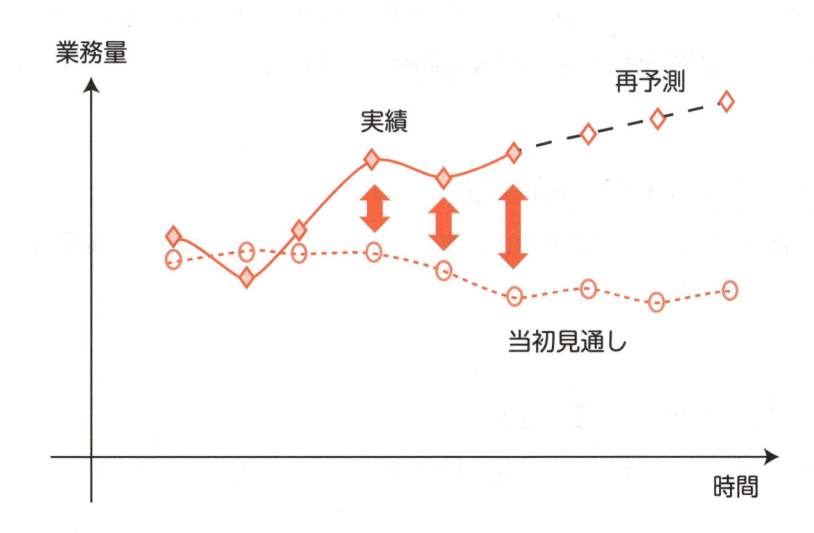

■ 予測レベルの調整を行う契機

以下のような事象が予想される場合に予測レベルの調整を行います。
- 着信件数が当初の予測と大幅に異なる。
- 効率性指標（AHTなど）が当初の予測と大幅に異なる。

■ 業務の変動要因

着信件数や効率性指標は、以下のような場合に変動することがあります。
- キャンペーンや新製品などの売上計画が大幅に違い、それに伴ってコンタクトセンター業務の予測も大幅な変更を余儀なくされた。
- 市場の変化など、コンタクトセンターがコントロールできない要因によって、当初の業務量と大幅に異なる状況となった。

> **ポイント** どの程度のずれが発生したら、どのような行動を起こすかを、あらかじめルールとして決めておくことも重要です。

4-2　リアルタイムマネジメント

当日の調整を行うのがリアルタイムマネジメントです。
当日の、業務量、効率性指標、出勤予定などが当初の計画と異なるということが判明し、さらにその状態が今後も継続すると判断される場合は、以下のような調整が行われます。

■ 人員が不足している場合

他部署からの応援、研修の中止、オペレーターの勤務時間延長、休暇中のオペレーターへの出勤依頼など

■ 人員が過剰となる場合

早退者の募集、他業務への振替、臨時のトレーニング実施など

■ リアルタイムマネジメントが必要となる事象例

- 業務量が大幅に変動した
    例）ヘルプデスクのコンタクトセンターでウィルスのサポートが急遽必要になった。

証券会社のコンタクトセンターで海外の市況に大きな変動があり、日本の市況が急激に変化した。
- 処理効率の大幅な変化
  例）急遽サポートしなくてはならない事項が発生し、平均処理時間が大幅に増加した。
- 出勤予定人員が計画と大幅に相違
  例）鉄道沿線のコンタクトセンターで唯一の交通手段に遅れが発生した。

まとめ

求められるコンピテンシーのレベル

レベル1	レベル2	レベル3	レベル4
理解	実践	改善	指導

➡ リアルタイムマネジメント実施のルールの策定に向けて関係者の協力の下、活動できる
➡ リアルタイムマネジメント実施のルールに基づいて運用し、実績のレビューができる

OP-5 指標管理

各種の指標を測定することで、コンタクトセンターの成果や稼働状態を数値で把握することができるようになります。数値の動きにより問題やパフォーマンスを特定することで、問題の有無や改善活動の必要性を判断することができるようになります。

指標管理は、コンタクトセンターマネジメントのカルテともいえるものです。指標の意味を正しく理解し、適切に設定された目標の下で、データの収集・分析をすることが重要です。

学習ポイント

● コンタクトセンターの状態を表す指標にどのようなものがあるか理解する

5-1 指標の理解と目標設定

各種の指標は、コンタクトセンターの健康状態を判断するために必要なものです。

例えば、人の健康状態は、身長、体重、血圧、BMIといった指標を総合的に見ることで判断されます。本節では、これと同様にコンタクトセンターの健全性を判断するために、どのような指標があるかを説明します。

コンタクトセンターの状態を正しく把握するためには、適切な指標を正確に、継続して収集することが重要です。

> **用語解説**
> **KPI**
> Key Performance Indicatorの略称です。重要な指標群を指します。

> **ポイント**
> サービス・クオリティ・コストに関する指標にどのようなものがあるか理解しましょう

■ 目標設定

測定された指標には、適切な目標値を設定することがとても重要です。
目標に対する達成度を計測することで、業務プロセスの実績、成果、問題点および改善の度合いを評価することができるようになりますが、そもそもの基準となる目標値が高すぎたり、低すぎたりすると適切な判断ができなくなってしまいます。

目標の決め方

コンタクトセンターが求めるべき目標を設定するためには、以下のような要素を加味することが重要です。
- コンタクトセンター戦略に基づく組織の方針や目標値
- 顧客の声やクライアントの要請
- パフォーマンスの優れた外部組織のベンチマークデータ

■ サービスの指標

コンタクトセンターにおけるサービスの指標は、顧客に対するサービスの「スピード」を表すものです。
電話などリアルタイムな対応が必要な業務の場合、サービスレベルや、応答率・放棄率といった指標が使用されます。
Eメールやソーシャルメディアのように、まとめて処理できる業務の場合は、納期率が使用されます。

サービスレベル

オペレーターが目標の処理時間内に応答できた呼の割合を指します。
（例: 80 ／ 20 = 20秒以内に80%の呼に応答）
顧客をどのくらいお待たせして応答できているかがわかるので、電話のサービス指標として一般に活用されています。

平均応答速度

オペレーターがコールに応答するまでの時間の平均値です。
平均値の性質から、応答速度のばらつきが大きい場合など、この指標だけでは顧客をどの程度お待たせしているかわかりづらいことがあります。
サービスレベルと併用して活用することが望ましい指標です。

放棄呼率

オペレーターが応答する前に放棄された呼の割合です。
放棄呼の逆となる応答率（オペレーターが応答できた呼の割合）を測定することもあります。

納期率

非リアルタイムな処理で使うサービスの指標です。

例えば、電話は入電したら、その時点でリアルタイムな応答が必要となる業務ですが、Eメール、FAX、郵便などはある程度まとめて処理していくことが可能です。納期率は、このような非リアルタイムな処理について、顧客が発信してから返信するまでの時間を計測し、目標としている時間内に何%応答できているか計測したものです。

例）Eメールの納期率：24時間以内95%

サービスレベルと平均応答率

平均応答率は必ずしも実態を表さないことがあります。例えば以下のような応答時間分布となっている2つのケースを考えます。

ケース1

応答時間	頻度
0〜10秒	10
11〜20秒	30
21〜30秒	55
31〜40秒	5
41〜50秒	0

平均応答時間：
(10×10+20×30+30×55+40×5+50×0)／100=**25.5秒**
30秒以内応答率：
(10+30+55)／100=**95%**

ケース2

応答時間	頻度
0〜10秒	30
11〜20秒	45
21〜30秒	2
31〜40秒	3
41〜50秒	20

平均応答時間：
(10×30+20×45+30×2+40×3+50×20)／100=**23.8秒**

30秒以内応答率：
（30+45+2）／100＝77%

ケース1とケース2で比較すると、平均応答時間でみると、ケース1よりもケース2のほうが短くなっていますが、サービスレベルは逆になっています。
顧客視点で見た場合、応答時間のばらつきが少なく、一定の時間以内に応答される割合の高い、ケース1のほうが望ましい状態です。

■ クオリティの指標

コンタクトセンターにおけるクオリティの指標は、精度や一貫性、解決率などの指標を指します。
クオリティの指標 ＝ 精度はモニタリングを通じて測定されます。

重大なミス率

モニタリングで発見された重大なミスの割合です。
【重大なミスの例】
- コンプライアンス上の誤り
- 顧客への間違った案内
- 顧客・クライアント・コンタクトセンター運営組織にコストを発生させた誤りなど

重大でないミス率

モニタリングで発見された重大でないミスの割合です。
【重大でないミスの例】
- ソフトスキル（礼儀正しさや言葉遣い）上の軽微なミス
- 顧客への正確な情報提供や業務処理には影響しない対応上の軽微なミスなど

> **ポイント** 一般的な意味では、クオリティ ＝ 品質として広く捉えますが、CMBOKではコンタクトセンターのクオリティ ＝ 精度として定義しています。

■ 効率性の指標

コンタクトセンターにおける効率性の指標としては、稼働率や占有率などの指標があります。
一般的なコンタクトセンターでは、全体コストの60%～80%は人件費で占められるため、効率性の指標 ＝ コストと捉えることができます。

稼働率

給与時間に対する生産的活動の割合

$$稼働率 = \frac{(通話時間＋保留時間＋後処理時間＋待機時間)}{給与時間}$$

占有率

生産的活動時間に対する電話業務時間（後処理含む）の割合

$$占有率 = \frac{(通話時間＋保留時間＋後処理時間)}{(通話時間＋保留時間＋後処理時間＋待機時間)}$$

稼働率と占有率の関係を下図に示します。

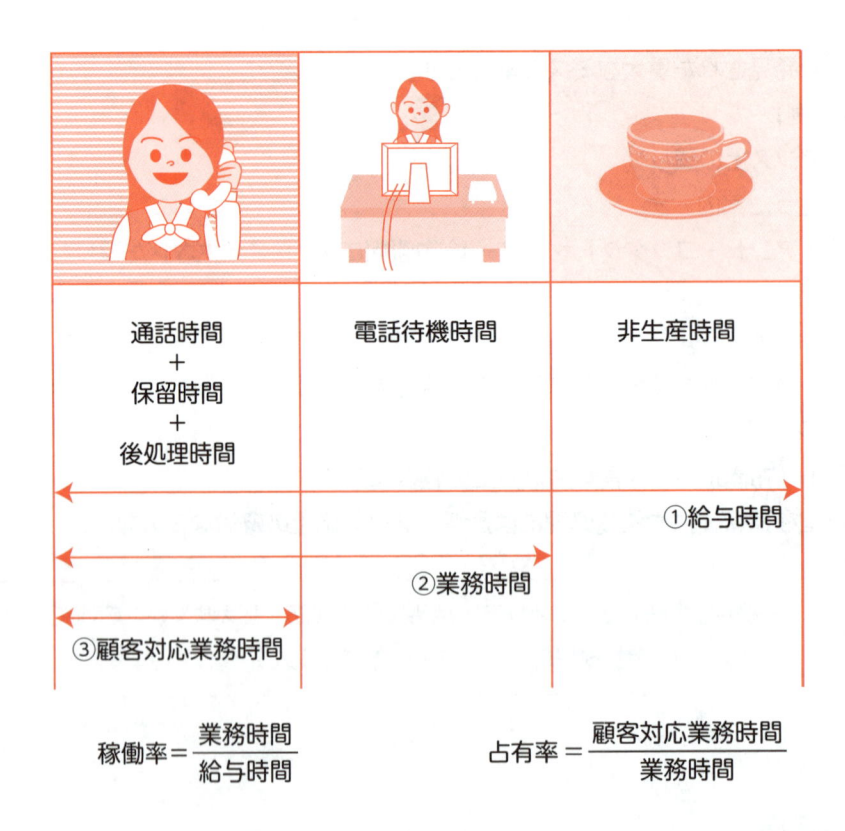

通話時間 ＋ 保留時間 ＋ 後処理時間	電話待機時間	非生産時間

①給与時間
②業務時間
③顧客対応業務時間

$$稼働率 = \frac{業務時間}{給与時間} \qquad 占有率 = \frac{顧客対応業務時間}{業務時間}$$

平均処理時間

1コール、1件あたりにかかる処理時間の平均値

CPC（コスト・パー・コール）

1コールあたりのコスト

■ 満足度・不満足度の指標

顧客満足度（エンドユーザー満足度）

顧客満足度は、顧客にセンターを利用した際の満足度を調査したものです。
一般的に以下のような5段階で測定されることが多くなっています。

| 大変良い | 良い | 普通 | 悪い | 大変悪い |

上記のような5段階評価とした場合、上位2段階（大変良い、良い）の割合を満足度として測定し、下位1段階（大変悪い）を不満足度として測定します。
なお、満足度調査では、コンタクトセンターをご利用いただいた際の総合的な満足度だけではなく、電話のつながりやすさ、オペレーターの対応、オペレーターの知識や回答内容といった、サービス・クオリティの観点からの質問項目についても評価していただきます。これにより、どのような要素がより満足度に影響を与えるのか分析することが可能になります。

クライアント満足度

コンタクトセンター運営組織およびコンタクトセンター調達組織に対して実施する満足度調査のことです。
クライアント組織の顧客戦略に、コンタクトセンター戦略が合致しているか、クライアントが求めるパフォーマンスをコンタクトセンターが達成しているかどうかなどの調査を行います。

■ その他の指標

コンタクトセンターのパフォーマンスに影響する可能性がある事象が発生していないか見定めるため以下のような指標も測定します。

人材に関する指標

①離職率
　オペレーターやスーパーバイザーなど、顧客業務に従事するスタッフの離職率を測定します。希望退職と解雇双方を含める手法や、会社や組織を辞めた場合だけでなく、異

動者についても含めて計算することがあります。

②欠勤率
　予期しない欠勤が発生すると、サービスレベルなどに影響を与えることがあります。オペレーターやスーパーバイザーなど顧客業務に従事するスタッフの、あらかじめ決定したシフト勤務スケジュールに対しての予定外の欠勤率を測定します。

雇用と研修に関する指標
①雇用の納期率
　採用のスケジュール期限までに雇用することができたスタッフの割合を測定します。

②雇用のクオリティ
　採用後、ミニマムスキルを身につけるための新人研修を、最後まで修了することができたスタッフの割合を測定します。

③研修のクオリティ
　研修終了後、一定期間の後にモニタリングを行い、合格したスタッフの割合を測定します。

予測に関する指標
①スタッフィングの予測精度
　スタッフの採用と、研修の期間を考慮した中期予測の精度を算出します。

②スケジューリングの予測精度
　シフト計画のために予測したインターバル単位の業務量と、実績値を比較します。

③スケジュール遵守率
　あらかじめ定めたシフトをどれだけ正確に遵守することができたか、インターバルごとに計算します。

④スケジュール達成率
　実際の業務量に対して、必要なサービスレベルを達成するために必要な人員数をどれだけ確保し達成できたかを計算します。

> **ポイント** コンタクトセンターのパフォーマンスは、サービス・コスト・効率・顧客満足度といった指標で測定されます。

> **ポイント** 異動者も離職率に含めるのは、業務に従事している人が異動すると、それにともなって該当業務グループのパフォーマンスが低下することがあるためです。

> **ポイント** 採用計画はスタッフィング予測に基づいて作成されます。

5-2　パフォーマンス管理

指標を定義し、目標を正しく設定したら、継続的に指標を測定しパフォーマンスを管理します。

■パフォーマンス管理の目的

各指標の目標に対する達成状況を確認することで、対処すべき問題点を特定し、解決案を立案・実行することで継続的な改善を図ります。

■目標達成状況の把握

業務プログラムごとの測定

複数の業務プログラムを実施しているコンタクトセンターの場合は、ひとつだけではなく業務プログラムごとに指標測定と目標設定を行い、達成状況を管理します。

目標の月次管理

通常、月次で目標達成状況や指標の推移を確認します。

■ パフォーマンス管理の前提条件

適切なパフォーマンス管理を行うためには、すべての指標において、以下の条件を満たしていることが重要です。前提条件をひとつでも満たさないものがあると適切なマネジメントができていない可能性がありますので注意が必要です。

- 設定された指標がすべて収集されていること
- 正しい目標値が設定されていること
- 指標の計算式などに誤りがないこと
- マネジメントにパフォーマンスの状況が共有され理解されていること
- 目標の未達成が続いている指標に対して改善を図ること

まとめ

求められるコンピテンシーのレベル

レベル1	レベル2	レベル3	レベル4
理解	実践	改善	指導

➡ コンタクトセンターの目標、運営管理状況、パフォーマンスを示す適切な指標とデータ取得プロセスを定義することができる

➡ 指標の評価方法および目標値、数値結果に応じた対応方針を策定できる

➡ 指標とその目標、管理のプロセスを定義し、プロセスの改善に役立てることができる

OP-6 プロセスのモニタリング

モニタリングは、品質管理に用いる手法で、「提供しているサービスが設計どおりにできているかどうか、一連の観察と判定を行うこと」です。
コンタクトセンターにおいては、提供するサービスのプロセスを「見える化」し、すべての業務プロセスが、クライアントや顧客から期待されている品質や効率を満たしているかどうかを確認するための大切な方法です。

学習ポイント

- 目的に応じたモニタリングプロセスの設計、改善活動ができる
- モニタリング結果の分析から、プロセスの問題点を見つけ出し、改善活動に反映できる

6-1 プロセスモニタリング

コンタクトセンターが正しいプロセスで顧客にサービスを提供し、期待されている品質や効率を満たしているかを検証するために、モニタリングは大切な方法です。
品質の確認としては、顧客満足度調査もありますが、モニタリングは日常の業務を直接評価できるという点において、満足度調査とは異なります。

■ モニタリングのアプローチ

モニタリングによって評価や改善を行うためのアプローチは2つあります。

①プログラム単位のモニタリング
　顧客に提供するサービスのプログラム単位でのプロセスの中に、問題点がないかを見つけ出し、改善を行う。
②オペレーター単位のモニタリング
　各オペレーターのパフォーマンスを向上させるため、オペレーター一人ひとりの改善点を見つけ出す。

プログラム全体と、個人のオペレーター、2つのアプローチから問題点を見つけ出す活動となりますが、個別のオペレーターの問題点以上に、業務プロセス上の問題点を見つけ出すことがより重要となります。

■ モニタリング全般の留意事項

モニタリングを実施するにあたって、対象範囲や頻度、方法やチェック項目など、プログラムと個人の双方の問題を見つけ出せるための設計が必要となります。
まず、設計の際に、全般的に留意が必要なこととして、以下のような点が挙げられます。

- モニタリングは、「プログラム単位」「オペレーター単位」のそれぞれのアプローチで実施する。

- エンドユーザーとの間で発生するすべての顧客対応業務形態（電話、FAX、郵便、Eメールなど）をモニタリングする。

- サイドバイサイド（オペレーターの隣でプロセスと同時にチェックする方法）とリモート（ログや通話録音などを用い、遠隔でチェックを行う方法）の両方の手法を組み合わせて実施することが望ましい。

- オペレーターが提供、受理、記録した情報はすべてモニタリング対象とする。

- 重大なミスと重大でないミスを区別して測定管理を行う。また、それぞれに影響を及ぼす範囲が、エンドユーザーに対してのミスか、ビジネスプロセスに対してのミスかも、併せて管理を行う。

- パフォーマンスの合否ラインを、数値的に明確にしておく。

- モニタリングの担当者は、定量的な方法による評価基準の擦り合わせ（カリブレーション）を定期的に行う。

■ プログラム単位のモニタリング

プロセスの中に、複数のオペレーターが同じように手間取り、ミスを起こしているような手順があればそれは個人の問題ではなく、プログラム内のプロセスの問題である可能性があります。
全体のパフォーマンスに影響を及ぼしている、このような問題点については、適切な頻度

で見つけ出す必要があります。
また、見つけ出した問題点については、プログラム単位で改善の対策を取る必要があります。

■ オペレーター単位のモニタリング

モニタリングをされると、監視されているように感じるというオペレーターもいるかもしれません。しかし、モニタリングの本来の目的は、個人の欠点をチェックするためではなく、業務に必要なパフォーマンスを向上させるための問題点を見つけることにあります。オペレーターには、目的を良く理解してもらい、相互にコーチングやフィードバックを行いやすい環境を整えてモニタリングを行う必要があります。
留意点としては、以下のようなことが挙げられます。

- 各オペレーターに対して、少なくとも月に1回はモニタリングを実施する。
- 良い点と悪い点の両方をフィードバックすることが重要である。
- パフォーマンスの低いオペレーターや、精度の低いオペレーターに対するモニタリングは、通常より回数を多めに行う。

■ プロセスモニタリングと業務知識

必ずしもコンタクトセンターにおける専門知識がなくても、プロセスの改善に向けたモニタリングは実施可能です。
業務全体のプロセスにおいて、担当者ごとのばらつきがないかどうか、間違いのない応対ができているかどうかを主に観察し、プログラム全体の精度を検証できるようにします。

まとめ

求められるコンピテンシーのレベル

レベル1	レベル2	レベル3	レベル4
理解	実践	改善	指導

➡ 効率的、かつ精度の高いモニタリングプロセスにするための改善活動を実施できる
➡ モニタリング結果の分析を通じて、プロセスの改善を実施できる

OP-7　業務改善

指標の管理やモニタリングによって気づくことができた問題点も、改善に結び付けられなければ無駄になってしまいます。コンタクトセンターが継続して目標を達成できない場合や、顧客対応にばらつきが認められた場合は、原因を究明し、パフォーマンスを改善するための変更を行う必要があります。

学習ポイント
- 業務改善の基本的なプロセスについて理解する
- 業務改善に必要なデータは何か、理解し収集することができる

7-1　プロセスのコントロールと改善

あらかじめ定義された顧客への対応プロセスが、ばらつきなく一貫して行われているかどうかは、継続して管理し、目標を達成する必要があります。それができていなければ、コンタクトセンターが提供するサービスそのものが正確に成り立っていない、という可能性があります。
定義されたパフォーマンスに大幅にばらつきがある場合は、早急に改善に向けた措置を取ることが重要となります。

■ パフォーマンスの改善手法

パフォーマンスの改善手法には、適切な問題解決プロセスと、統計的・数値的なアプローチが重要です。
実践的に取り入れられている主な改善手法としては、次のようなものがあります。

- PDCA（ピーディーシーエー：Plan-Do-Check-Action）
  計画、実施、検証、改善のプロセスを順に実行してらせん状に繰り返して継続的に品質向上や業務改善を推進するマネジメント手法。
- DMAIC（ディーマイク：Define-Measure-Analyze-Improve-Control）
  定義、測定、分析、改善、管理（コントロール）の5つのフェーズから成るプロセス改善、管理システムの略称。

品質管理における管理業務モデル　PDCA

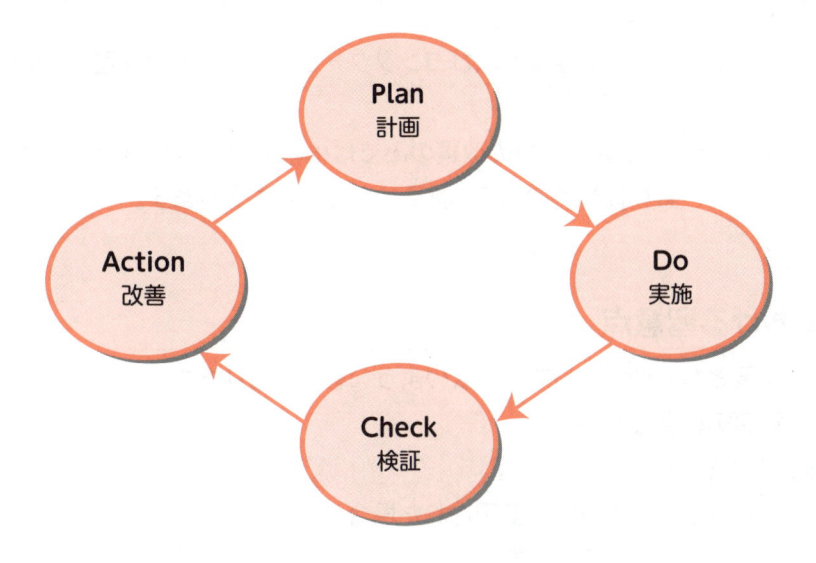

- Plan 計画
- Do 実施
- Check 検証
- Action 改善

シックスシグマの問題解決モデル　DMAIC

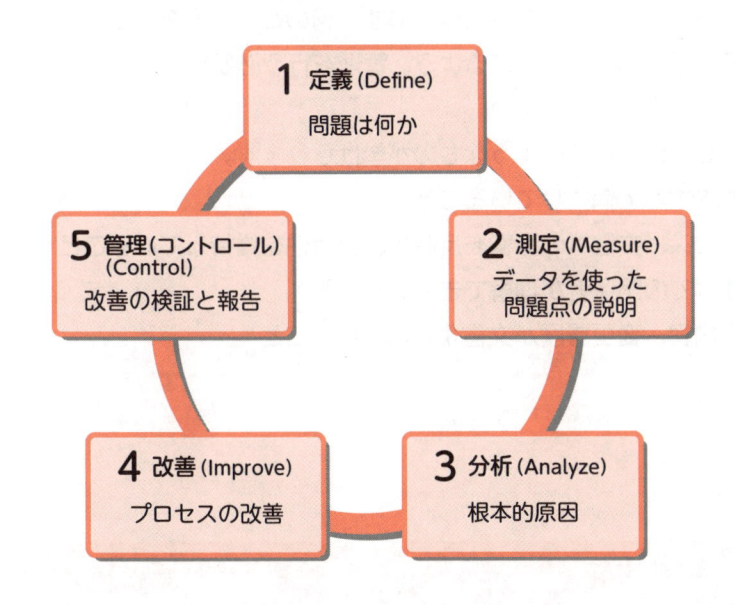

1. 定義 (Define) 問題は何か
2. 測定 (Measure) データを使った問題点の説明
3. 分析 (Analyze) 根本的原因
4. 改善 (Improve) プロセスの改善
5. 管理 (コントロール) (Control) 改善の検証と報告

いずれの手法を用いる場合でも、問題点を明らかにし（事前定義を含む）、対象となる内容を分析の上、改善、検証を行う繰り返しのサイクルの中で、目標を高め、より高次の活動を行えるよう取り組む必要があります。

7-2　変更管理

変更管理プロセスは、クライアント組織およびコンタクトセンター組織の計画の変更に基づいて行われます。
プロセス上の課題が大きく、個別の指標の改善のみでは根本解決が難しい場合には、変更管理プロセスを活用し、業務仕様そのものの変更を行うこともあります。

■ 変更管理における留意点

プロセスの変更が必要となる理由としては、次のようなものがあります。
- パフォーマンス改善の必要性が生じた
- 顧客要求仕様が変更された場合
- 商品サービス、またはその提供方法が変更された場合
- サービスをサポートするインフラの変更
- 携わる人材要件の変化

理由はさまざまですが、変更が生じた場合は、必ず、何のために何を、どのように変更したのか、改善による結果を明らかにできるよう、管理を行う必要性があります。

変更管理の留意点としては、以下のようなものが挙げられます。
- 利害関係者の要求をすべて満たしていること
- 関連する他のプロセス、文書への影響を反映し、整合性を維持していること
- 変更について、すべての関係者が理解できていること
- 変更の背景、変更内容、変更履歴が文書化されていること

まとめ

求められるコンピテンシーのレベル

レベル１	レベル２	レベル３	レベル４
理解	実践	改善	指導

➡ 業務改善の基本的なプロセスを理解し、必要な施策に協力することができる
➡ プロセスの改善に必要なデータの提供について、積極的に協力することができる

OP-8 学習する組織（ラーニング・オーガニゼーション）

組織を構成する一人ひとりが自ら学ぶ姿勢を持ち、さらにそれを、人材育成やモチベーション向上などの各施策により支援し、構築する組織を「学習する組織」といいます。

学習ポイント
- 自ら学ぶ姿勢を持ち続けることの重要性を理解する
- コンタクトセンターが顧客のニーズを発見し、問題解決を行っていくためには、学習する組織であり続ける必要があることを理解する

8-1　自ら学ぶコンタクトセンターの構築

コンタクトセンターは、顧客に対してばらつきのない、精度の高い対応を提供する必要があります。同時に、顧客のニーズを発見し、継続的に問題解決を行うために、一人ひとりが学習し続ける組織であることが重要です。「一人ひとりが学習する」ためには、組織としての支援や施策を行う必要があります。

■ 自ら学ぶコンタクトセンターとは

コンタクトセンターを利用したときに、オペレーターによって、または曜日や時間によって、その対応内容が異なっている、つまり「ばらつき」がある状況であると、前回より良くなっていれば特に問題はありませんが、少しでも悪くなっていると「この前は良い対応をしてくれたのに、今回の対応は良くなかった」と満足度が大きく下がってしまうことがあります。コンタクトセンターにおいて、このような状況を防ぐためには「定型的で内容にばらつきのない、精度の高い対応」を提供する必要があります。

しかし、「定型的な内容」のみ提供し続けた場合、当面の間は顧客満足度を一定に保てるかもしれませんが「いつもと同じ内容」のみの提供では、満足度を大幅に向上させることは難しいといえます。さらに、顧客の要求や要望は、継続的に変化していきますので、その変化にいち早く気づき、対応しなければ、逆に満足度が下がってしまう恐れもあります。「決められたことのみ行う」「言われたことのみ対応する」のではなく、顧客のニーズを発見し、適切な問題解決を図ることのできる組織となるためには、コンタクトセンターで働

<一人ひとりが「自ら学ぶ姿勢」を持ち続けることが必要です。

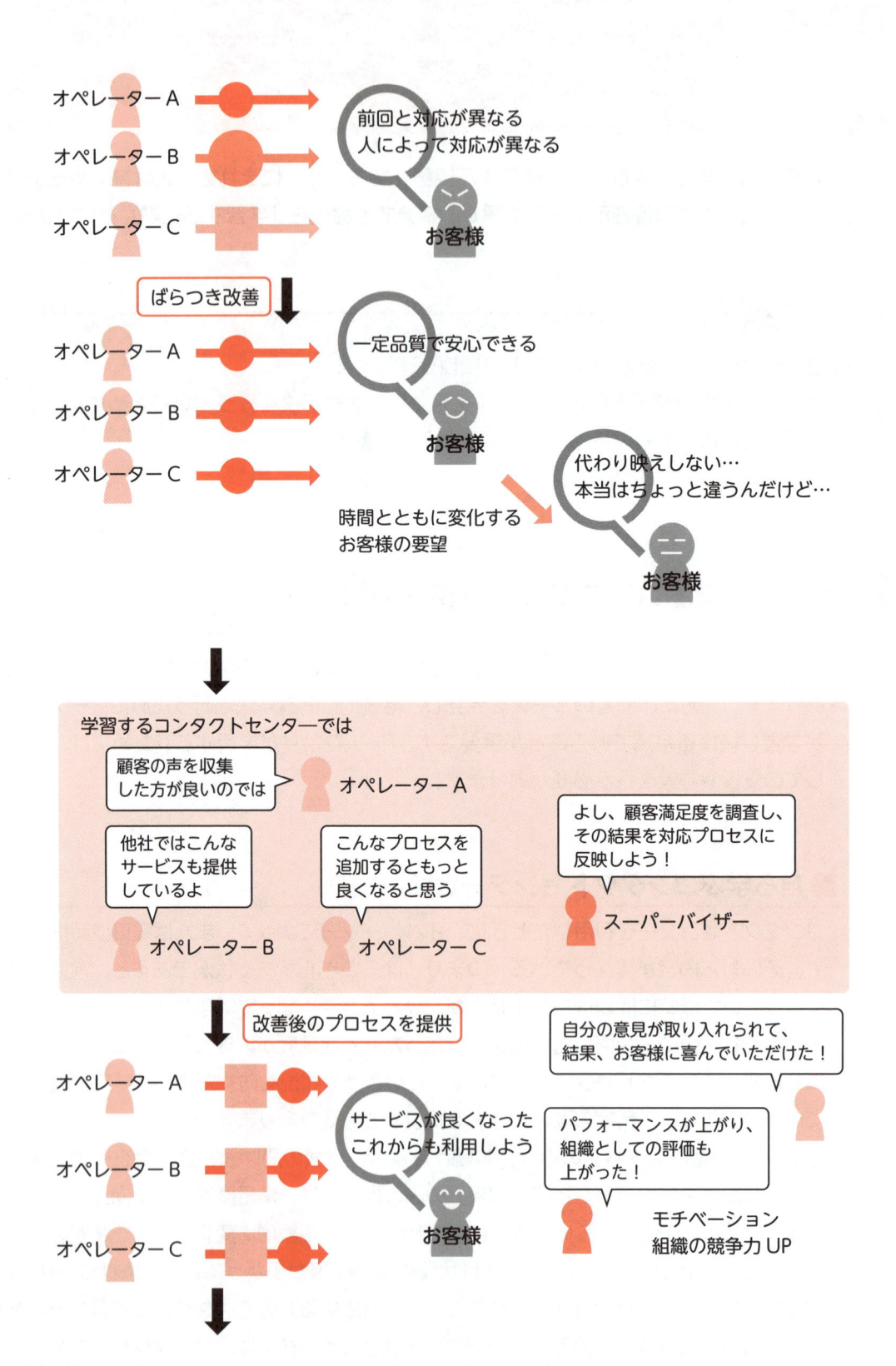

オペレーター A
オペレーター B
オペレーター C

前回と対応が異なる
人によって対応が異なる
お客様

ばらつき改善 ↓

オペレーター A
オペレーター B
オペレーター C

一定品質で安心できる
お客様

時間とともに変化する
お客様の要望

代わり映えしない…
本当はちょっと違うんだけど…
お客様

↓

学習するコンタクトセンターでは

顧客の声を収集した方が良いのでは
オペレーター A

他社ではこんなサービスも提供しているよ
オペレーター B

こんなプロセスを追加するともっと良くなると思う
オペレーター C

よし、顧客満足度を調査し、その結果を対応プロセスに反映しよう！
スーパーバイザー

↓ 改善後のプロセスを提供

オペレーター A
オペレーター B
オペレーター C

サービスが良くなった
これからも利用しよう
お客様

自分の意見が取り入れられて、結果、お客様に喜んでいただけた！

パフォーマンスが上がり、組織としての評価も上がった！

モチベーション
組織の競争力 UP

↓

学習しないコンタクトセンターでは

- オペレーターA：言われたことだけやればいいんでしょ
- オペレーターB：またお客様に怒られた。あーあ
- オペレーターC：良くないのはわかるけど、どう良くないのかがわからない
- スーパーバイザー：決められた通り、きちんと運用しているのにスタッフは辞めるし、クレームが出始めているし、どうして？

↓ 改善せずに運用続行

お客様：この間、意見したのに何も変わってない。もう利用しない。

→ 組織として存続が厳しい状態に

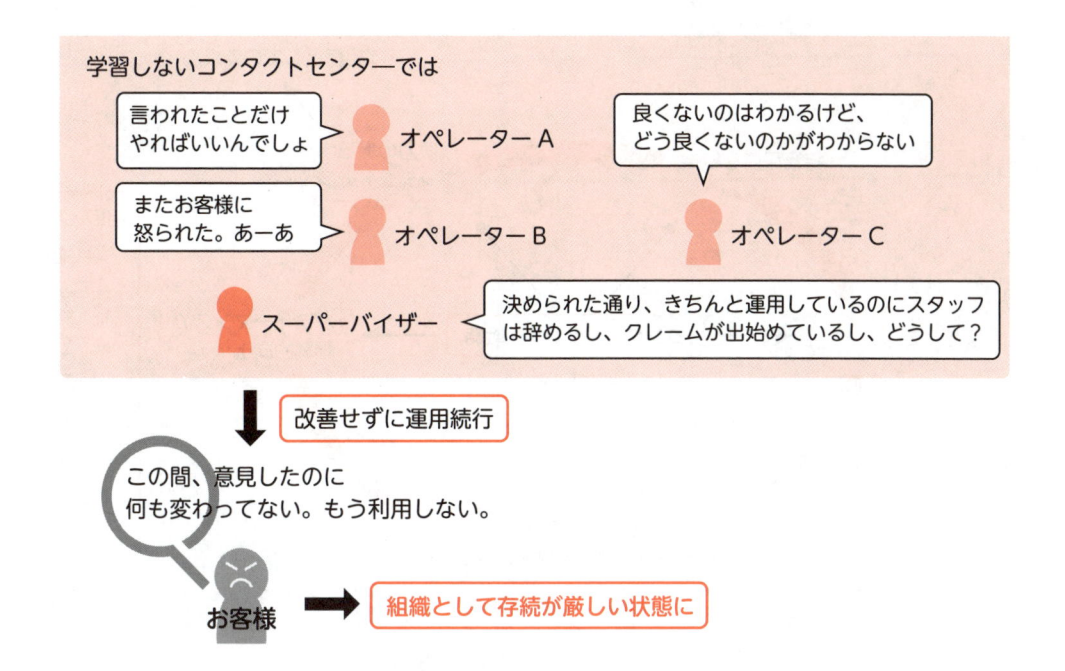

■ 自ら学ぶコンタクトセンターを構築するために

コンタクトセンターで働く一人ひとりが自ら学ぶ姿勢を持つ人材となるためには、組織として業務プロセス全体に、学習することの動機付けと継続的な学習支援を盛り込む必要があります。また、このような組織としての取り組みは、CMBOKの次の項目と連動して、相乗効果が期待できます。

(1) モチベーションの維持・向上（CMBOK　HR-7「モチベーション」）
　　自らが学び、発見し、改善しているという「内発的動機付け（HR-7 モチベーション参照）」によりモチベーションが高まり、自分の仕事に喜びややりがいを感じるようになる。
　　組織が学習する姿勢を支援することもモチベーション向上につながる。
(2) スタッフの定着促進（CMBOK　HR-11「スタッフの定着促進」）
　　モチベーションの向上により、スタッフの定着率は高くなる。

その他、コーチングやエンパワーメントなど、CMBOK第5章ヒューマン・リソース・マネジメントの各項目や、PE-12「業務の達成」、PA-8「学習への意欲」の理解を深めることも、学習する組織を構築する上で、必要となる取り組みです。

このような組織と個人の両面からの取り組みにより、学習する組織が構築され、パフォーマンスの継続的向上、組織としての競争力強化、結果として持続可能な組織（コンタクトセンター）になる、という向上スパイラルを回すことができるようになります。

図

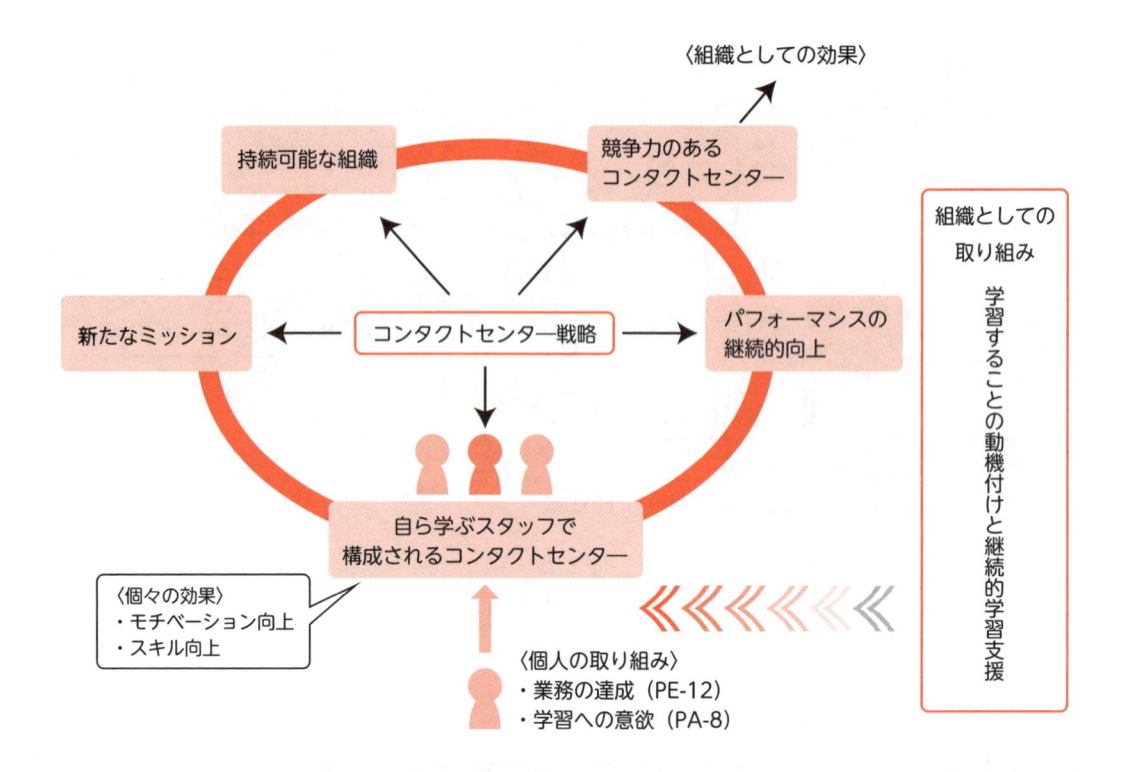

〈組織としての効果〉

- 持続可能な組織
- 競争力のあるコンタクトセンター
- 新たなミッション ← コンタクトセンター戦略 → パフォーマンスの継続的向上
- ↓ 自ら学ぶスタッフで構成されるコンタクトセンター

〈個々の効果〉
・モチベーション向上
・スキル向上

〈個人の取り組み〉
・業務の達成（PE-12）
・学習への意欲（PA-8）

組織としての取り組み　学習することの動機付けと継続的学習支援

用語解説

持続可能な・・・

「持続可能な社会」「持続可能な企業」などの使い方をする言葉で、その活動や組織が将来にわたって持続できるかという概念を指します。環境活動でよく使われる言葉ですが、現在は企業の評価指標などにも用いられるようになっています。

まとめ

求められるコンピテンシーのレベル

レベル1	レベル2	レベル3	レベル4
理解	実践	改善	指導

➡ 自ら継続的に情報収集と学習ができる

OP-9 法令遵守と顧客保護管理態勢（コンタクトセンターのコンプライアンス）

法令などのルールを遵守し、顧客の情報を保護することは、組織やそれを構成する一人ひとりにとって重要な責務です。法令を遵守しないなどのコンプライアンス違反を、組織や従業員が起こすと、その組織に対する社会からの信頼は失墜します。特に、コンタクトセンターには個人や企業の情報やデータが多数集中しますので、法令やルールを理解した上で、管理体制を整え、個人情報が外部に漏えいすることがないよう、組織全体が一体となって取り組む必要があります。

学習ポイント
- コンタクトセンターにおける、コンプライアンスを理解する
- コンプライアンスの遵守が重要である理由を理解する
- 個人情報保護の重要性について理解する

9-1 クライアント業務における法令遵守

コンタクトセンターでは関係法令の他、企業倫理や各種ガイドラインなど、幅広く理解し遵守する必要があります。また、コンタクトセンターが所属する企業の倫理だけではなく、クライアントの理念や行動指針なども理解し、これに沿った業務を執り行うことが求められます。

「コンプライアンス」という言葉は直訳すると「法令遵守」ですが、法令だけではなく、企業倫理、各種ガイドラインなどまでを含んで使われることが一般的です。

■ 企業倫理

企業や、そこで働く従業員が法令を遵守することは、顧客や業務を委託しているクライアントに対する責務です。

ただし、法令遵守は必要最低限の取り組みであり、企業は「法令を遵守さえすればよい」という観点ではなく、公正で適切な企業活動を通じ、社会に貢献するという姿勢が求められます。

そのためには、法令以外に組織における道徳的な価値観を反映した企業理念や行動指針

なども理解し、それに沿った行動、業務への取り組みを行うことが大切です。これらの企業理念や行動指針などを「企業倫理」といいます。

コンタクトセンターでは、そのコンタクトセンターが所属する組織の企業倫理だけでなく、業務を委託しているクライアントの倫理（企業とは限らない場合もあります）も理解し、その内容にのっとった行動やコミュニケーションガイドラインの制定、それらに対する遵守が求められます。

■ 関係法令

関係法令には、すべての企業活動に適用される法律、命令、規則などと、特定の業界に適用される法律（業法）があります。また、地方公共団体ごとに定められた条例などもあります。コンタクトセンターは業務内容により、または立地する地域により、必要な関係法令を理解し、遵守する必要があります。

すべての企業活動に適用される法律	商取引など、社外に対する企業活動で必要となる法令	商法、独占禁止法、個人情報保護法　など
	主に組織の運営で必要となる法令	労働基準法、労働者派遣法、下請法　など
特定の業界に適用される法律		金融商品取引法、保険業法　など

■ ガイドライン

ガイドラインには法的な効力はありませんが、組織や業界特有の慣行や事情から発生しうる不祥事を防止したり、取引や業務の指針を示したりする働きがあります。

● コンタクトセンターで活用するガイドラインの例

(1) コミュニケーションガイドライン

　　顧客保護などの観点やコンタクトセンター戦略、商品やサービスの提供における注意点などを基に、顧客との対応において必要なルールや手順をまとめたものを、コミュニケーションガイドラインといいます。コンタクトセンターでは、新しいプロセスやスクリプトを構築するときには、このガイドラインに沿っているかどうかをチェックする必要があります。

　　また近年では、ソーシャルメディアなどを利用する顧客に対し、企業などから提示される方針や利用規約のことも、コミュニケーションガイドラインと呼ぶ場合もあります。

(2) 個人情報保護ガイドライン

　事業分野ごとを所管する各省庁（監督官庁ともいう。情報通信なら総務省、金融なら金融庁など）が制定しているガイドラインの他、JISが日本国内の全事業向けに制定したガイドラインであるJIS Q 15001などがあります。

9-2　顧客保護管理態勢の構築

顧客の情報が集中するコンタクトセンターが特に重視し、取り組まなければならないコンプライアンスは、顧客に関する情報の保護です。これを侵害しないために情報管理プロセスを構築し、適正な運営管理を行う必要があります。

顧客に関する情報には、契約に関する情報や営業情報、納入されているシステムの構成情報など、さまざまな種類がありますが、中でも顧客のプライバシー権に影響する情報として、特に厳格な取り扱いが求められる情報が「個人情報」です。

コンプライアンスの範囲

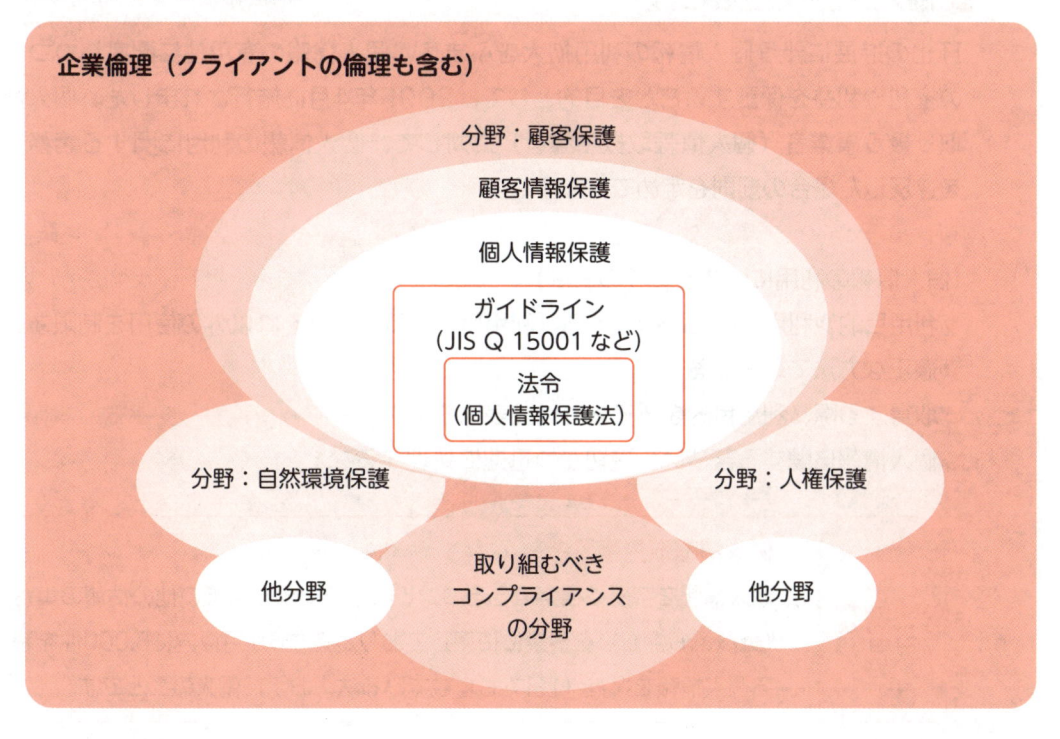

企業倫理（クライアントの倫理も含む）

- 分野：顧客保護
  - 顧客情報保護
    - 個人情報保護
      - ガイドライン（JIS Q 15001 など）
        - 法令（個人情報保護法）
- 分野：自然環境保護
- 分野：人権保護
- 他分野
- 他分野
- 取り組むべきコンプライアンスの分野

■ 個人情報とは

生存する個人に関する情報で、特定の個人を識別することができる情報を「個人情報」といいます。特定の個人を識別できるということは、複数の情報があり、容易に照合できる

状況である、ということです。例えば、氏名だけでは個人を特定できませんが、住所や電話番号などが照合できる状態だと、氏名・住所・電話番号それぞれが「個人情報」になります。

【個人情報の例】
氏名、住所、生年月日、家族構成、勤務先、職歴、学歴、免許証番号、クレジットカード番号など

上記には、「個人の特定」だけでなく、プライバシーの侵害や財産権の侵害などにつながりやすい情報もあり、収集や取り扱いは厳重なルールと管理の下で行わなければなりません。特にセンシティブ（機微）な情報とされている、思想、信条、宗教、病歴など社会的差別の原因となる可能性のある情報は、必要不可欠な場合（生命の危機があるときなど）を除き、収集すべきではないとされています。

■ 個人情報保護法とは

IT化の進展に伴う個人情報の利用拡大をふまえ、個人情報の有用性に配慮しつつ、個人の権利や利益を保護することを目的として、2005年4月に施行されました。個人情報を取り扱う事業者（個人情報取扱事業者）に対して、個人情報の利用に関する義務やこれを違反した場合の罰則を定めています。

【個人情報の利用に関する義務の一例】
- 利用目的や利用範囲を明確にする（利用目的を特定し、それ以外の使用を制限する）
- 適正な方法で取得する
- 取得する際、利用目的を通知または公表する
- 個人情報に関する苦情は、適切かつ迅速に処理するなど

> **用語解説**
>
> **個人情報取扱事業者**
> 個人情報を容易に検索できるコンピューターまたはその他の情報の集合物（紙なども含む）を事業に使用しており、過去6か月以内に5,000件を超える個人情報を保有（1日でも）している法人および個人のことです。

■ 個人情報を保護するために必要な取り組み

（1）組織として
①管理態勢・管理体制の構築

ルールや規則を定め、以下の各対策を行います。
- 人的対策（教育をスタッフ全員に定期的に実施するなど）
- 物理的対策（文書は鍵のかかるキャビネットに保管するなど）
- 技術的対策（データの暗号化、ファイルサーバのアクセス制限など）
- 組織的対策（上記を実施できる体制を整え、計画・実施・検証・改善を行っていくなど）

②ガイドラインの導入

組織が個人情報保護法などの「法律」を遵守することは、必要最低限の実施事項です。本来の目的である「個人情報の保護」を確実に行うためには、法律に記載されている内容の「意図するところ」を正しく理解し、法律以上の対応も含め、業務に反映していくことが大切です。その方法として、有効なのがJIS Q 15001などの個人情報保護に関するガイドラインの導入です。さらに、ISO27001（情報セキュリティマネジメントシステム）なども導入することで、より強固な情報管理体制によるセンター運営が可能になります。

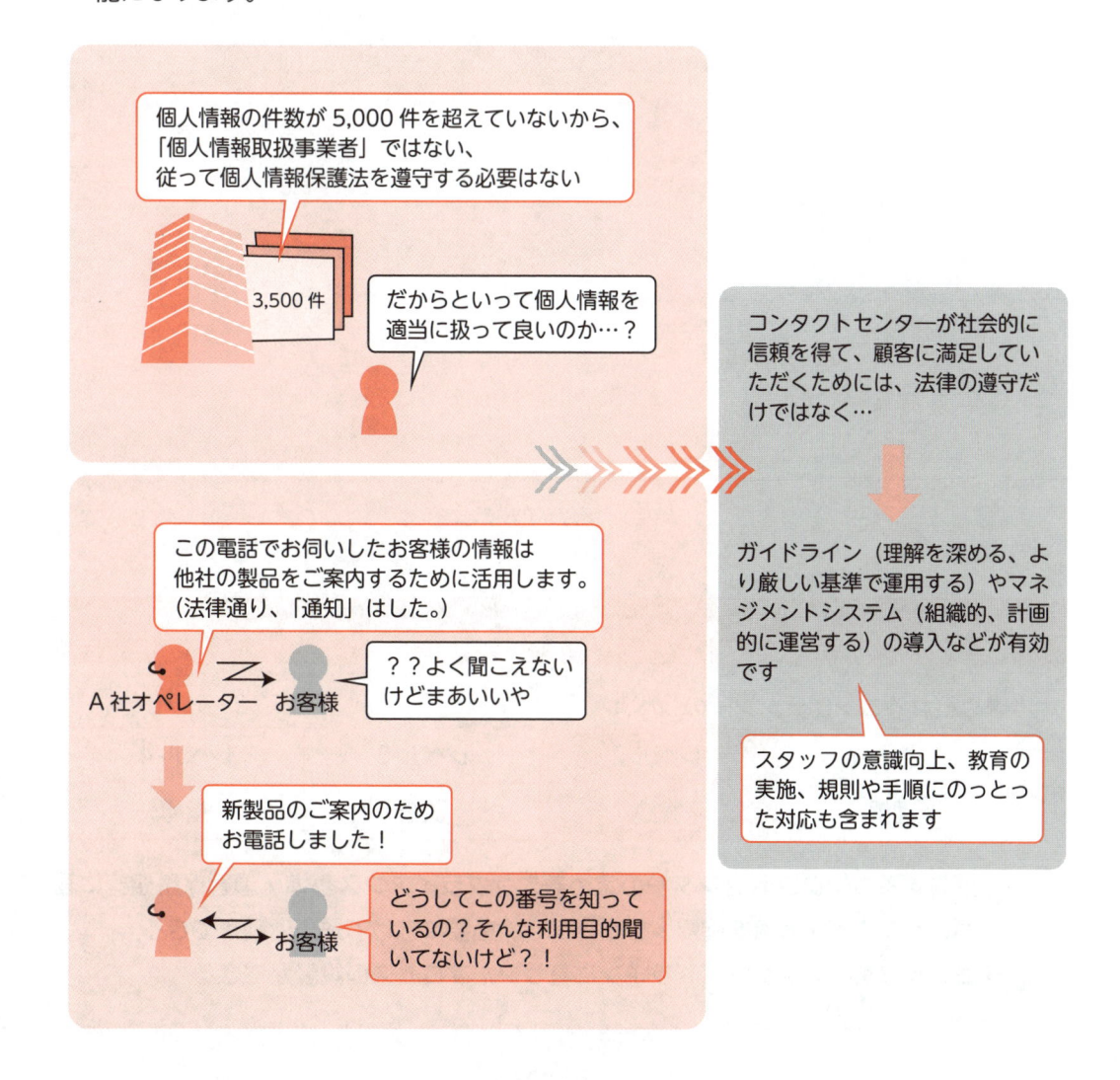

個人情報の件数が5,000件を超えていないから、「個人情報取扱事業者」ではない、従って個人情報保護法を遵守する必要はない

3,500件

だからといって個人情報を適当に扱って良いのか…？

コンタクトセンターが社会的に信頼を得て、顧客に満足していただくためには、法律の遵守だけではなく…

この電話でお伺いしたお客様の情報は他社の製品をご案内するために活用します。（法律通り、「通知」はした。）

A社オペレーター　お客様

？？よく聞こえないけどまあいいや

ガイドライン（理解を深める、より厳しい基準で運用する）やマネジメントシステム（組織的、計画的に運営する）の導入などが有効です

新製品のご案内のためお電話しました！

お客様

どうしてこの番号を知っているの？そんな利用目的聞いてないけど？！

スタッフの意識向上、教育の実施、規則や手順にのっとった対応も含まれます

(2) スーパーバイザーとして
- 顧客対応プロセスや手順、スクリプトを作成、変更するときは、個人情報保護法の遵守はもちろんのこと、コンタクトセンターやクライアントが定めた個人情報保護に関するガイドラインやルールにのっとって行うよう、気をつけましょう。
- 個人情報を含む、情報管理の徹底を図りましょう。オペレーターに対し、適正な情報の取り扱いを指導する他、個人情報が常に正しく管理されているか気を配りましょう。

まとめ

求められるコンピテンシーのレベル

レベル1	レベル2	レベル3	レベル4
理解	実践	改善	指導

➡ 所属するコンタクトセンターの定めるコンプライアンス基準・顧客保護態勢に基づいたプロセス運用を確認・チェックし、必要に応じて是正活動ができる
➡ コミュニケーションガイドラインに基づいたプロセスの設計ができる

OP-10 職場環境の管理

コンタクトセンターに限らず、業務を行う際、スタッフが心身共に健康的に過ごせる場所が整備、管理されていることは大切なことです。
快適な職場環境をつくるためには、改善を継続していくための計画と、体制づくりが必要となります。

学習ポイント
- 安全で快適な職場とはどのようなものか理解する
- 職場における危険、事故発生を防止するためのプロセスを遵守できる
- 日常の業務から、職場環境の問題点に気づくことができる

10-1 職場の環境衛生

近年では、さまざまな職場で技術革新やIT化が進み、サービスの多様化も伴って、労働環境や就業規則も大きく変化しています。コンタクトセンターも例外ではありません。
スタッフが安全、快適に、事故なく業務に当たれるよう、あらかじめ職場における危険は何か、事故発生を防止するための基準や責任体制などを明確にし、計画的にマネジメントを行うことが必要です。

■ 職場環境の管理

快適な職場、労働環境を構築するための基本には、「環境管理」「作業管理」「健康管理」の三本の柱があります。

①環境管理
物理的・科学的・生物学的など、いろいろな環境の因子が、スタッフの身体に有害な作用を及ぼさないよう、良い環境を維持することが必要です。
【環境因子の例】
- 空気環境
  浮遊粉じん、臭気などがないかどうか、喫煙対策も含まれる

- 温熱条件
  温度、湿度はどうか、季節に応じての外気温の影響など
- 視環境
  作業に適した照明、採光、色彩環境など
- 音環境
  外部からの騒音やＯＡ機器などによる騒音がないか
- 作業空間
  作業通路や空間が適切にとられているかどうか

②作業管理
作業方法、姿勢、作業時間、使用道具などについては、事前に検討を行い、それを標準として遵守するようルール作りが必要です。ルールを守って作業することで、業務が原因となるケガや健康障害を未然に防ぐことができます。

【作業管理の例】
- 腰や頸椎など、身体の一部または全部に負担が多くかかる姿勢での作業がないか
- 重い荷物の持ち運びなど筋力を要する作業で、補助装置は導入されているか
- 長時間、高温、多湿、騒音にさらされる作業ではないかどうか
- 高い緊張感や一定の姿勢をずっと続けなければならない作業がないか

③健康管理
スタッフの、職場で健康を阻害する要因を見つけ出し、疲労を取り除くことができる施設や設備を設置し、整備する必要があります。

【疲労の回復を図るための施設、設備の例】
- 休憩室（横になれるスペースがあることが望ましい）
- シャワー室
- 健康相談室
- 運動施設

④その他
洗面所、更衣室、食堂、給湯室など、職場での生活において必要となる施設は、清潔で使いやすい状態で維持管理されていることが重要です。

まとめ

求められるコンピテンシーのレベル

レベル1	レベル2	レベル3	レベル4
理解	実践	改善	指導

➡ 職場における危険・事故発生を防止するためのプロセスを遵守できる
➡ 快適な職場・労働環境を構築するために、作業環境の確認と必要に応じた是正活動ができる
➡ 職場、労働環境をモニタリングし、問題点を発見して是正活動ができる

OP-11 ビジネス継続性の確保（BCP）

ビジネス継続性の確保とは、災害や大規模なシステム障害などのリスクが発生した際に、重要な業務を中断させないように、さまざまな観点からの対策を講じることです。業務中断に伴うリスクを最低限に抑え、短時間で復旧させるために、日頃から戦略的に準備を整えておく必要があります。

> **学習ポイント**
> - コンタクトセンターのBCPの重要性について理解する
> - 有事の際にBCPに従って行動できるよう、計画について理解する

11-1 BCP（Business Continuity Plan）

BCP（Business Continuity Plan）とは、自然災害や大規模なシステム障害などの突発的な緊急事態が発生した際に、事業の早期復旧と事業再開のために、あらかじめ策定された行動計画のことです。

コンタクトセンターは、顧客との接点を担っている部門のため、緊急事態が発生した場合でも、顧客との接点を継続させるための計画を事前に策定しておく必要があります。

■ BCPの策定

BCPを策定するためには、まず「緊急事態が発生した場合にどの業務にどのような影響があるか」について想定し、分析しておくことが必要です。

この分析をビジネスインパクト分析（Business Impact Analysis）といいます。ビジネスインパクト分析により、業務への影響度（リスク）や、優先的に復旧すべき業務、設備、システム、などを順序立てて設定し、復旧までの目標時間や、復旧手順についての具体的な計画を策定していきます。

> **用語解説**
>
> **BCP**
> Business Continuity Planの略称です。リスクマネジメント（危機管理）と混同されがちですが、違いがあります。リスクマネジメントは想定されるリスクを洗い出し、優先順位をつけて管理することであるのに対し、BCPは、発生した緊急事態のレベルに応じ、ビジネスにおける影響度に応じて、業務再開や復旧をシナリオ化しておき、被害の度合いに応じた対応や手順を計画しておくことです。

11-2 BCM（Business Continuity Management）

BCM（Business Continuity Management）とは、BCPの策定から、策定されたBCPを適切に運用するための訓練や見直しなど、事業継続計画の実効性をより高めるために、包括的な管理を行うことです。

BCMのサイクル

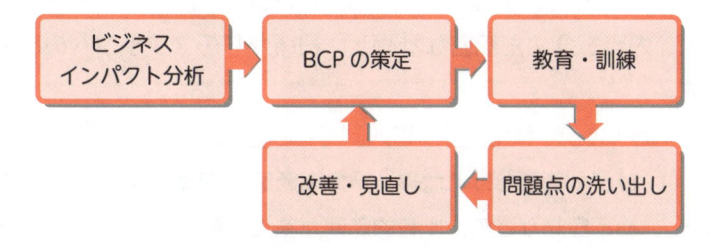

ビジネスインパクト分析 → BCPの策定 → 教育・訓練 → 問題点の洗い出し → 改善・見直し → BCPの策定

11-3 BCPの発動と対応フェーズ

緊急事態が発生し、BCPを発動して業務復旧に至るまでには、以下の通りのフェーズ（局面）があります。

①BCP発動フェーズ
　突発的な事故や災害が発生し検知してから、初動対応してBCPを発動させるまでのフェーズです。コンタクトセンターでは、災害や事故が発生した場合の初動対応（例えば、顧客対応中に地震が発生した場合の電話の切断方法など）や、顧客に状況をお知らせするためのトークスクリプト、音声メッセージなどの準備が必要です。

②業務再開フェーズ
　BCPが発動された後に、決められた優先業務を再開するフェーズです。コンタクトセ

ンターの業務では、通常業務と緊急対応業務を同時に行うことが想定されるため、業務の優先順位と、災害などでは、レベルに応じて出勤可能スタッフ数などについても想定しておく必要があります。また、実施する業務のレベルに大きなギャップが生じないよう、緊急時を想定したトレーニングも実施することが大切です。

③業務回復フェーズ
　優先業務の再開後に、段階的に業務の範囲を拡大していくフェーズです。限定的に再開した優先業務を「いつもの通りに」拡大していくために、段階的な業務に就いての優先順位付が必要です。出勤可能なスタッフの数と、範囲の拡大により必要となるスタッフの数については、あらかじめ算出して計画をすることが大切になります。

④全面復旧フェーズ
　代替機能から平常どおりの運用に業務を切り替えるフェーズです。段階的に切り替えていくにあたり、原因となった突発的な事由以外に、切り替えによってトラブルを生じさせないように、注意が必要です。

どのフェーズにおいても、管理責任者の指示のもと、全員が冷静で適切な対応ができるよう、例外的な内容も含めた綿密な計画と、日頃からのスタッフへの教育による周知、訓練が大切です。

> **ポイント**
> ビジネスにおける危機、緊急事態は、「空調、電源の異常や故障」、「交換機不良」などの、比較的範囲が狭く、影響が小さいものから、「災害（台風・地震・豪雨）」、「パンデミック（感染症の大規模流行）」、「テロリズム（爆発など）」、など、大規模で影響が大きなものまで多くの要因が考えられ、業種別でもさまざまなものがあります。
> 想定される危機を、影響度合い別にレベル分けしてBCPを策定し、日頃から教育や訓練を実施して有事に備える姿勢が必要です。

まとめ

求められるコンピテンシーのレベル

レベル1	レベル2	レベル3	レベル4
理解	実践	改善	指導

➡ コンタクトセンターのBCPプランを理解し、適切な運用訓練ができる
➡ BCPプランに従って、有事の活動を自ら運用できる

第6章
ヒューマン・リソース・マネジメント HR

コンタクトセンターにおけるヒューマン・リソース・マネジメントとは、利害関係者の期待に応え、クライアント企業の経営に貢献できるコンタクトセンター運営を実現するため、人的な側面をマネジメントするための管理手法です。

具体的には、以下のような人材を確保し、育成するための管理の仕組み全般のことをいいます。

- 品質と効率性を確保しながらコンタクトセンター本来の役割である顧客への満足度の高いサービス提供とマーケティングを行うことができる人材
- コンタクトセンター全体が均質でクオリティの高いパフォーマンスを発揮させる上で最適な管理活動を行う人材

各中分類間の関係

採用・研修・検証プロセス
- HR-1 スキル定義
- HR-2 採用
- HR-3 トレーニングの実施
- HR-4 スキルの管理と検証

ハイパフォーマンス・チームの構築
- HR-5 コーチング
- HR-6 エンパワーメント
- HR-7 モチベーション
- HR-8 チームビルディング
- HR-9 ストレス管理

評価と定着促進
- HR-10 スタッフの評価
- HR-11 スタッフの定着促進

HR-1 スキル定義

スキル定義とは、コンタクトセンターに就業する人材が持つべきスキルを定義することです。顧客対応に直接関わるオペレーター、その管理者であるスーパーバイザー、その他に教育研修担当であるトレーナーやモニタリング担当者などにも、明確なスキルの定義が必要です。

学習ポイント

- ミニマムスキルの定義と重要性を理解する
- オペレーターに求められるミニマムスキルを理解する

1-1 ミニマムスキル定義

コンタクトセンターが業務を行うにあたり、その就業者についても職位に応じて、「どのようなスキルが顧客対応に最低限必要か」を正しく具体的に定義する必要があります。

■ ミニマムスキルとアドバンスドスキル

- ミニマムスキル
  各担当者がその業務を開始する（デビュー）時点で最低限必要となるスキルで、その業務を一人で行うための基準となります。
- アドバンスドスキル
  各担当者がデビュー後、段階的に習得していくスキルです。

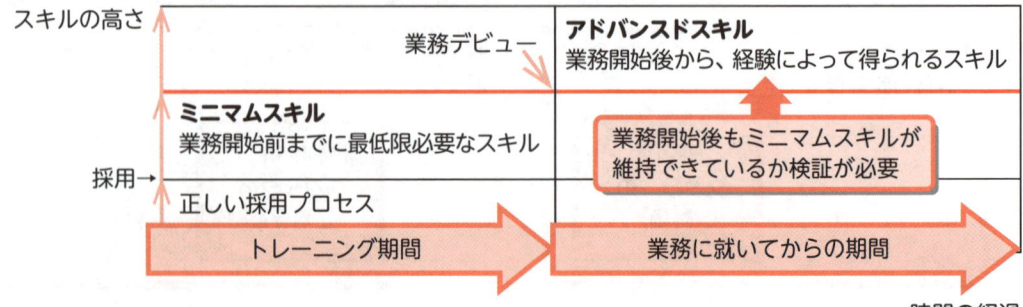

スキルの高さ

業務デビュー
アドバンスドスキル
業務開始後から、経験によって得られるスキル

ミニマムスキル
業務開始前までに最低限必要なスキル

業務開始後もミニマムスキルが維持できているか検証が必要

採用→
正しい採用プロセス

トレーニング期間　業務に就いてからの期間

時間の経過

■ ミニマムスキルの定義

ミニマムスキルの定義はオペレーターをはじめ、すべての職種に必要となります。コンタクトセンターごとに最適なスキル基準を検討後、特に直接顧客対応を行う関係者には明確な設定が必要です。

オペレーター	顧客と直接的な対応を行う担当者
スーパーバイザー	オペレーションおよびオペレーターのマネジメントを行う管理者
モニタリング担当者	業務モニタリングの実施および評価者
トレーナー	センター内における教育研修の担当者
情報提供者	顧客業務に情報を提供する担当者

■ スキル向上のために

ミニマムスキルは、「一度身につければ終わり」ではありません。必要最低限なスキルとして維持し、さらにスキルアップを図るため、必要な目標を確認し具体的に習得すべきスキルや習得方法を確認する必要があります。

> **ポイント**
> 「ミニマムスキル」とは、その業務を遂行するため、最低限必要となるスキルを定義するものです。一旦身につければ終わりではなく、業務開始後も維持ができているかどうか、定期的な検証が必要となります。

第6章 HR ヒューマン・リソース・マネジメント

まとめ

求められるコンピテンシーのレベル

レベル1	レベル2	レベル3	レベル4
理解	実践	改善	指導

➡ ミニマムスキルの定義に関して、コンタクトセンター事業計画などの変更に基づき、新規の詳細設計ができる

➡ 各ポジション（オペレーター、スーパーバイザー、モニタリング担当者、トレーナーなど）のミニマムスキルの定義を理解し、その合否基準を含めた妥当性の判断ができる

HR-2 採用

コンタクトセンターは、定義された役割を果たすために、必要な人材の採用を行います。コンタクトセンター戦略に対して、期待されたパフォーマンスを発揮できる人材を効果的に採用するため、計画を立て採用基準を設定します。

学習ポイント
- 採用基準とミニマムスキルの違いを理解する

2-1 採用計画の構築

採用計画には、募集活動から研修までのプロセス、スケジュール、採用コストの算出も含まれます。段階ごとに決定事項が多く、人材とコストがかかるプロセスとなります。

2-2 募集・面談・採用

採用計画に基づき、募集方法および募集・選考・採用者決定までにかかる期間を考慮して、募集を実施する必要があります。

採用基準

最も重要なことは、「業務開始（デビュー）時には、研修を経てミニマムスキルを身につけることができる」人材を採用することです。
そのために、各コンタクトセンターで過去の採用実績や、採用後の研修の成績、業務開始後の定着率などから分析して採用時の基準を決定します。

まとめ

求められるコンピテンシーのレベル

レベル1	レベル2	レベル3	レベル4
理解	実践	改善	指導

➡ 募集、選考の運用を指導することができる
➡ 採用が必要なポジションおよび人数について、シフト計画などからのレビューを行い、適切な採用活動の運用ができる
➡ 採用状況に応じて、採用基準のレビューを行い、採用基準や採用方法の是正ができる

第6章
HR
ヒューマン・リソース・マネジメント

HR-3 トレーニングの実施

コンタクトセンターは、採用した人材に対して、ミニマムスキルを身につけさせるために効果的な研修カリキュラムを開発し、トレーニングを行います。

学習ポイント
- トレーニングの目的と手法を理解する

3-1 必要スキルの整理

コンタクトセンター業務におけるスキルの全体を明確にし、その中から業務開始（デビュー）時に最低限必要とされるスキルと知識（ミニマムスキル）を明確にする必要があります。

スキル要素	ミニマムスキル基準	採用時確認事項	机上研修	実技演習
基本的な能力	一般常識 コミュニケーション能力 基本ITリテラシー	採用時の面接およびテストで確認	なし	なし
組織的な行動をとる能力	職場ルール、就業ルールを守る SVの指示、コミュニケーションに基づいた行動	採用時の面接およびテストで確認	机上研修で教育する ※基本的なITスキルについては行わない場合がある	顧客対応に応用できる技能レベルになるまでトレーニングを行う
コンタクトセンターにおける必須スキル	電話操作、PC操作 キーボードの入力スキル カスタマーサービスのスキル 商品サービス知識 業務プロセス、手続きの知識 コンタクトセンターの役割・責任に関する知識	なし ※経験者に対しては、どの程度理解しているかを確認する		

■ オペレーターのミニマムスキル群

オペレーターに必要とされるミニマムスキルには、以下のようなものがあります。

必須スキル	説明	CMBOK
電話システムを使用する能力	ログイン、ログアウト、保留、転送などを正確に行うことができる	IC-1、IC-2
デスクトップPCを操作する能力	入力システム、ツールなどのアプリケーションにより、情報の登録、参照などを正確に行うことができる	IC-1、IC-2
キーボードの入力スキル	迅速なログ入力などに必要なタッチタイピングスキル	IC-1、IC-2
カスタマーサービスのスキル	顧客の要求、主張を正しく理解することができる 正しい情報を正確に伝えることができる 顧客の問題を解決することができる 推奨、提案する能力 ヒアリング能力	CS-1〜CS-3 CR-1〜CR-4
商品サービスに関する知識	業務で対応する商品・サービスに関する知識	―
業務プロセス、手続きに関する知識	会話・業務プロセスに関する知識	OP-1〜OP-11
コンタクトセンターの役割、責任に関する知識	顧客戦略、コンタクトセンター戦略、目標、法令、ルール コンタクトセンターの目的、責任 自らの目的、責任 商品、サービスの知識	ST-1〜ST-4

3-2　トレーニングメニューの開発

コンタクトセンターに入ってから、業務デビューするまでの新人研修は、ミニマムスキルを身につけるための研修、と位置付けることができます。ミニマムスキルは多岐にわたるため、内容に基づき、より効果的な手法でトレーニングを実施することとなります。

■ トレーニング手法

コンタクトセンターにおける研修において、一般的に用いる方式としては、以下のものがあります。

座学講義	講師が資料やスライドを使いながら、受講者に知識などを講義する方法
ケース・スタディ	現実に起こりうる事例を採り上げ、問題解決方法を討議する方法
ワークショップ	ファシリテーターの進行で受講者同士の討議を進行させる方法
ロールプレイング	受講者に役割を与え、実演させることでスキルを習得させる方法

■ トレーニング形式の特徴

これらのトレーニング形式の特徴を整理したものが、次の表となります。

	知識を身につける	理解を促す	思考力を高める	技能を高める
座学講義	◎	ー	ー	ー
ケース・スタディ	○	◎	△	
ワークショップ	△	○	◎	
ロールプレイング	ー	ー	ー	◎

まとめ

求められるコンピテンシーのレベル

レベル1	レベル2	レベル3	レベル4
理解	実践	改善	指導

➡ トレーニングの実績や状況を分析し、トレーニングの手法・期間などを設定できる
➡ トレーニングプロセスの改善活動ができる

HR-4 スキルの管理と検証

ミニマムスキルは、「一度に身につければ終わり」ではありません。コンタクトセンターにはさまざまな職位がありますが、必要に応じたスキルの有無とレベルをデータによって定期的に把握し、管理を続けていくことが重要となります。

学習ポイント

● 必要スキルの検証プロセスについて理解する

4-1 スキルの検証計画と実施

ミニマムスキルは言葉の通り「最低限身についていなければならないスキル」ですので、常にお客様に対応するスタッフ全員が身につけていなければならないものです。
そのため、スタッフの配置後も、「全員がミニマムスキルを備えているかどうか」を定期的に検証する必要があります。

■ ミニマムスキルの検証プロセス

スタッフが本当にお客様に対応できるスキルを保持できているか、確認するためのプロセスは、次の条件を確認の上、組み立てていくこととなります。

①達成基準は明確かどうか
　オペレーター、スーパーバイザーなどの職位ごとに定められた最低条件（ミニマムスキルを含む）を達成するために、客観的に判定が可能な合否ラインの規準を明確にする必要があります。
　例）AHTが一定時間内であること、一定期間内にミスがないことなど

②合否ラインは適切か
　設定された合否ラインをクリアできたスタッフは、問題なくお客様対応ができるレベルであるように設定されている必要があります。
　高すぎても、誰でも合格し客観的判断ができなくなるラインも不適切です。

③検証結果がわかる文書の管理
　試験問題や結果、日付など、検証の結果の証拠を残す必要があります。

④不合格となったスタッフの改善計画が策定されていること
　スキルが不十分と判断されたスタッフに対しては改善措置が必要です。研修を経て再びテストを行い、ミニマムスキルを修得できているかなどの再検証も必要です。最終的に、それでもミニマムスキルを備えていない、と判断されるスタッフは、お客様対応業務に就くことはできません。

⑤検証方法に一貫性があること
　同様の業務を実施する場合、継続して業務にあたるスタッフも、短期的なスタッフであっても、同様の方法でスキルを検証する必要があります。

⑥定期的な検証を実施すること
　定期的にスキルと知識の再検証が必要です。

⑦変更に応じて適切な検証が実施されること
　プログラムやお客様に対応する手順に変更があれば、知識や必要となるスキルにも変更が生じる場合があります。手順に変更があれば、ミニマムスキルにも影響がでるかどうかの確認は必ず必要です。

⑧ミニマムスキルの判定基準が明確であること
　ミニマムスキルの設定とともに、「何ができていればミニマムスキルが満たせているのか」を判定する基準も併せて設定しておくことが重要です。

まとめ

求められるコンピテンシーのレベル

レベル1	レベル2	レベル3	レベル4
理解	実践	改善	指導

➡ 適正なスキル検証結果を分析し、スキル定義、採用、研修などのプロセスの改善ができる

HR-5 コーチング

コーチングは、コミュニケーションの一種で、人材育成には欠かせない手法とされています。コンタクトセンター組織の中で、リーダーやスーパーバイザーは、日々のモニタリングや品質管理、オペレーターの方の指導教育など、さまざまな場面でコーチングスキルが必要となります。この章ではコーチングとは何か、どのように実施すればよいか、コーチングを通じたコミュニケーションにより、どのような効果やメリットがあるかを学んでいきます。

学習ポイント

- コーチング（定義・手法・メリット・効果）について理解し、人材育成の場で実践できるようにする

5-1 コーチング

■ コーチング（coaching）とは

コーチとは「目標達成や改善のために人を導き、自発的な行動を促す人」と定義でき、コーチングはコミュニケーションの手法として、ビジネスや教育など、さまざまな場で重要視されています。

■ コーチングの定義

コーチング手法は、次のように定義されています。
- 一対一、対面で行うコミュニケーションであること。
- 良い点、改善すべき点を具体的にコーチから行う相手に対して示す（フィードバック）ことにより、相手の成長を促す手法である。

コーチとオペレーターが、直接向き合ってコミュニケーションを図り、共に問題点に向き合うことで、問題点の明確化、さらにパフォーマンスを向上させていく効果が期待されます。

オペレーターの成長や、モチベーションの向上にも大きく影響を与えるため、実施にあたっては十分に準備をし、継続して実施することが重要となります。

> **用語解説**
>
> **コーチ（coach）**
> 元々は、大型の馬車を意味します。馬車は「目的地へ人を運ぶ」ため、そのことになぞらえて、「人を目的まで導き、指導する人」のことを、「コーチ」と呼ぶようになりました。

5-2　コーチングによるパフォーマンスの向上

■ コーチングの効果

コーチングは、多くのコンタクトセンターで実施され、以下の効果が認められています。
- スタッフに組織的にサポートされていることを感じてもらうことができる。
- スタッフごとの目標や、改善すべき点を明確に伝えることができる。
- 個人ごとに、目標にあった訓練の方法を検討し、目指す行動を指導できる。
- 特定のスタッフに対し、即座にフィードバックを行うことができる。
- スタッフに対して改善すべき行動を直接、具体的に指導できる。
- 優秀なスタッフの行動をモデル化し、共有化していくことに役立つ。
- スタッフとのコミュニケーションを促進し、良好な関係を築くことができる。

コーチングは、モニタリング活動と密接に関連しています。その結果をコーチとオペレーターが共有し、ともに目標達成に向けての行動を考え、促していきます。
一方的に指示するだけではなく、対面で双方向のコミュニケーションを図ることで、コーチングを受ける側の目標達成に向けて自発的な行動を促すことができるのです。

> **ポイント**
>
> コーチとして相手を「目標を達成できる行動をするよう導く」ことは容易ではありません。
> コーチングの役割や効果を良く学び、時に一方的な指導になっていないか、振り返りながら実施することが大切です。

5-3　コーチングを活用したフィードバック

■ フィードバックのポイント

コーチングによるフィードバックで、高い効果を上げるためには、いくつかポイントがあります。
- タイムリーであること。
- 具体的であること。
- コメントは、肯定的なものと否定的なものが、どちらかのみに偏らないよう、バランスが取れていること。
- 一方的にならず、コーチとスタッフがともに参加している雰囲気であること。
- 欠点の指摘ではなく、スタッフの成長を目的としたものであること。

■ コーチの役割

スーパーバイザーは職位上、オペレーターやその他のスタッフにコーチングを行う機会が多くなります。事前にスタッフの良い行動、良くない行動を理解し、改善と成長が自発的にできるよう、気づかせる支援が必要となります。
コーチとしての役割には、以下のものがあります。
- 達成するべき目標と改善点を明確にすること。
- 効果的にパフォーマンスを向上させるために、助言を与えること。
- 具体的にどのような行動をとればスキルやパフォーマンスが改善できるか、提示すること。
- コーチ自身がプロフェッショナルとして、模範的な行動を実際に示すこと。

コーチングは、教師のように教え諭すことではありません。コーチングを受ける側のスタッフとともに考え、行動し、最終的にはスタッフが自発的に改善のための行動を行うように導くことなのです。

5-4　コーチング実施のポイント

コーチング実施のポイントは、以下の通りです。
特にコーチとなる方は、事前にデータや心構えを準備して実施しておくことで、より高い効果を上げることができます。

- 各個人の達成可能な目標を設定する

明確でない、または達成できない目標を揚げることは、モチベーションの低下を招く場合があるため、注意が必要です。
- 各個人の計画を策定する
- 情報を集める（数値情報、データ）

  数値やデータを示し、具体的に問題点を理解してもらうことが必要です。また、目標設定も、具体的に数値を設定することが望まれます。
- 前向きに行う

  悪い所ばかりの指摘や、叱責するような雰囲気のマイナスのフィードバックは、モチベーションを低下させる原因となってしまうため、前向きな姿勢で行うことが重要です。
- 叱るだけでなく、褒めることもする
- タイムリーに行う

  時間が経過してしまっては、改善点がわかりにくくなってしまい、品質の低下にもつながります。即時にフィードバックを行いましょう。

まとめ

求められるコンピテンシーのレベル

レベル1	レベル2	レベル3	レベル4
理解	実践	改善	指導

→ コーチングの目的やプロセスを理解し、コーチング手法の指導ができる

→ 前向きな雰囲気の中でコーチングを進行させ、対象者に気づきを与え、モチベーションを向上させることができる

→ コーチング対象者の成果や行動を把握し、効果的なコミュニケーションを通じて適切にフィードバックすることができる

HR-6 エンパワーメント

コンタクトセンターは、顧客に対して「ばらつきがなく、精度の高い対応」を提供する組織であり、そのために設定されている、さまざまな定義や手順などの「決まりごと」も多い職場です。

しかしながら、「決められたことを守るだけ」では、職場全体の向上は望めず、より高い顧客満足度を得ることはできません。顧客のニーズは急激に変化するため、臨機応変に対応するためには、スタッフ一人ひとりの自主的な判断や行動が重要となってきます。この章では、スタッフへの自律性促進＝エンパワーメントについて学び、職場全体が一体感を持って目的達成に向かう姿勢の重要性について確認します。

学習ポイント

- エンパワーメントの重要性について理解する
- エンパワーメントの成功に必要な要素を理解し、職場での実践が行えるようにする

6-1 エンパワーメント

コンタクトセンター業務をはじめとするビジネスの場において、エンパワーメントとは「スタッフに自らの業務について自分で決定する能力と権限を持たせ、自主性を高めて行動させる」ことと定義されています。

スタッフが自主的に意思決定できるよう、サポートや環境整備をすることが重要となります。

■ エンパワーメントに必要な要素

エンパワーメントにより、スタッフ全員のモチベーションを高めるためには、次の5つの要素が必要となります。

①意義
　業務で達成できる目標がどのような価値をもたらすことができるかどうかが、エンパワーメントによって得られる意義となります。例えば、業務で努力した結果により、顧

客対応時に褒められた＝顧客満足度に貢献できた、とスタッフ自らが感じ、価値を見出すことができれば、業務を通じてモチベーションは高まります。

②コンピテンシー

コンピテンシーとは、「高い成果を挙げているスタッフの行動特性」を指します。自身の役割を適切に遂行するためにどのような行動が望ましいか、考えることができる人はコンピテンシーが高く、また、そのことを自覚していることにより、高い成果につながる行動を自発的にとることができ、モチベーションを高くすることができます。

③自己決定能力

自身の業務に対する権限をどれだけ持っているかということを意味します。自分の活動方針をどれだけ自分で決められるかにより、モチベーションの高さは変化します。

④戦略的自主性

自分の仕事の内容を自分で決めることができる自由を意味します。どれだけ能力が高くても、実行できる仕事の範囲が限られていれば、十分に発揮をすることができません。この戦略的自主性が自身の能力発揮とつながることにより、モチベーションを高めることができます。

⑤影響力

現場で何が行われているか、部内でどのような状況がおきているかについて、発言権を持つことを意味します。

これらの5つの要素が、職務に対するモチベーションを左右します。職務にこれらの要素がどの程度備わっているかにより、十分に能力を発揮できるかどうか、より高い意識や目標を維持できるかどうか、モチベーションの高さに影響を及ぼすこととなります。

用語解説

エンパワーメント（empowerment）

「力を与えること」ですが、「自律性促進」「権限委譲」「能力開花」などと訳されていることもあります。

ビジネス、政治、人権啓発など、さまざまな場において使われていますが、それぞれの場で必要とされている「力」が何を指しているかにより、多様な解釈をすることができます。

> **用語解説**
>
> **コンピテンシー（competency）**
> 行動・態度・思考・判断・選択などの傾向や特性を表します。単純化した例で「犬に吠えられた場合」、逃げる、戦う、手なずける、…など、どう行動するかを決定づける、日頃からのその人の「傾向・特性」（攻撃的、動物好き、怖がり、…など）がコンピテンシーとなります。
> 職務の場ではより高い成果を上げる人材に一貫して見られる行動特性を、模範として捉えることが重要となります。

6-2　エンパワーメントとリーダーシップ

エンパワーメントは、スタッフが自ら考え行動する「自律性」を促進することですが、これは「誰もが好き勝手に判断して行動する」こととは異なります。

誤ったエンパワーメントを進めすぎると、スタッフの動きに統一性や一貫性がなくなり、全体の目標達成が困難になる可能性があります。

そのため、リーダーはスタッフの能力に合わせて適切に業務を設定し、一緒に目標を設定することや、あるいは個人が行き過ぎた行動をとる場合はある程度の制御をすることが役割として求められます。

スタッフが全体の目標に対して、自分のすべきことを個々で適切に考え、自主的に行動できているかどうか、エンパワーメントは、その見極めと制御の絶妙なバランスの上に成り立ちます。

6-3　組織レベルでのエンパワーメント

エンパワーメントを成功させるためには、組織がスタッフの自主性や自発性を尊重し、情報、知識、報奨、権限を提供する環境を整えることが重要です。

■ 情報共有

特定のスタッフに権限を付与しても、情報が無ければ、正しい意思決定や自発的な行動を行うことはできません。自発的な行動を促すためには、幅広い情報の提供が不可欠です。情報共有することで、全体の目標に対して、全員が同じ方向性で達成に向けて進んでいるかどうかを確認することができます。

提供される情報としては、次のようなものが必要となります。

- 目標
 達成すべきサービス目標を理解していなければ、スタッフは目標を達成するための適切な行動をとることはできません。
- サービス提供プロセス
 スタッフは、自分の担当する業務が最終的に顧客に提供するサービスにどのように影響するか、全体を通じて把握しておく必要があります。自身の業務が、全体の中でどのような役割を担っているのかを理解して行動しなければ、組織の目標達成に寄与することはできません。
- 過去と現在の成果と将来的な目標
 過去から今までどのような成果を上げてきたのかを振り返ることで、これまでの活動が適正だったかどうかを知ることができます。将来的な目標の提示も必要ですが、これまでの活動成果の提供も重要となります。
- 目標設定
 組織全体で達成しなければならない「目標」は必ず必要ですが、エンパワーメントによって得られた自律性により、それぞれのスタッフは、自らが何を期待されているのかを理解し、自主性を持って行動するために、個人でも明確な目標を設定する必要があります。与えられた権限と情報の中で、「自分は何ができるか」自ら考える姿勢が重要となります。

■ 知識とコンピテンシーの開発

権限や情報が与えられても、そのスタッフに十分なスキルがなければ、エンパワーメントは成功しません。また、自分だけではなく、それぞれのスタッフが個々に自律性を発揮できているかどうか、意見に耳を傾け、与えられた権限に対して責任を持つ姿勢を持っていることも重要です。

そのような、他のスタッフの自主性を尊重し、さらに自ら率先して統率を図る姿勢（コンピテンシー）は、一朝一夕に身につけることはできません。

企業には、ただ一方的に権限や情報を与えるだけではなく、幅広いスキルと高いコンピテンシーを備えた人材を育成するために、研修や能力開発の場を提供することが求められます。

■ 報奨制度（インセンティブ）

エンパワーメントを成功させるためには、報奨制度の導入の検討も重要となります。

成果に応じて役割が増える、報奨（表彰など）が得られる、場合によって業績給が与えられる、など、スタッフ全員が目標達成に向けて継続して行動し、モチベーションを高めるため、報奨制度の導入により効果があがることもあります。

> **ポイント**
>
> 報奨（インセンティブ）の目的は「モチベーションを高める」ことです。まず報奨ありき、ではなく「努力や成果が報われた」とスタッフが感じ、目的に向かってさらに行動が続けられるように、与えるタイミングと内容が重要です。報奨がなければスタッフが行動を起こさない、という状況はエンパワーメントに反します。報奨が与える効果については、導入前に検討を重ねる必要があります。

まとめ

求められるコンピテンシーのレベル

レベル1	レベル2	レベル3	レベル4
理解	実践	改善	指導

➡ 組織レベルのエンパワーメントを理解し業務ができる
➡ 組織内のエンパワーメントに関する方針を実践できる

HR-7 モチベーション

企業や組織が、業務においてその目標を達成するためには、所属しているスタッフのモチベーションが重要となってきます。一人ひとりの働く意欲が、組織全体が目標を達成するための、大きな原動力となります。スタッフが自発的に「やる気」を持つよう喚起することが、前章で学んだエンパワーメントの目的でもあります。

この章では「モチベーション」とは何か、その本質についての理論を紹介し、スーパーバイザーとして、メンバーや組織全体のモチベーション維持向上に活用するためのポイントを学びます。

> **学習ポイント**
> - モチベーションとは何かを理解する
> - 組織、個人のモチベーションを上げるために必要な要素を理解し、人材育成の場で活用できるようにする

7-1 モチベーション理論

■ モチベーション（motivation）とは

モチベーションは、欲求に対する動機付け、やる気、と定義づけられています。ある人が「仕事を頑張りたい」と思う時、その意欲の源となるのは、「職場内でより高い地位を得たい」「お金を儲けたい」「異性にもてたい」など、叶えたい欲求であることが多く、その動機となる欲求がモチベーション、ということもできます。

企業や組織で働く人の自己成長を促すために、「人は何により動機付けされ、やる気が高まるのか」という研究も、近年、モチベーション理論として研究が成されてきました。

ここでは、代表的な２つのモチベーション理論と、動機付けの種類について紹介します。

■ 内発的動機付けと外発的動機付け

仕事に対する満足感を高め、「やる気」をもたらす動機付けには、内発的動機付けと外発的動機付けがあります。それぞれの特徴と効果を知っておきましょう。

● 外発的動機付け

外発的動機付けとは外側からの刺激、仕事においてはそれ以外のものを用いて、仕事への動機付けを高めることをいいます。例としては、報奨制度（インセンティブ）によって得られる金銭や表彰などの報酬、また、忘年会やパーティーなどの社内イベントなどが挙げられます。ただし、これらの外発的動機付けは一時的な効果はありますが、長時間は継続しません。

● 内発的動機付け

外からの刺激に対して、心の中からの満足感を得ることが内発的動機付けです。自分の仕事に「喜び」や「楽しみ」を見出すことにより、自己の成長など、本人が自ら求める欲求から得られる満足感により、質の高い行動が長く続きます。

内発的動機付けのためのポイントは次の3つです。

①有能性：「自分はできる」「頑張ればうまくいく」と感じる
②自律性：「自分で決めている」「思い通りにやっている」と感じる
③関係性：「自分が理解されている」「関心を持たれている」と感じる

これらのポイントは、他者から受容されている、という思いから生まれてくるものです。チームの中の人間関係がよりよいものであるか、相互の信頼性も大きく関係があります。

ポイント

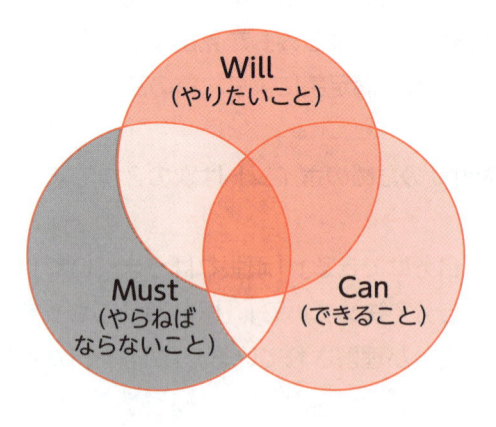

モチベーションは、「動機付け」「やる気」と定義づけられますが、やる気は、下図のように、3つの構造として捉えられます。

・MUST／やらねばならないこと
・CAN／できること
・WILL／やりたいこと

この3つの要素が重なっているほど、仕事にやりがいを見出せます。
自身のやりたいことが、能力的にもできることであり、さらにそれが業務として求められていることでもある、ということが理想です。
「MUST」に押しつぶされず、「WILL」を育み、持ち続け、「CAN」を増やしていくことが、業務におけるモチベーション向上と成長へとつながります。

```
         Will
      (やりたいこと)

   Must            Can
(やらねば        (できること)
 ならないこと)
```

7-2　モチベーションの管理

モチベーションを生じさせる欲求や動機付けは人それぞれではありますが、企業や組織には、継続的な成長を目指すために、それを支えるスタッフのモチベーションを管理し持続させることが大切です。

すべての従業員が働く意欲をなくしてしまったならば（モチベーション・クライシス）企業は存続の危機に陥ってしまいます。そのため、管理者は部下のモチベーションの管理を適切に行う必要があります。

組織として、個人のモチベーションを起こさせ、維持することは容易ではありませんが、ポイントや要因を押さえて効果的な施策を実施することが重要となります。

モチベーションを 維持・向上させるためのポイント	研修などのスキルアップの機会を提供する キャリアパスの明確化 定期的なモニタリング実施と適切なフィードバック モチベーション・カーブに応じた対応 離職サインを早めに把握する 正しい組織風土を構築する ワークライフ・バランスを考慮する
モチベーションが低下する要因	ストレス チームメンバーの前での否定的なフィードバック 目標がない 達成意識がない 努力が認められない チーム内での衝突や孤立 不公平な待遇を受ける マネジメントからのサポートが不十分 環境が不十分 変化に適応できない

7-3　モチベーションの向上

モチベーション理論の中で、内容理論とは異なり、人間の行動プロセスに注目した理論を「プロセス理論」といいます。
代表的なものに、「ブルームの期待理論」「ポーター＆ローラの期待理論」などがありますが、ここではモチベーションの向上に有効な理論として、ブルームの期待理論を紹介します。

■ ブルームの期待理論

心理学者のビクター・ブルームは、人々のモチベーションがどのような時に強まったり弱まったりするのかを、「期待」という認知的な概念を中心に据えて解明しようとしました。目標を達成した成果が、本人にとってどれほど魅力的であるかを期待できれば、人はその目標に向かって動機付けができ、モチベーションも向上する、と考えたのです。
さらにその大きさは、目標を達成できる、という期待と、達成できた成果の相乗効果（積）の形で数式化されています。

$$ \boxed{動機付け} = \boxed{期待} \times \boxed{結果} $$

さらに結果については、一時的結果と二次的結果に分け、ある結果がさらに別の結果を生む要因となる場合についても言及しています。

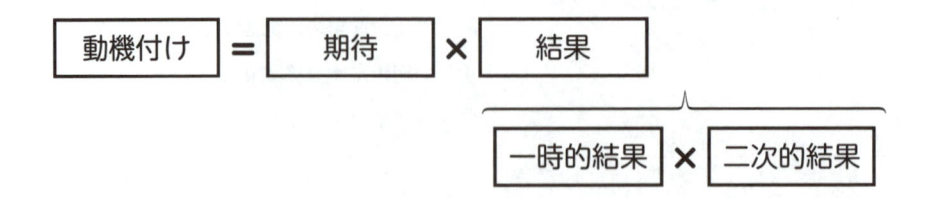

$$ \boxed{動機付け} = \boxed{期待} \times \boxed{結果} $$
$$ \underbrace{\boxed{一時的結果} \times \boxed{二次的結果}} $$

一時的結果の例として例えば業績を上げたことにより昇進したこと、二次的結果の例としては、昇進によって評価が上がる、賃金が増加する、などが挙げられます。二次的結果はこのように複数存在することもあり、さらに、この例でいえば、昇進したことにより同僚にねたまれる、など、プラスだけではなく、マイナスの結果も存在します。

このように、自分が期待したことが具体的にどのような結果をもたらしたのかが価値となり、その相乗効果が動機付けとなります。

人のモチベーションを高めるためには、本人が達成可能である目標を持たせること、目標を達成した時の結果＝報酬が本人にとって価値があると感じられるものである必要があります。

まとめ

求められるコンピテンシーのレベル

レベル1	レベル2	レベル3	レベル4
理解	実践	改善	指導

➡ メンバーのモチベーションを維持向上させるためのポイントを理解し、業務に活用ができる
➡ 組織としてモチベーションを維持向上するための施策について提案できる

HR-8 チームビルディング

コンタクトセンターは、オペレーターやスーパーバイザーをはじめ、さまざまな職種のスタッフが所属しており、チームとして業務を行います。エンパワーメントにより個人のモチベーションを高めることへの重要性は既に学習しましたが、個々のスキルがどれだけ高くても、目標達成のためには、チームメンバー全員が協力しあえるチームを作る必要があります。

学習ポイント

- 目標達成のために、チームメンバー全員協力しあうことができるチーム形成（チームビルディング）が実践できるようにする

8-1 チームの条件

大勢の人がただ集まれば、その集団がチームとして機能する、ということではありません。チームとして機能するためには、以下に挙げられる条件が必要となります。

- 目的、目標があること
- ルールや決まりがあること
- メンバーが協力すること
- 目標を達成するための人材がそろっていること

8-2 チームビルディング

■ チームの形成段階

メンバーを集め、チームとしての業務を開始したとしても、最初から高い能力を発揮できるとは限りません。チームを形成して達成するまでのプロセスを表している「タックマンモデル」によれば、チームが、チームとして活動ができるようになるまでには、以下の4つの段階を経るとされています。

①形成（Forming）
　チームの目標や目的がなく、メンバー間の関係を築く時期として、模索をしている段階。
②混乱（Storming）
　チームの目的や目標、個人の役割や責任について意見が出される段階。
　この段階では、意見の衝突も発生する。
③統一（Norming）
　チームの目的や役割が明確になり、メンバー全員が共有する段階。
　個人の役割と責任についても明確化される。
④機能（Performing）
　チームとしての結束や一体感が生まれ、目標達成の活動を開始し、チームが機能する段階。

このような段階を経て、機能するようになったチームには、以下の特徴が発生します。
- お互いの信頼関係ができている
- メンバーの意見に対して自然な対立が起こる
- メンバーはチームの決定事項や行動計画についてコミットする姿勢がある
- 一人ひとりが計画の実行に責任を負っている
- チームの結果達成に注意が払われる

時に対立し、意見交換の場を持ちながら、なおかつ全員が当事者として役割を持ち、参加しているのがチームのあるべき姿と考えることができます。

8-3　チームダイナミクス

■チームダイナミクス（チーム力学）とは

チームダイナミクスとは、チームを構成するメンバーの多様性から生まれる動的なエネルギーのことを指します。目的達成のためには、同じ思考を持ったメンバーばかりが集まるよりも、違う思考や経験を持つさまざまなメンバーが集まる方が、さまざまな意見や新しいアイデアが出やすくなり、人と人とが影響しあう相乗効果で、より優れたチームを作ることができます。

用語解説

チームダイナミクス

チームダイナミクスは、グループダイナミクスと記載されていることもあります。

効果的に発揮されている場として、近年は医療の現場が例に挙げられることが多くあります。例えば、難解な症例にあたるとき、さまざまな専門分野の医師がチームを作って治療や手術にあたることによって、病気に対する効果的な治療ができるなどの事例が報告され、異なる専門性を持つメンバーが集まることによる相乗効果は注目となっています。

まとめ

求められるコンピテンシーのレベル

レベル1	レベル2	レベル3	レベル4
理解	実践	改善	指導

➡ チームビルディングの理論を理解し、適切にチームを構築することができる
➡ チームリーダーとしての役割を理解し、リーダーシップを発揮することができる

HR-9 ストレス管理

コンタクトセンターは、一般的に「ストレスが多い」職場だといわれています。非対面ツールを使っての顧客対応となるため、相手の様子がわからず、コミュニケーションが一方的となりがちになることや、クレームを受けること、また、チーム間での意思疎通がうまくいかないことなどに苦痛を感じる部分も多いかもしれません。

しかしながら、スタッフ一人ひとりが、ストレスを克服し、目標に向かって力を発揮すれば、大きな充足感が得られます。ストレスの内容をよく知り、自己管理や緩和に努めることは、職種にかかわらず、現代に生きる私達にとって大きな課題です。

学習ポイント

- ストレスとは何かを理解する
- ストレスの原因を知り、自己管理の方法について理解する
- オペレーターの役割ストレスについて理解し、防止や対処ができるようにする

9-1　ストレスとは

ストレスとは、外部からの刺激を受け、身体に起こる反応とその原因となる刺激（ストレッサー）のことをいいます。

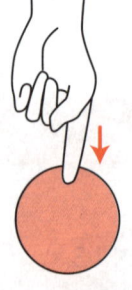

ストレス要因
ボールを押さえつける力

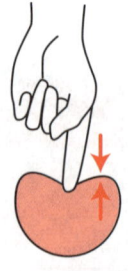

ストレス耐性
ボールの弾力性

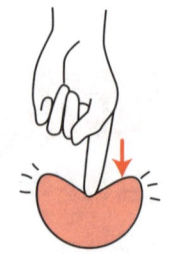

ストレス反応
ボールの歪み

心をゴムボールに例えてみます。これを指で押さえると歪みます。このような外部からの刺激が「ストレッサー」（ストレス要因）です。

そしてストレッサーによって歪みが生じることが「ストレス」（ストレス反応）です。また、ストレスを受けても、元に戻ろうとする弾力は「ストレス耐性」といわれます。

ゴムボールの弾力が異なれば、歪みの度合いも減るように、同じ刺激をうけても、ストレスを感じるかどうかは個人によって性格・体質などによる違いがあり、また、社会的支援や職場環境などの環境要因によっても異なります。

■ 悪いストレスと良いストレス

ストレスは一般的に「悪いこと」と捉えられがちですが、「心が刺激によって受ける反応」ですので、「悪いストレス」だけではなく、「良いストレス」もあります。新しいことに挑戦する場合などには目標に向かって達成しようとする意欲や、頑張ろうとする気持ちが起こります。このように自分を高めるための良い刺激は、「良いストレス」といえます。

9-2　ストレスの原因

ストレスの原因になるものを理解し、できるだけ緩和することで、過剰なストレスを防止することができます。

■ コンタクトセンターで発生するストレス

コンタクトセンターで発生するストレスの原因には、主に以下のようなものがあります。オペレーターを管理するスーパーバイザーは、オペレーターの過重労働や、知識不足などによるストレスを防止するために、適切にオペレーターの状況を把握し、必要な対策をとることが重要です。

- 過剰労働
  労働の負荷が重くなり過ぎないよう、定期的に休息を取る必要があります。

- 時間の不足
  決められた時間内にできないことが、ストレス発生の原因となります。コーチングの指導時や目標設定の際には十分注意する必要があります。

- 知識不足
  知識不足はオペレーターにとって大きな不安の要因となります。教育や学習によって顧

客対応に対する十分な知識と自信を持つことで、ストレスを軽減させることができます。

- トレーニング不足
  十分な知識を持っていても、知識を活用するためにはOJTなどを活用したトレーニングが必要不可欠です。

- 休養不足
  ストレス発生、体調不良の原因となります。そのため、十分な休養を取り、健康管理を行うことが重要です。

- 私生活の問題
  業務の場では見えなくても、私生活の問題が原因となってストレスが発生することがあります。結婚や引越しなど、一般的には「良いこと」とされるイベントでも、ストレスの発生要因であることがあります。

自身でストレスを感じた場合や、周りの人がいつもと違う様子に気づいた際、専門医などに相談できるシステムを構築しておくことが重要です。

管理職とオペレーター間の調整

スーパーバイザーは、管理職とオペレーターの間を取り持つ責任を担っているため、時には両者の板挟みとなり、ストレスが発生することがあります。
組織の問題はひとりで抱え込まず第三者に相談する、あるいは個人で日常的に発散できる緩和できる方法を持つなど、対処が必要です。

9-3　ストレス管理の方法

ストレスの原因や程度に個人差があるように、ストレスを緩和するためには、個人それぞれで自分なりの方法で自己管理を行う必要があります。
ストレス軽減の方法については、以下の内容があります。

- 良いストレスを理解する
  ストレスには、良いストレスと悪いストレスがあります。
  良いストレスとは、例えば、目標、夢、スポーツ、良い人間関係などで、自分を奮い立たせたり、元気づけられたりすることです。

- ストレスの兆候を知る
  ストレスを感じると、喉が渇いたり、心拍数の増加を感じたりすることがあります。このような兆候を自身で理解し、深呼吸をしたり、休憩を取るなどして早めに対応し、ストレスを緩和することが必要です。

- 適度な休養、運動
  ストレス軽減のためには、休養や運動が効果的です。

- 自分の時間を作る
  1日の中で、業務以外に趣味や、運動、散歩など、自分のための時間を意識的に持つことで、ストレスを緩和することが可能となります。

- 仕事以外の活動に参加する
  仕事以外の環境で過ごし、「仕事モード以外の自分」の活動の場を作ることも大切です。違う環境に自らを置くことで、気分を変えて、仕事で感じたストレスを緩和することができます。

- 話を聞いてくれる同僚や仲間を作る
  顧客対応などでストレスを感じた時は、その時の思いは溜め込まず、仲間と話し、共有することで軽減することができます。

- ワークライフ・バランス
  1日で仕事とプライベートの時間をしっかり分けて生活することが大切です。

- 休暇を取る
  時には業務を離れ、心身ともにリラックスし、休息を取ることが必要です。

ここに挙げている方法は、それぞれ一例にすぎません。
ストレスを感じた場合は自分なりの方法で軽減を試み、我慢をしない、溜め込まない、という心がけが大切です。

> **用語解説**
>
> **ワークライフ・バランス**
> ワークライフ・バランスは、ただ単に、仕事とプライベートの時間的割合だけではなく、「仕事がうまくいくことにより私生活が潤う」「私生活の充実で仕事がうまく進む」という相乗効果を高めるための取り組みを指します。
> 多様な生き方が尊重されるべき、という考え方の下で、さまざまな提言がなされています。

9-4　ストレスのデメリット

ストレスを緩和することができずに放置していると、健康上に大きな影響を及ぼすことがあるため、その前に、カウンセリングを受けるなど、大きな問題を事前に防ぐことが必要です。

■ ストレスから生じるサイン

ストレスを受けると、身体や精神、行動などに症状としてサインが現れることがあります。以下はサインの一例です。

＜身体面のサイン＞
- 頭痛、頭が重い感じがする
- 目が疲れる
- めまいがする
- 消化不良をおこす
- 肩がこる
- 背中や腰が痛む
- なかなか疲れがとれない、だるい
- 食欲がない

＜精神面のサイン＞
- イライラする
- 集中力が無く、やる気が出ない
- 悲しい気持ちになる
- よく眠れない、夜中に何度も目が覚める、朝早く目が覚める

＜行動面のサイン＞
- たばこやアルコールの量が増える
- 攻撃的な態度や言葉遣いをしてしまう
- 遅刻・欠勤が多い

もし気になるサインが、自身やチーム内のメンバーにあるようならば、そのままにせず、医療機関の受診やカウンセリングなどの方法で、大きな問題になる前に、事前に防ぐという意識が必要です。

> **ポイント**
> 厚生労働省は、「労働者の心の健康の保持増進のための指針」（メンタルヘルス指針、2006年3月策定）を定め、労働安全衛生法第69条を根拠として、職場のメンタルヘルス対策を推進しています。
> 働く人のメンタルヘルス・ポータルサイトとして、厚生労働省ホームページ「こころの耳」http://kokoro.mhlw.go.jp/にて、ストレスへの対策や支援などが紹介されています。

9-5　役割ストレス

コンタクトセンターにおいてオペレーターは
- 顧客に対して：丁寧なサービスを提供し、満足を得なければならない
- 組織に対して：組織の目標達成のため、品質や対応時間を気にしなければならない

このように複数の役割を負い、期待を寄せられることによって、常に矛盾を感じて業務を行わなければならないことが多くなります。この矛盾により、オペレーターが感じるストレスを、役割ストレスといいます。

■ 役割ストレスの緩和と防止

ストレスを放置しておくと、個人のモチベーションの低下から、組織への関与度、さらには全体の従業員満足度の低下にもつながります。
特に、オペレーターの役割ストレスは、離職の大きな原因ともなるため、できるだけ減少させることが重要です。

- リーダーシップによる、フォロー体制の構築
　スーパーバイザーは、オペレーターが自身の判断に迷う時はいつでも相談を受け、サポー

トする体制であることが大切です。オペレーターが顧客との対応の中で助けが必要な時に、「急いで対応しなければならない」などの組織要求との板挟みにあい、自らを追い込んでしまわないように、迅速に顧客対応のサポートができる環境を構築しておくことが何より重要となります。

● エンパワーメントによる役割ストレスの緩和
また、エンパワーメントにより、オペレーター自身の判断によって回答できる権限があれば、役割ストレスは緩和させることができます。
組織のミッションに追い詰められず「これは私がお答えしても大丈夫だ」という権限に裏付けられ、自信を持った応対ができれば、オペレーターの業務への満足度も高くなります。

● 同僚からの支援と役割ストレス
コンタクトセンターはチームで業務を行っており、同じ立場や環境にて、役割ストレスを感じている同僚がいます。問題を共有し、同僚からの助言や支援を受けることで、チームメンバー同士がコミュニケーションを図り、助け合って業務に対するモチベーションを維持、向上していける日頃からの関係づくりが大切になってきます。

まとめ

求められるコンピテンシーのレベル

レベル1	レベル2	レベル3	レベル4
理解	実践	改善	指導

➡ ストレスの防止方法について理解し、他者への働きかけができる
➡ 組織としてのストレス管理施策を理解し、実施できる

HR-10 スタッフの評価

採用、教育、トレーニング、ミニマムスキルの検証など、オペレーターには顧客対応前にクリアすべき指標が多く、顧客対応に就くようになってからも、事前に設定された目標と、実際のパフォーマンスにより、スキルや品質を管理しなければなりません。

モニタリングやコーチングによって行われる日々の検証と評価により、オペレーター個人ごとのパフォーマンスを評価し、改善すべき点を特定することができます。

オペレーター個人への評価が、組織全体の目標、さらにはクライアントやコンタクトセンターの戦略と矛盾しないよう、評価基準は一貫している必要があります。

学習ポイント
- スタッフの評価を行う目的を理解する
- 評価の結果や評価プロセスを分析できるようにする

10-1 評価アプローチ

スタッフの評価は、数値目標と実際のパフォーマンスを比較して、改善すべき点を特定することです。

■ パフォーマンス評価

パフォーマンス評価は、雇用形態に関わらず、担当する業務実績の評価として、スタッフ全員に実施します。

■ 評価の方法

スタッフ個人ごとの目標とパフォーマンスを比較した包括的な評価は、定期的に実施されます。主な項目例には、以下のようなものがあります。

モニタリングスコア	モニタリングの結果
スキル検証の結果	テストやロールプレイングの評点
業務パフォーマンス	ＡＨＴなど、個人のパフォーンマンスデータ
勤怠	欠勤率、遅刻など

コンタクトセンターは評価項目に基づき、スタッフ個人の改善すべき点を特定します。もしスタッフが目標を達成していない場合、改善するための計画を、個人ごとに策定して実施します。評価は、項目間に不整合がなく、クライアントの戦略および目標、コンタクトセンター戦略と相反するものがないようにしなければなりません。

まとめ

求められるコンピテンシーのレベル

レベル1	レベル2	レベル3	レベル4
理解	実践	改善	指導

➡ スタッフ評価の目的やプロセスを理解し、そのプロセスを運用できる
➡ スタッフ評価の結果を分析し、組織の運用プロセスの是正ができる

HR-11 スタッフの定着促進

コンタクトセンターは、一般的に定着率が低く、離職率が高い職場といわれています。しかし、スタッフの定着促進は、コンタクトセンターがその目標を達成し、顧客満足度を継続的に向上させるためには不可欠です。スタッフの離職は、他のメンバーのモチベーションや、組織のパフォーマンスにも影響を与えます。スタッフからの声を積極的に収集し、働きやすい環境を整えることが、コンタクトセンターの運営にとって大切な要素となります。

学習ポイント

- スタッフの定着促進施策について理解する
- 施策を行うことによって得られる影響について理解し、実際に施策を行うことができる

11-1　定着のための戦略的な施策

スタッフの定着を目指す上で、重要なことは「適切な人材を採用すること」です。また、採用したスタッフに対し、教育プログラムや各種制度の整備、就業環境の改善など、モチベーションを高めるためのマネジメントが求められます。採用した人材がストレスなく、継続して働ける環境を作ることが重要です。

■ 定着のための施策

スタッフの定着施策には、以下のようなものがあります。
いずれも戦略的、計画的に継続して実施する必要があります。

教育プログラム	効果的な研修と導入プログラムの構築
	メンタープログラムの導入
	キャリアパスの整備、スキルアップ機会の提供
給与および インセンティブ制度の導入	給与体系および福利厚生などの適切な設定
	期待される行動につながるインセンティブ制度の導入
成長のための モチベーションを高める マネジメント	タイムリーなコーチング、定期的なフィードバック機会の提供
	多様な才能を活用したスタッフの仕事の創出
	一貫性のある評価
	キャリア目標の設定
就業環境の整備	良い施設デザインの模索
	休憩室・リフレッシュルームなどの設置
	柔軟な勤務スケジュール
	在宅勤務の考慮

11-2 スタッフ満足度の測定

コンタクトセンターでは、スタッフの満足度と不満足度を定期的に測定します。測定結果は、職場としての問題点や改善点の発見に役立てることができます。

■スタッフ満足度調査の方法

- スタッフの満足度、および不満足度を左右する評価要素を特定し、基準に基づいて数値化する
- 最低でも年に1回測定し、分析を行う

■スタッフ満足度に貢献する要素

スタッフの満足度が高い職場は、以下のようなさまざまな要素を満たしています。

- 適切なコミュニケーションによる効果的なマネジメント
- 研修などによるスキル開発機会の提供と支援
- 組織における信頼関係、個人の尊重と公平性の確保
- やりがいの創出
- 適切で多様な業務機会の提供
- 個人の仕事と生活の健全なバランス(ワークライフ・バランス)

> **用語解説**
>
> **スタッフの満足度**
> 従業員満足度 【英】Employee Satisfaction（ES）と表記されることもあります。
> スタッフの組織に対する満足度を高め、生き生きと長く働いてもらえることが、企業の業績向上につながる、という考え方に基づいています。

11-3 スタッフからのフィードバック

スタッフが日頃職場に対して抱いている意見は、肯定的、否定的な意見を含め、フィードバックを積極的に求め、その内容について評価の上、適時、適切に対応する必要があります。

■ フィードバック手法

幅広く意見を収集するためには、単一の手法ではなく、複数の手法を効果的に組み合わせる必要があります。
手法の例としては、以下のようなものがあります。

- スタッフ満足度調査
- フォーカスグループ
  情報を収集するために、職位や年代など、目的に応じてグループ別に集め、集団単位で意見を収集する手法のこと。
  単独インタビューよりも、参加者同士の意見交換の相乗効果によって、幅広く効果的な意見収集ができるとされています。
- 離職者への面接
  離職の理由が不満足な点があったことによるものかどうかを確認できます。

■ スタッフからの意見収集のポイント

スタッフから得た意見は、職場や業務の改善につながる貴重なものです。定期的に意見を収集・分析し、改善につなげていくことが重要です。
業務のプロセスなどについては、実務に従事しているスタッフの方が効果的な意見を持っていることがあります。業務における影響が大きい意見については、効果的・抜本的な改善計画につなげる必要があります。
コンタクトセンターで、より良いチームとして業務を継続するためには、個人のスキルやモチベーション、環境にも配慮が必要です。

また、スタッフ一人ひとりから収集された意見を広く受け入れ、必要であると見なされた意見にはすぐに改善に着手できるよう、組織として柔軟な姿勢が必要です。

> **用語解説**
>
> **フォーカスグループ**
> 主にマーケティング・リサーチなどで、商品に対しての情報を収集するために多く使われるフィードバックの手法です。
> 最初から大規模なリサーチをするのではなく、調査したい仮説（商品に対する利用方法や感想など）を立てて、ターゲットとなる参加者をグループで集め、意見収集を行い、仮説の検証を行います。

まとめ

求められるコンピテンシーのレベル

レベル1	レベル2	レベル3	レベル4
理解	実践	改善	指導

➡ スタッフの定着促進施策が、コンタクトセンターに与えるインパクトを理解し、適切なスタッフ定着促進の施策を実施できる

第7章
センターアーキテクチャー AR

センターアーキテクチャーとは、コンタクトセンターの調達組織や運営組織が、新たなコンタクトセンターの運営または業務を開始するにあたり、業務要件の定義を行い、人・プロセス・ツール（ICT）の各分野にわたり、調達または構築を通じてクライアントの要求を満たすコンタクトセンター運営の基盤を構築することです。

ここでは、コンタクトセンター運営の要件定義から外部調達方法、および自らコンタクトセンターを構築する際に必要となる基本的知識について学びます。

各中分類間の関係

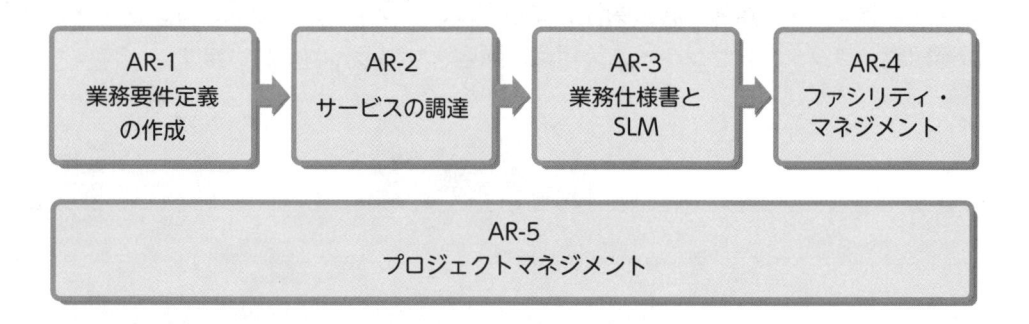

AR-1 業務要件定義の作成 → AR-2 サービスの調達 → AR-3 業務仕様書とSLM → AR-4 ファシリティ・マネジメント

AR-5 プロジェクトマネジメント

AR-1 業務要件定義の作成

製造の世界では、部品ひとつをとっても詳細な仕様書が存在し、その仕様書に基づき製造され、達成すべき品質の基準となっています。
一方、サービスの世界ではどうでしょうか？
サービスの世界でも、「業務要件定義書」としてサービスの仕様を明確にすることが必要です。

学習ポイント

- 利害関係者の特定と要求事項の収集・調整について理解する
- アウトソーシングの種類とその範囲の明確化について理解する
- 業務要件定義書に盛り込むべき項目について理解する

1-1 利害関係者の特定と要求事項の収集・調整

業務要件定義書の作成にあたっては、まず、事前に利害関係者を特定し、それぞれの要求事項を収集・確認しておくことが必要です。
また、各利害関係者の利害が衝突する場合には、その調整を行います。

1 利害関係者の特定

利害関係者を特定します。
コンタクトセンター運営の利害関係者としては、クライアント組織、コンタクトセンター調達組織、コンタクトセンター運営組織、顧客、サプライヤーがいます。

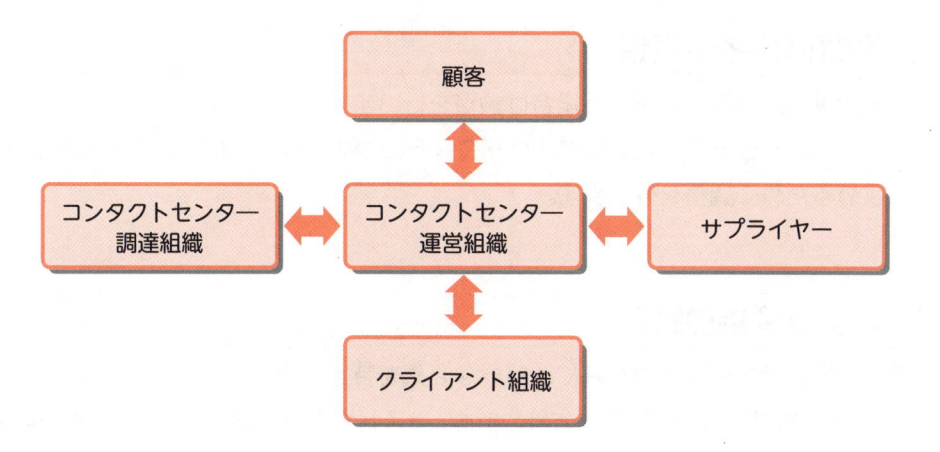

```
                    ┌─────────┐
                    │  顧客   │
                    └────┬────┘
                         ↕
┌──────────────┐   ┌──────────────┐   ┌──────────┐
│コンタクトセンター│↔│コンタクトセンター│↔│サプライヤー│
│  調達組織    │   │  運営組織    │   │          │
└──────────────┘   └──────┬───────┘   └──────────┘
                          ↕
                   ┌──────────────┐
                   │ クライアント組織 │
                   └──────────────┘
```

2 利害関係者の要求事項の収集

各利害関係者の要求事項を収集します。

各利害関係者の一般的な要求事項を以下に例示します。

利害関係者	要求事項
クライアント組織	・高い顧客満足度 ・顧客ロイヤルティの向上 ・高いサービスレベル ・高精度で誤りの少ない対応 ・低いコスト ・短い導入期間 ・柔軟なコスト体系　など
コンタクトセンター調達組織	・クライアント組織の要求を速やかに満たすこと ・低い調達コスト ・十分な準備期間　など
コンタクトセンター運営組織	・高いクライアント満足度 ・高い顧客満足度 ・適正なコスト ・十分な準備期間 ・利益の確保　など
顧客	・高い顧客満足度 ・特別な取り計らい ・高いサービスレベル ・高精度で誤りの少ない対応 ・いつでもコンタクトが取れる　など

3 利害関係者の調整

利害関係者の利害が衝突する場合は調整を行います。
例えば、高すぎるサービスレベルは高コストにつながりますので、それらを適正なレベルに収めるために調整を行います。

4 重要な要素の特定

各利害関係者の要求事項を基に、重要な要素を特定します。
重要な要素とは、例えば、事業方針や計画、コストや売り上げ、スケジュール、業務ボリューム、達成すべきパフォーマンスなどです。

1-2　業務要件定義書の作成

利害関係者の要求事項に基づき、必要なリソース（人、プロセス、ツール（ICT））やスケジュール、その他の制約事項などを整理し、業務要件定義書として文書にまとめます。

1 アウトソーシングの範囲の明確化

コンタクトセンターの運営方法には、大きく分けて「インハウス（自社運営）」と「アウトソース（外部委託）」があります。
また、アウトソースにも、大きく分けて「フルアウトソーシング」と「一部アウトソーシング」の2つのタイプがあります。
以下が典型的なインハウスとアウトソースの例です。

【インハウス】
指揮命令：自社
人　　材：自社での雇用／調達
設　　備：自社の設備利用

【アウトソース】
　➡フルアウトソーシング（全部の業務をアウトソース）
　➡一部アウトソーシング（一部の業務をアウトソース）
指揮命令：アウトソーサー
人　　材：アウトソーサーによる雇用／調達
設　　備：アウトソーサーの設備利用

アウトソーシングの目的やメリット・デメリットなどを踏まえ、どの範囲をアウトソースするのかを明確化する必要があります。

2 業務要件定義書に盛り込むべき項目

アウトソーシングの範囲を明確化した上で、業務要件定義書を作成します。
以下に業務要件定義書に盛り込むべき項目例を例示します。

業務要件定義書に盛り込むべき項目例

項目	要求事項
1. 概要	ARで把握した重要な要素を基に、重要なパフォーマンス上の指標と目標値を設定する。 具体的にはクライアント満足度、顧客満足度、その他のパフォーマンス指標を基に成功判断基準を決定する。
2. 業務内容の定義	業務内容の詳細を定義する。
3. 人材マネジメント	コンタクトセンターにおける人材、特に顧客接点に関わる人材（オペレーターやSVなど）についての要件を整理する。
4. 運営管理の方法	コンタクトセンターの運営マネジメント上の要件を定義する。
5. 情報通信システム	情報通信システムの要件、特にステークホルダー間の分担、業務の可用性についての要件を定義する。
6. 価格設定と支払いモデル	想定しているコストの構成についてまとめる。アウトソースの場合は、初期費用および運営費用の支払い方法の条件を定める。インハウスの場合は、管理会計上のコストの配賦方法について定義する。
7. 追加資料	業務要件定義の承認と変更管理手順を定義する。

まとめ

求められるコンピテンシーのレベル

レベル1	レベル2	レベル3	レベル4
理解	実践	改善	指導

➡ クライアントをはじめとする利害関係者を把握している
➡ クライアントをはじめとする利害関係者の要求を理解している
➡ 業務要件定義書の目的を理解している

AR-2　サービスの調達

サービスの調達とは、業務要件定義書に基づき、情報提供依頼書（RFI：Request For Information）や提案依頼書（RFP：Request For Proposal）の作成から、サービスを調達し契約に至るまでの一連のプロセスのことを指します。

学習ポイント

- 提案依頼書（RFP）の作成プロセスを理解する
- 調達のプロセスを理解する
- 契約のプロセスを理解する

2-1　提案依頼書（RFP）の作成と発行のプロセス

業務要件定義書に基づき、クライアント組織またはコンタクトセンターの調達組織が必要な承認を受けた上で、インハウスもしくはアウトソーシング候補の部門あるいは企業などに対してRFPを発行するプロセスです。

1　情報提供依頼書（RFI）の作成

特に外部の企業を採用する場合、多数ある企業のうち、事前に候補企業を絞り込むために、情報の収集を主な目的として、RFIの作成を行うことがあります。
ただし、事前に数社程度に合理的な理由で絞り込みができている場合は、行わないこともあります。

RFI作成の目的

RFI作成の目的は、業務要件定義書の重要な要素（事業方針や計画、コストや売り上げ、スケジュール、業務ボリューム、オペレーションパフォーマンス上の重要事項など）を実行できるかどうかの概要レベルでの把握、企業概要や信用度の入手、得意な業務のタイプ、業界における評判、企業文化などの情報を入手することにあります。

RFIに盛り込むべき要求項目

RFIに盛り込むべき要求項目としては、候補企業の基本的な情報（※）、コンタクトセンター業務を受託するにあたってのプロセス・人・ツールのマネジメントの手法、過去の実績に基づくパフォーマンス、などがあります。

（※）候補企業の基本的な情報
　　　主要なサービスのタイプ、企業の概要、株主、主要な取引先、組織、コンタクトセンターのロケーション、人材（採用基準や契約形態とその割合）、財務状況、認証の状況や表彰の履歴、サービス提供時の主な価格形態　など

2 提案依頼書（RFP）の作成

業務要件定義書にまとめられたクライアントもしくはコンタクトセンター調達組織の要求事項を確認し、その内容に基づき作成します。

RFPに盛り込むべき内容

基本的には業務要件定義書で文書化された内容についてもれなく記述することが必要です。

しかし、業務提案を要求する文書でもあるため、期待する全ての内容を詳細に記述するのではなく、候補企業に「考えさせて提案を引き出す」オープンクエスチョン形式でシンプルに記述することも必要となります。

以下にRFPに盛り込むべき項目例を例示します。

RFPに盛り込むべき項目例

1．概要
クライアント企業の企業概要
クライアント企業の顧客戦略
クライアント企業の製品・サービス
外注対象の組織、業務などの概要
外注化の主要目的と成功判断基準
外注化プロジェクトのスケジュール
2．候補企業へのガイド
提案書の記述方法、フォーマットの説明
提出期限
候補企業の選定会議（プレゼンテーション）
選定スケジュール
契約の必須条件
提案書提出の方法（ソフトコピー、ハードコピーの部数）
3．現在のコンタクトセンター運営状況
コンタクトセンターの場所、営業時間、業務内容、人数の概況
4．業務要件定義に基づく質問
コンタクトセンター運営の条件
コンタクトセンターの人材マネジメント
報告やレポート
その他のマネジメント要件
5．候補企業の業務遂行能力についての提案要求
候補企業の会社概要
候補企業のマネジメントシステム
対象業務に関する経験
対象業務の業務要件の実現方法

RFP作成に必要なプロセス

コンタクトセンター業務の調達は、多額の契約案件となることが多いため、RFPの作成・発行にあたっては、コンタクトセンター調達組織におけるプロジェクトマネジメントプロセス、承認プロセスに則って行うことが必要です。

2-2　調達プロセスの実施

調達プロセスとは、RFP作成後の候補企業へのRFP配布から提案書の受領と評価、サイト訪問などを通じた発注先を決定するまでのプロセスです。

1 調達プロセスに必要な要素

調達プロセスに必要な要素として以下の項目を考慮する必要があります。

専門的チームの設置

調達プロセスは専門的な知識とスキルを必要とするだけでなく、候補企業の選定段階に入ると業務的な負担も非常に大きくなります。
一方、調達プロセスにはスケジュール上の制約（期限の厳守）が要求されるため、専門性を持ったチームが専任で調達プロセスの最初から最後までを担当することが望ましいといえます。
専門的チームは、コンタクトセンター調達組織を中心に、クライアント組織の代表者・購買担当者、コンタクトセンター運営組織の代表者などで構成されます。

確実なプロセスの実施

決められたプロセスを確実に実施することでスケジュールの遅れを未然に防ぐことが可能となります。
また、承認プロセスを明確にすることが重要であり、この承認プロセスが曖昧だと、後戻りが発生しスケジュールに遅れが生じる原因になりますし、後戻りが困難な場合は、調達プロセスそのものが立ち行かなくなってしまいます。

評価基準の設定

コンタクトセンター業務の調達は、一般的な企業における部門コストの中でも非常に大きなものであるため、調達プロセスそのものが企業の社内監査などにより厳しくチェックされます。
そのため、公正な候補企業選定やスムーズな進行のために、評価基準については早い段階で検討し、その決定に関しては、企業の正式な承認行為を経ていることが重要となります。
評価方法としては、同等の業務経験、品質管理の方法、コストなどの評価の要素に対し、重要度を3段階程度で定め、重要度と評価を掛け合わせた加重合計により評価を行う方式が多く採用されています。
以下に提案書の評価例を例示します。

評価の要素	評価（0～5）	重要度（1～3）	スコア
ロケーション	3	1	3
サービスの範囲	4	1	4
企業の財務能力	3	2	6
関係する業務に関する経験	2	3	6
過去の実績	5	1	5
コスト削減に関する実績	4	1	4
問題解決の能力	3	1	3
予測やスタッフィングの柔軟性	3	1	3
モニタリング	4	1	4
顧客満足度調査	4	1	4
人材の採用	3	2	6
人材の育成	2	1	2
		合計スコア	50

コミュニケーション

調達プロセスにおいては、候補企業との一貫性のあるコミュニケーションが重要です。
調達プロセスの内容そのものには守秘を貫きつつ、候補企業との質疑応答には迅速に応じたり、必要に応じ、ひとつの候補企業からの質疑応答に対し候補企業全体へ共有を図ることも重要となります。
また、候補企業とのコミュニケーション窓口は一元化することが望ましいといえます。
さらに、調達チーム内およびクライアント企業とのコミュニケーションや、必要な承認をタイムリーに得るなどの迅速さが重要となります。

サイト視察

サイト視察は、最終決定の対象となった2～3社から1社に絞り込む際に重要な要素となります。
したがって、評価基準に関しても、提案書のみで評価できる項目とサイト視察により評価する項目をあらかじめ決定しておく必要があります。
なお、一般的に、候補企業は、最も良いところを見せ、都合の悪いところはできる限り見せないようにする傾向が強いので、サイト視察は慎重に行う必要があります。

調達プロセスの結果連絡

合否にかかわらず、候補企業に対して、結果を速やかに連絡することが重要です。

2 典型的な調達プロセス

RFP作成から調達プロセスまでの典型的な流れを以下に例示します。

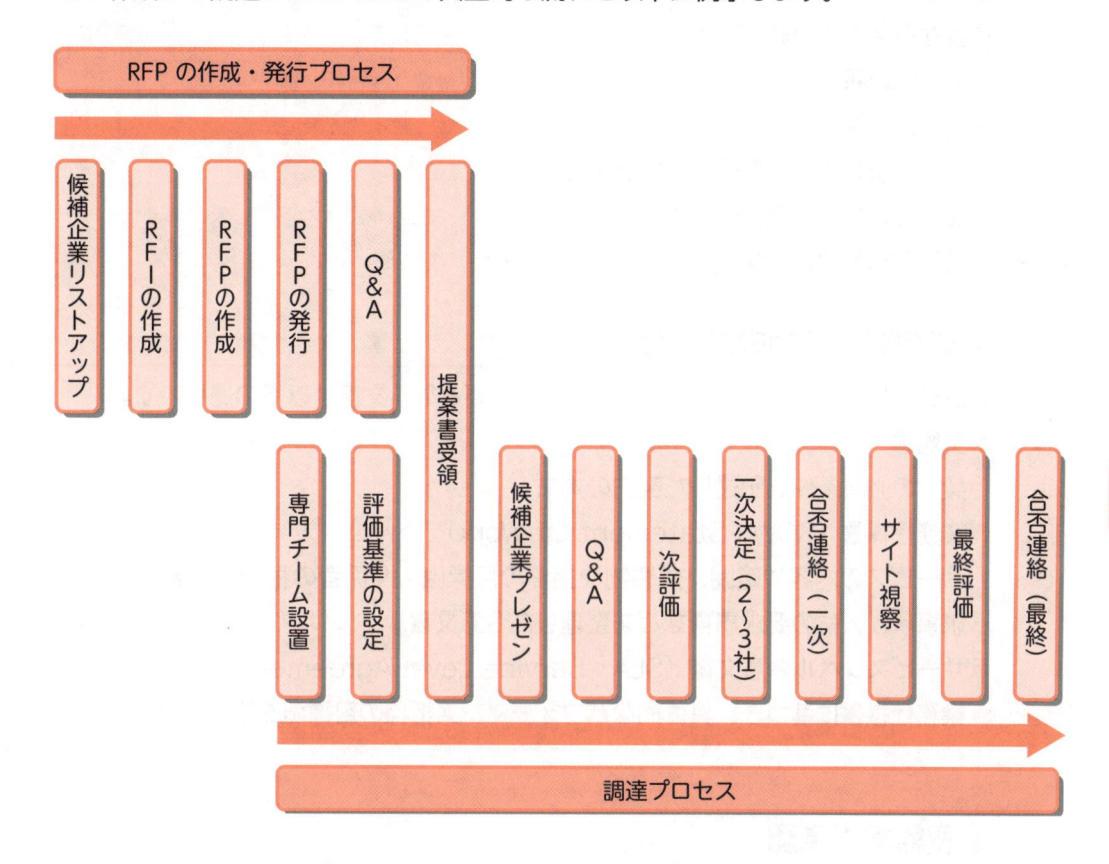

RFPの作成・発行プロセス
候補企業リストアップ → RFIの作成 → RFPの作成 → RFPの発行 → Q&A

調達プロセス
専門チーム設置 → 評価基準の設定 → 提案書受領 → 候補企業プレゼン → Q&A → 一次評価 → 一次決定（2〜3社）→ 合否連絡（一次）→ サイト視察 → 最終評価 → 合否連絡（最終）

2-3 契約プロセスの実施

契約プロセスとは、調達先企業決定後、契約を締結するに至るまでのプロセスです。典型的な契約プロセスは以下の通りです。

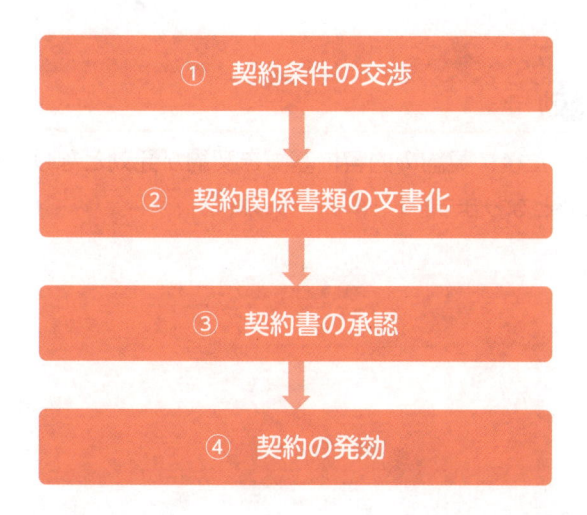

① 契約条件の交渉
↓
② 契約関係書類の文書化
↓
③ 契約書の承認
↓
④ 契約の発効

1 契約条件の交渉

業務要件定義書と提案書に基づき、契約条件の詳細を交渉します。
重要な点は以下の通りです。
- 契約の範囲
- 契約の条件
- 契約で求められる指標とその目標値
- 支払コストとその計算方法
- 契約解除となる条件

2 契約関係書類の文書化

コンタクトセンター業務の調達にあたって必要となる文書は以下の通りです。
- 契約書
  契約の必須条件を記述した契約の本文
- 業務仕様書（SOW：Statement Of Work）
  サービスの内容や範囲、成果物や指標の目標値、関係者の権限、業務プロセス上の要求事項、人材の要求事項などを整理した合意文書
- サービスレベル合意文書（SLA：Service Level Agreement）
  業務仕様書に基づき、具体的なパフォーマンス指標の目標値を定めた合意文書

3 契約書の承認

契約内容を合意し、契約関係書類の文書化が終了したら、速やかに契約書の承認を行い、契約を締結します。
コンタクトセンター業務の調達においては、コンタクトセンター調達組織だけでなく、企業の調達部門や経営の承認が必要であることが多いため、あらかじめそのプロセスを明確にしておくことが重要となります。

4 契約の発効

契約が締結された後、契約の内容に基づき契約が発効となり、速やかに契約内容を履行することが必要となります。

まとめ

求められるコンピテンシーのレベル

レベル1	レベル2	レベル3	レベル4
理解	実践	改善	指導

➡ 業務仕様書に記述される業務定義を理解している

AR-3 業務仕様書とサービスレベル・マネジメント

日々業務を実施している中で、コンタクトセンターの調達プロセスに関わることは比較的少ないですが、契約書に添付される業務仕様書（SOW：Statement Of Work）とサービスレベル・マネジメントは、日常の業務オペレーションと密接な関わりを持っています。

ここでは、契約締結後の「業務導入プランの策定とその実施」「業務仕様書の策定」「サービスレベル・マネジメント」について学びます。

学習ポイント

- 業務導入プランの策定について理解する
- 業務仕様書の策定について理解する
- サービスレベル・マネジメントについて理解する

3-1　業務導入プランの策定とその実施

契約条件に基づき業務導入プランを策定し実行します。

業務仕様書（SOW）やサービスレベルを定めたサービスレベル同意書（SLA：Service Level Agreements）の策定も、業務導入プラン策定と同時に実施します。

1 業務導入プラン策定にあたっての必須事項

業務導入プランは、コンタクトセンターの構築や運営にあたって骨子となる部分です。策定にあたっては、以下の項目を必ず盛り込むようにします。

- 契約条件に基づく業務内容の確認
- すべての業務プロセスの定義
- 測定する指標と目標値の確認
- 各利害関係者が必要とする情報、リソースの確認
- 導入に必要なプロジェクトマネジメントとマイルストーンの確認
- 上記すべてについての各利害関係者の承認

契約条件に基づく業務内容の確認

契約内容に基づき、業務要件定義書を吟味しつつ、修正点を踏まえながら業務内容の骨子を確認します。

すべての業務プロセスの定義

業務内容に基づき、該当するすべての業務プロセスを定義します。
この定義は、対顧客対応に関するすべてのプロセス、およびそれ以外のプロセスについても定義することが重要です。

測定する指標と目標値の確認

業務プロセスの定義に基づき、要求される測定指標を特定し、その目標値を定義します。該当するすべての業務プロセスを定義します。
この定義は、対顧客対応に関するすべてのプロセス、およびそれ以外のプロセスについても定義することが重要です。

各利害関係者が必要とする情報、リソースの確認

各利害関係者が必要とする指標、運用に必要となるリソースを確認するとともに、各利害関係者が提供すべき情報を整理・収集します。

導入に必要となるプロジェクトマネジメントとマイルストーンの確認

業務の要件と各利害関係者の提供すべき情報を整理し、契約上の目標期日を業務開始日に設定、その間のマイルストーンを定義して、業務開始日に向けてのプロジェクトマネジメントを行います。

3-2　業務仕様書の策定

業務仕様書（SOW：Statement Of Work）は、サービスや役務に関する内容や範囲、成果物や目標値、関係者の権限などを整理した合意文書であり、委託側と受託側の双方の役割と責任範囲を明確にしたものです。

1 業務仕様書の策定例

業務仕様書は、コンタクトセンターの運営において、その基盤として活用される重要な文書です。
ただし、いわゆる業務マニュアルではなく、コンタクトセンター運営にあたっての仕様書であるところに注意が必要です。

以下に業務仕様書の策定例を例示します。

1．概要
委託する業務の前提条件
業務委託を行う主要目的と成功判断基準
受託企業に求める条件
2．業務内容の定義
サービスの目標と範囲
業務の内容
実施場所、営業時間、業務内容、人数の概況
成果物
実施時期と期間
実務の継続性と確保に関する諸条件
その他の制約条件（業界の関連法規など）
3．人材マネジメント
顧客業務に従事するスタッフの定義（オペレーター、SV、その他の管理スタッフ）
顧客業務に従事するスタッフの組織構成（オペレーターとSVの人数比、など）
上記のスタッフの採用基準、スキル規定、トレーニング仕様
上記のスタッフのスキルの検証方法、人材評価の方法
4．運営管理の方法
コンタクトセンターの場所、営業時間、業務内容、人数の概況
顧客満足度の測定方法
モニタリングの仕様
予測・スタッフィングとシフト調整・リアルタイムマネジメントの要件
ナレッジ・マネジメント
エスカレーションの種類と方法
レポーティングの方法
関係者（担当営業、担当マネージャー）の定義とコミュニケーションの方法
その他の運営上の要件

5．情報通信システムの要件
委託者側の情報通信システムの提供範囲
受託者側の情報通信システムの提供範囲
サービス可用性の確保
データの取り扱い
6．価格設定と支払いモデルの要求
価格設定と支払いモデル
請求と支払いのサイクル
パフォーマンスに基づく報奨とペナルティの定義
7．追加資料
文書管理と変更管理手順

3-3　サービスレベル・マネジメント

業務仕様書に基づき、コンタクトセンター運営組織またはベンダーが提供するコンタクトセンター業務について、サービスの範囲とパフォーマンスに対する目標およびその達成の程度を明確にする必要があります。

達成した場合のインセンティブ（報奨）や達成できなかった場合のペナルティ（懲罰）についてあらかじめ文書で定義し、それを基に継続的にコンタクトセンターのパフォーマンスを確認、問題があれば改善することが求められます。

これらの一連の活動をサービスレベル・マネジメント（SLM：Service Level Management）といいます。

1 サービスレベル・アグリーメント

サービスレベル・マネジメントを実施するにあたり、必要となる文書がサービスレベル・アグリーメント（SLA：Service Level Agreement）です。

サービスレベル管理文書とも呼ばれ、求められるパフォーマンスを明確にした文書です。業務仕様書との違いは、業務仕様書が契約書に基づいた実際の業務の詳細やそのプロセスに重点が置かれているのに対し、SLAは求められるパフォーマンスとその目標値を明確にして合意することに重点が置かれていることにあります。

なお、SLAは、実際のパフォーマンス目標とその達成度によりインセンティブとペナルティが明記されるだけに、定期的な見直しが必要となります。
特に新しいコンタクトセンターの立ち上げや業務の導入期には、本来求められるパフォーマンス目標を達成できないことも多く、導入の初期には目標値の調整や免除が行われることもあります。

2 SLAに盛り込むべき内容

SLAに盛り込むべき内容については、顧客に関するプロセスごとに、第5章オペレーションの指標管理に記載されている指標の目標値を設定します。

3 サービスレベル・マネジメントに重要な事項

サービスレベル・マネジメントは、SLAに基づく継続的なマネジメント活動です。そのため、指標測定と目標値に関する利害関係者間の合意に基づき、クライアントの目標達成に向けた活動が重要となります。
- 指標測定の定義を行い、利害関係者間で共有すること
- 指標の目標値の設定について、利害関係者間で合意を得ること
- パフォーマンスが目標を達成しない場合には、正しく原因分析をすること
- 利害関係者間のコミュニケーションを密接に行うこと

まとめ

求められるコンピテンシーのレベル

レベル1	レベル2	レベル3	レベル4
理解	実践	改善	指導

➡ 業務仕様書に記述されている業務定義を理解している
➡ SLAに定められている指標の目標値について理解し、その順守に向けた活動ができる
➡ 両文書と実際のコンタクトセンター運用との関係性を理解して、業務が実施できる
➡ SLAを満たすために自らの業務に何が求められるかを理解し活動することができる

AR-4 ファシリティ・マネジメント

ファシリティ・マネジメント（FM：Facility Management）はアメリカで生まれた新しい経営管理方式で、経営的視点に立って建築物などのファシリティを有効・適切に計画・運営・管理し、ダイナミックな企業活動の展開に貢献する全体的な取組みのことをいいます。
ここでは、「コンタクトセンターにおけるファシリティ・マネジメントの特性」「立地場所の検討」について学びます。

学習ポイント

- コンタクトセンターにおけるファシリティ・マネジメントの特性について理解する

4-1 コンタクトセンターにおけるファシリティ・マネジメントの特性

サービス業の場合、その施設の多くは顧客の行動により立地場所を検討します。
例えば、顧客と直接対面にて提供する業務（銀行、デパート、テーマパークなど）の場合には、顧客がより多く集まる場所や顧客の利便性を考慮した上で立地場所を選定します。
コンタクトセンターは、サービスを提供する部門ではありますが、直接顧客と対面でサービスを提供する訳ではないので、立地場所の選択肢は広くなります。
一方で、施設の充実性は顧客対応を行う従業員のモチベーションに影響するため、従業員が不満なく業務が行える設備について検討することが重要です。

まとめ

求められるコンピテンシーのレベル

レベル1	レベル2	レベル3	レベル4
理解	実践	改善	指導

➡ コンタクトセンターのファシリティについて基本的な要素を理解している

AR-5 プロジェクトマネジメント

コンタクトセンターは、通常の運営業務を実施しているだけではありません。
クライアントと顧客の要求に応じ、新規のコンタクトセンターや業務の構築を実施することもあります。
またそれだけではなく、市場の変化に伴う業務の変更や問題の是正活動など、多くの「プロジェクト」が同時に進行しています。
プロジェクトマネジメントは、そのレベルに関わらず、コンタクトセンターのマネジメント担当者（管理者）全員が、それらの「プロジェクト」を適切に計画・実行・監視する手法です。

学習ポイント

● プロジェクトマネジメントの基礎について理解する

5-1　プロジェクトマネジメントの基礎

アメリカの非営利団体PMI（Project Management Institute）が策定したプロジェクトマネジメントに関する知識スキル体系PMBOKガイド（A Guide to the Project Management Body of Knowledge）が事実上の標準として世界に広く浸透しています。
CMBOKでは、これらの基本的な概念を取り入れていますので、ここではPMBOKガイドの概念を踏まえ、プロジェクトマネジメントの基礎的知識について説明します。

1 コンタクトセンターの2つの側面

コンタクトセンターには、日々行われている通常の運営業務を担うオペレーションセンターとしての側面と、プロジェクトマネジメントオフィスとしての側面があります。
● オペレーションセンターとしての側面
　日々の通常の運営業務を担っています。
● プロジェクトマネジメントオフィス（PMO：Project Management Office）
　コンタクトセンターの新規業務の導入や仕様変更、問題の是正活動など、多くのプロジェ

クトを同時に実行します。
コンタクトセンターのマネジメント担当者（管理者）は、これらの違いを理解した上で、適切な取り組みを行うことが必要です。

2 プロジェクトとは何か

まず、通常の運営業務とプロジェクトとの共通点を考えてみます。
- 人によって実施される
- 限られたリソース（時間・コストなど）によって制約される
- 計画され、実行され、コントロールされる

一方、両者の相違点は以下の通りです。
- 通常の運営業務：継続的、反復的
- プロジェクト：有期的、独自的、段階的な詳細化が必要

したがって、「プロジェクトとは、決められた期間内で、明確な目的を達成するための通常の運営業務とは異なる活動である」と定義することができます。
なお、PMBOKガイドでは「プロジェクトとは独自の製品、サービス、所産を創造するために実施される有期性の業務である。」と定義されています。

3 プロジェクトの特性

プロジェクトは以下の3つの特性を持っています。
①有期性
　どのプロジェクトにも明確な始まりと終わりがあります。
②独自性
　過去に行われた同様のプロジェクトであっても、利害関係者や対象となる商品やサービス、行われる場所などが違うのであれば独自性があると考えることができます。
　新しいコンタクトセンターの構築、センターの移転、ベンダーの変更、新しい業務の導入、問題の改善活動、内部監査などはすべて独自性があります。
③段階的な詳細化
　個々のプロジェクトには成果物（結果文書、サービスの開始、品質の改善など）が存在するため、徐々に段階を追って詳細化し実行していく必要があります。

4 プロジェクトマネジメントとは何か

プロジェクトマネジメントとは、知識・リソース（人、物、金）・ツールなどを駆使しながら、

最適な計画を立案し、適切に実行、監視、コントロールすることで、納期内にプロジェクトの目的（製品やサービスの成果物）を提供する手法です。

まとめ

求められるコンピテンシーのレベル

レベル1	レベル2	レベル3	レベル4
理解	実践	改善	指導

➡ コンタクトセンターの構築や業務改善プロジェクトなどにおいて、重要なプロジェクトのマイルストーンを理解し、協力することができる

第8章
ICTマネジメント

コンタクトセンターの運営には、情報通信システム（ICT）は欠かすことができません。ここでは、コンタクトセンターにおける情報通信システムの概要を理解し、システム導入にあたって必要となる基礎知識、システムの選定ポイント、およびシステムの運用・保守をマネジメントするITサービスマネジメントを学びます。

各中分類間の関係

- IC-1 コンタクトセンターシステムの選定
- IC-2 電話回線の知識
- IC-3 電話回線数の設定
- IC-4 コンタクトセンターにおける主要な情報システム
- IC-5 コンタクトセンターと情報セキュリティ
- IC-6 IT サービスマネジメント

IC-1 コンタクトセンターシステムの選定

　コンタクトセンター業務では、リアルタイムな入電に対するインバウンド業務や、戦略的に顧客を獲得するアウトバウンド業務などを、効率的かつ的確に行うことが求められます。
　また、コンタクトセンターで利用する情報通信システムは、一般のオフィスで使用する汎用的なシステムとは異なり、コンタクトセンターの運用に特化したシステムであることが多いという特徴を持っています。
　そのため、コンタクトセンターの業務目的・特徴とシステムの特性を十分に把握した上で、システム選定を行うことが重要となります。

学習ポイント

- コンタクトセンターにおける情報通信システムの概要を理解する

1-1　コンタクトセンターにおける情報通信システムの概要

　コンタクトセンターにおける情報通信システムにはさまざまなものがありますが、大きく以下の3つに分類して考えてみます。
①基盤系システム
　〜顧客とのコンタクトチャネルを支援する情報通信システム
②対応支援系システム
　〜オペレーターの対応を支援する情報通信システム
③運営管理系システム
　〜コンタクトセンターの運営管理などを支援する情報通信システム

　なお、詳細については「IC-4　コンタクトセンターにおける主要な情報通信システム」に記載します。

1 基盤系システム

顧客とのコンタクトチャネルには「電話」「Eメール」「チャット」など、さまざまなものが存在します。

基盤系システムは、これらコンタクトチャネルを単独で、あるいは複合的に支援する情報通信システムです。

代表的なものとしては、電話の受電・架電を行うPBX（Private Branch Exchange：構内交換機）がありますが、最近のコンタクトセンターにおいては、電話とコンピューターを融合した技術であるCTI（Computer Telephony Integration）を用い、電話やEメールなどのコンタクトチャネルを複合的に処理するとともに、顧客管理などのオペレーター支援も同時に行う情報通信システムを利用することが多くなっています。

2 対応支援系システム

対応支援系システムは、オペレーターが顧客対応を行う際、必要な情報をオペレーターに提供し、問題の把握、解決までの時間を短縮、顧客満足度向上に役立てるなど、オペレーターの対応を支援する情報通信システムです。

代表的なものとしては、ナレッジマネジメントシステム、あるいはCRM（Customer Relationship Management）システムと呼ばれるものがあります。

3 運営管理系システム

運営管理系システムは、コンタクトセンターの運営管理や品質管理・分析など、コンタクトセンターの効率的な運営を支援する情報通信システムです。

代表的なものとしては、WFM（Work Force Management）システムなどがあります。

まとめ

求められるコンピテンシーのレベル

レベル1	レベル2	レベル3	レベル4
理解	実践	改善	指導

➡ コンタクトセンターシステムの概要について理解している

IC-2 電話回線の知識

インターネットを利用したデータ通信や音声通信が当たり前の時代になりましたが、コンタクトセンターにおいては、現在でも、電話によるコンタクトチャネルが重要なポジションを占めています。
ここでは、電話回線に関する基本的事項を学びます。

学習ポイント
● 電話回線に関する基本的事項を理解する

2-1 電話回線の種類

電話回線は、回線の材質、信号方式、利用目的などから、さまざまな呼ばれ方をされています。
- 回線の材質による分類
  ・メタル回線（銅線を使った回線）
  ・光ファイバー回線（光ファイバーを使った回線）
- 信号方式による分類
  ・アナログ回線（音声をアナログ信号に変換し送受信を行う回線）
  ・デジタル回線（音声をデジタル信号に変換し送受信を行う回線）
- 利用目的による分類
  ・音声回線（音声信号を送受信する回線）
  ・データ回線（データ信号を送受信する回線）

ここでは、コンタクトセンターでよく利用されている代表的な「電話：音声による会話を行う」回線について説明していきます。

1 アナログ回線

アナログ回線は、銅線を使い、音声をアナログ信号に変換して送受信することで会話を行います。
回線の種類としては、発信の際にパルス信号で相手先電話番号を識別するダイヤル式と、

トーン信号で識別するプッシュ式があります。
IVRはトーン信号により操作を識別していますが、今の電話機は、スイッチや「＊」ボタンにより信号を切り替えることが可能ですので、あまり回線の種類にこだわる必要はないでしょう。

2 デジタル回線

音声をデジタル信号に変換して送受信することで会話を行う回線を総称して「デジタル回線」といいます。
代表的なデジタル回線としては、
- ・INS64
- ・INS1500

などがあります。
INS64は、1回線で2回線分を利用することができます。
また、INS1500は1回線で23回線分を利用することができるため、コンタクトセンターやビジネス用として利用されています。

3 光ファイバー回線

アナログ回線やデジタル回線は、信号を電気に変換して送受信しています。
一方、光ファイバー回線は、デジタル信号を光の点滅に変換して送受信を行っています。
この世の中で、最も高速に移動できるのが「光」ですから、光ファイバー回線は、多数の電話回線が必要なコンタクトセンターに適した回線といえます。

まとめ

求められるコンピテンシーのレベル

レベル1	レベル2	レベル3	レベル4
理解	実践	改善	指導

➡ 電話回線の設定について、コンタクトセンターの方針に基づき運用できる

IC-3 電話回線数の設定

電話回線は、電話をコンタクトチャネルとするコンタクトセンターにおいて必須の情報通信システムです。
それでは電話回線はどのくらいの数を用意すればいいのでしょうか？
ここでは、電話回線数の設定に関する基本的事項を学びます。

学習ポイント

- コンタクトセンターにおいてアーラン公式が必要な意味を理解する
- アーラン公式を使うシーン、使い方について理解する

3-1 アーラン公式とコンタクトセンター

顧客からの電話に対応するためには電話回線が必要です。
また対応するオペレーターも必要です。
しかし電話回線やオペレーターは無尽蔵に準備できるわけではありません。
コストがかかるからです。
それでは必要な電話回線数、必要なオペレーター数はどのように算出すればいいのでしょうか？
その算出に使われるのがアーラン式です。

1 アーランB式

必要な電話回線数を算出するためにアーランB式を使います。
使うケースとしては、主に以下のケースが想定されます。
- 新しいコンタクトセンターの設立、コンタクトセンターの移転、窓口の集約など、新しく電話回線を敷設するケース
- 既存の電話回線数を見直すケース

以下の値をアーランB式に入力し、ブロック率をシミュレーションすることにより、必要な電話回線数を算出することができます。

- 平均通話時間
- 単位時間当たりの着信数

なお、「単位時間当たりの着信数」は、通常、最繁時間帯の着信数を使用します。最も混んでいる時間帯をカバーできる電話回線数を用意すれば、空いている時間帯もカバーできるからです。

2 アーランC式

必要なオペレーター数を算出するためにアーランC式を使います。
以下の値をアーランC式に入力することにより、必要なオペレーター数を算出することができます。（実際の活用方法は第4章オペレーションにて解説しています）
- 平均処理時間
- 単位時間当たりの着信数
- 目標とするサービスレベル

用語解説

アーラン
通信回線における通信量の国際単位のことで、1回線を1時間占有した場合の通信量が1アーランとなります。
トラフィック理論の提唱者アーラン（A.K.Erlang）の名に由来しています。

まとめ

求められるコンピテンシーのレベル

レベル1	レベル2	レベル3	レベル4
理解	実践	改善	指導

➡ 電話回線数の設定について、業務量の予測および実績に基づき、適切な定量的手法で実施することができる
➡ 必要回線数の算出に際して、アーランB式の活用ができる

IC-4 コンタクトセンターにおける主要な情報通信システム

「IC-1　1-1　コンタクトセンターにおける情報通信システムの概要」では、情報通信システムを大きく以下の3つに分類して概要を説明しましたが、ここでは、さらに3システムの中での代表的なシステム・装置・アプリケーションなどについて説明します。
- 基盤系システム
- 対応支援系システム
- 運営管理系システム

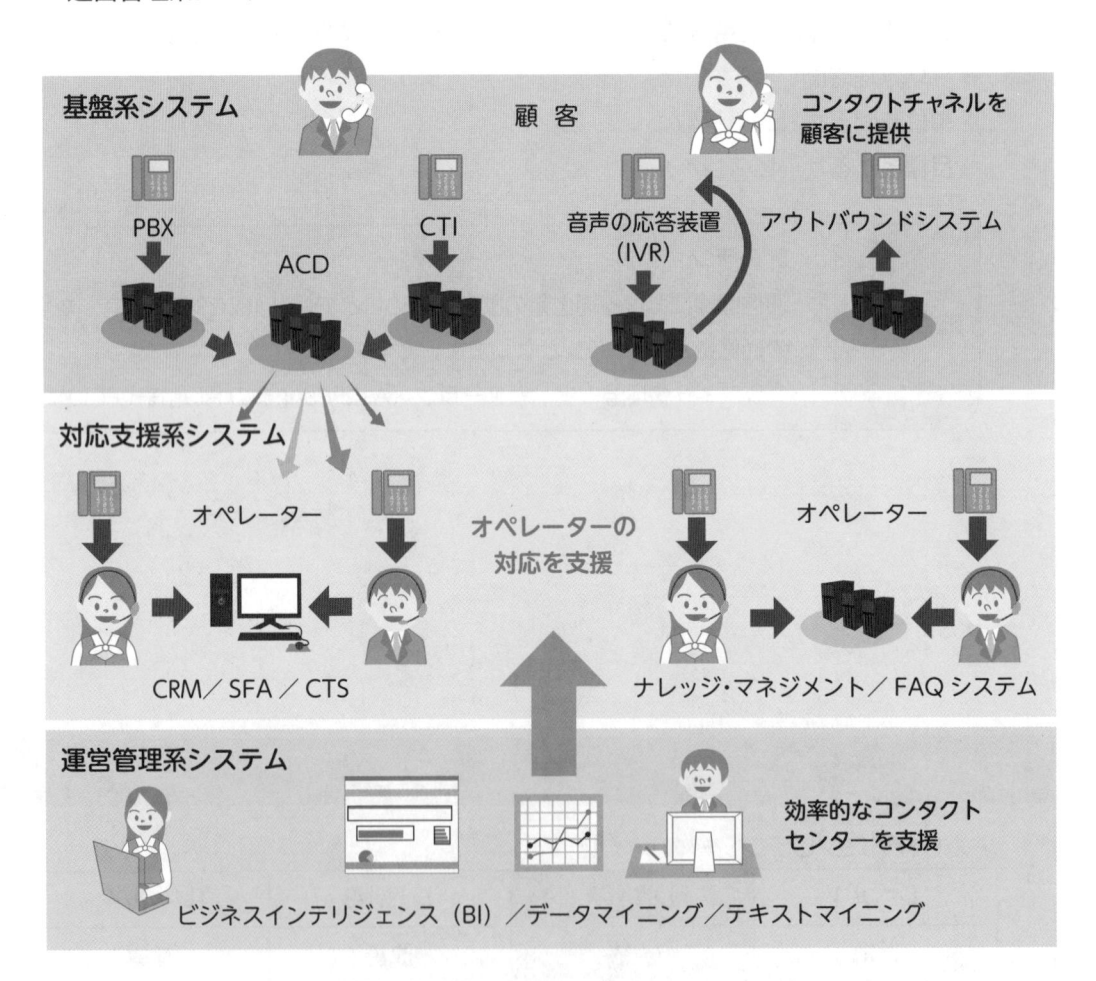

基盤系システム
顧客
コンタクトチャネルを顧客に提供
PBX　CTI　音声の応答装置（IVR）　アウトバウンドシステム
ACD

対応支援系システム
オペレーター　オペレーターの対応を支援　オペレーター
CRM／SFA／CTS　　ナレッジ・マネジメント／FAQシステム

運営管理系システム
効率的なコンタクトセンターを支援
ビジネスインテリジェンス（BI）／データマイニング／テキストマイニング

学習ポイント
- コンタクトセンターにおける主要な情報通信システムについて理解する

4-1　基盤系システム

「電話」「Eメール」「チャット」などの顧客とのコンタクトチャネルを、単独あるいは複合的に支援する情報通信システムです。

1 テレフォニーシステム（PBX）

電話を受電、架電するための情報通信システムです。
交換機と電話機との配線方式の違いにより、「レガシー PBX（IP-PBXに対し従来型という意味でこのように呼ばれることがあります）」、「IP-PBX」があります。
また、簡易なPBXとして「Un-PBX」も利用されています。

レガシー PBX

交換機と電話機を、専用（1対1）の電話配線（メタル配線）で接続したPBXです。このため、電話機の新設時や移設時には電話配線敷設の工事費用が発生します。
各拠点に設置されたレガシー PBXを専用線で接続することにより、広域の内線電話網を構築することができます。

IP-PBX

交換機と電話機を、パソコンのIPネットワーク（LAN配線）を利用して接続したPBXです。LAN配線を活用することで、電話機の新設・移設などが容易になるとともに、遠隔地のIP-PBXも、広域のIPネットワークを介して一元的に管理できることも大きな特徴です。

Un-PBX

パソコンサーバ上に音声処理ボードを搭載し、ソフトウェア機能により電話交換機能を実現した簡易PBXです。
汎用的なパソコンサーバ上でソフトウェアを稼働させる仕組みのため、安価なコストで導入が可能です。

2 ACD（自動電話着信分配装置）

ACD（Automatic Call Distributor）は、コンタクトセンターに着信した電話を、あらかじめ設定したルールに基づき、自動的にオペレーターへ転送（ルーティング）する装置のことです。
この装置は、IP-PBXやCTIに組み込まれて提供されることが多いです。

なお、代表的なルーティング方式は以下の通りです。
- 待機時間ルーティング
  電話の受付待ち時間が長いオペレーターから順番に電話を転送する方式
- プライオリティキューイング
  顧客の発信番号とデータベースに登録された顧客セグメント情報を基に、優先順位をつけてオペレーターへ電話を転送する方式
- スキルベースルーティング
  オペレーターが対応可能なスキルを登録し、顧客からの問い合わせ内容に対応可能なスキルを保持するオペレーターに電話を転送する方式
- ラストエージェントコール
  顧客対応履歴により、最後に対応したオペレーターに電話を転送し、再度同じ顧客の対応を行う方式

3 CTI（コンピュータ・テレフォニー・インテグレーション）

CTI（Computer Telephony Integration）は、電話系のシステムとIT系のシステムを統合した装置、ソフトウェア、技術のことで、電話系システムとIT系システムを統合することにより、PCの画面から電話を操作することや、電話が着信すると同時にPCに顧客情報を表示するなど、より効率的な顧客対応が可能となります。

4 IVR（音声応答装置）

コンタクトセンターへの入電に対し、自動的に音声で回答するためのシステムです。
一般的にIVR（Interactive Voice Response System）と呼ばれていますが、主に電話の振り分けや簡単な情報提供、資料請求、応募の受付など、高度な応対が必要でない業務に利用されています。
また、これまでは、プッシュ信号により操作されることが多かったですが、最近では、技術の進歩により、音声認識機能を備え、発話に応じて操作内容を識別する高度な製品も登場してきています。

5 アウトバウンドシステム

アウトバウンド業務とは、コンタクトセンターから顧客に対し電話を発信する業務のことです。アウトバウンドシステムは、顧客へのアウトバウンド業務を自動化・効率化することができます。電話をかける時間、集計処理にかかる時間を短縮することや、オペレーターの間違い電話を防ぐことができる情報通信システムです。
アウトバウンドシステムには以下の種類があります。

- プレビューダイヤラー／マネージド（手動発信）
  発信リストをシステムに登録し、発信する顧客をオペレーターが選択することで自動的に発信するシステム
- プレディクティブダイヤラー（予測自動発信）
  発信リストをシステムに登録することで、システムが自動的に発信を行い、顧客が電話に出た時にオペレーターへ電話を転送し繋ぐシステム
  顧客に電話が繋がっても、対応できるオペレーターがいない場合には顧客は電話を切ってしまい、放棄呼となる
- プログレッシブダイヤラー（自動発信）
  オペレーターの処理が終了した時点で自動的に発信を行うシステム
  顧客に電話が繋がった場合に、必ず対応できるオペレーターがいるため、放棄呼の発生がない

4-2　対応支援系システム

オペレーターが顧客対応を行う際、必要な情報をオペレーターに提供し、問題の把握、解決までの時間を短縮、顧客満足度向上に役立てるなど、オペレーターの対応を支援する情報通信システムです。

1 CRM／SFA／CTS

オペレーターが顧客対応を行う際、必要な顧客情報、購入履歴、対応履歴などの情報を参照するとともに、顧客との対応履歴などを記録するための情報通信システムです。
業務目的や製品などによって、CRM（Customer Relationship Management）、SFA（Sales Force Automation）、CTS（Call Tracking System）など、さまざまな名称があります。

2 ナレッジ・マネジメント／FAQシステム

顧客からの問い合わせに対し、頻繁に問い合わせのある質問内容と回答内容をオペレーターが参照するための情報通信システムです。

4-3　運営管理系システム

コンタクトセンターの運営管理や品質管理・分析など、コンタクトセンターの効率的な運営を支援する情報通信システムです。

1 WFM（ワークフォース・マネジメント）システム

WFM（Workforce Management）システムとは、コール量を予測し、目標の電話応答率を達成するための適切な要員の配置とスケジュールをマネジメントする一連の業務を支援する情報通信システムです。

主な機能としては、コール量予測機能、必要人員算出機能、スケジュール作成機能の他、オペレーターの勤務管理機能や座席管理機能、シミュレーション分析機能などがあり、これらの機能をパッケージ化した製品が多く出回っています。

2 ビジネスインテリジェンス(BI)／データマイニング／テキストマイニング

ビジネスインテリジェンス（BI）

企業などの組織のデータを収集・蓄積・分析・報告することで、経営上などの意思決定に役立てる手法や技術のことです。

また、そのような活動を支えるシステムやテクノロジーを含む場合もあります。

コンタクトセンターに蓄積される膨大なデータを、経営者や社員が自在に分析し、経営計画や企業戦略などに活用することを目指しており、現在では、データマイニングもBIテクノロジー、BIツールと位置づけられることが一般的となっています。

データマイニング

データマイニングは、さまざまな統計解析手法を用いて大量の企業データを分析し、隠れた関係性や意味を見つけ出す知識発見の手法の総称、またはそのプロセス、システム、ツールのことです。

「マイニング」は「採掘」の意味で、蓄積された膨大なデータを「鉱山」に見立て、そこから未知の知見や規則性という「鉱山」を「発掘する」という意味が込められています。

例えば、スーパーの販売データをデータマイニングで分析することにより、「牛乳を買う客は一緒にチーズを買うことが多い」「雨の日には魚の売り上げが良い」など、項目間の相関関係を見つけることができます。

また、クレジットカードの利用履歴を解析することにより、不正使用時の特徴的なパターンを導き出し、あやしい取引を検出するなどの応用も考えられます。

テキストマイニング

定型化されていない文章の集まりを自然言語解析の手法を使って単語やフレーズに分割し、それらの出現頻度や相関関係を分析して有用な情報を抽出する手法やシステムのことで、データマイニングの手法の一種です。

まとめ

求められるコンピテンシーのレベル

レベル1	レベル2	レベル3	レベル4
理解	実践	改善	指導

➡ コンタクトセンターシステムの概要を理解し、オペレーションに特化して活用できる
➡ 音声応答装置（IVR）の構成や機能を理解している
➡ ナレッジマネジメントシステムの重要性について理解し、業務で有効に活用できる

IC-5 コンタクトセンターと情報セキュリティ

コンタクトセンターは、個人情報を含む膨大な顧客情報を取り扱っています。
これらの顧客情報は、いったん外部に流出すると、顧客にとって直接的・間接的被害は膨大なものとなり、また、コンタクトセンターあるいはそれを運営する企業にとっても信用失墜は免れません。
CMBOKでは、「ISO／IEC 27001（JIS Q 27001）情報セキュリティマネジメントシステム-要求事項」「ISO／IEC 27002（JIS Q 27002）情報セキュリティマネジメントシステム-実践のための規範」に準じた情報セキュリティの考え方を採用しています。
ここでは、コンタクトセンターにおける情報セキュリティマネジメントの基本的事項を学びます。

学習ポイント

- 「情報セキュリティ」、「情報セキュリティマネジメントシステム」の基本的事項について理解する
- コンタクトセンターにおける情報セキュリティ対策の具体的事例について理解する

5-1　セキュリティ分野と目的の整理

コンタクトセンターにおいて情報セキュリティを確保していくためには、組織的・体系的かつ継続的な活動（マネジメント）が必要となります。
この活動は、情報セキュリティマネジメントシステムと呼ばれ、日本においては、「ISO／IEC 27000シリーズ（JIS Q 27000シリーズ）」の規格文書類が代表的なものとしてよく参照されています。

1 情報セキュリティとは

それではそもそも情報セキュリティとは何でしょうか？
ISO／IEC 27001では、情報セキュリティを「情報の機密性、完全性、可用性を維持すること」と定義しています。

「機密性」は、「情報を意図した人以外からは見られないようにすること」であり、情報漏えいはこの「機密性」が侵害された事例といえます。

「完全性」は、「情報が意図した通りに正しく完全であること」であり、例えば誤って情報を修正すると、「完全性」が損なわれることになります。

「可用性」は、「情報を利用したい時に利用できること」であり、情報通信システムの故障などにより利用できない状況が発生することは、「可用性」が損なわれている状態となります。

情報セキュリティは、とかく「漏えい」にポイントが絞られ、ひたすら堅牢に守ることばかりが優先されがちですが、情報を活用することも情報セキュリティの重要な目的のひとつですので、「守り」と「活用」をバランスよく維持していくことが大切です。

2 情報セキュリティマネジメントシステムとは

情報セキュリティが理解できたところで、次は「情報セキュリティマネジメントシステム」を考えます。情報セキュリティマネジメントシステム（ISMS: Information Security Management System）とは、「情報セキュリティを確保、維持するための、人的、物理的、技術的、組織的な対策を含む、経営者を頂点とした組織的な取り組み」のことです。

情報セキュリティ対策は一度行ったら終わりというものではありません。

時間経過と共にセキュリティの「常識」も変化していきますので、定期的に見直しを行い、継続的に管理していく必要があります。

ただ、これらの取り組みの手順を自ら策定していくことは手間もかかるので、「どのようにアプローチすればよいのか」「どのように進めていけばよいのか」ということを規格化した文書があり、それらを参照することでそれぞれのコンタクトセンターに合った効率的な取り組み方法を策定することができます。代表的なものは以下の2つです。

- 「ISO／IEC 27001（JIS Q 27001）情報セキュリティマネジメントシステム-要求事項」
- 「ISO／IEC 27002（JIS Q 27002）情報セキュリティマネジメントシステム-実践のための規範」

3 情報セキュリティ対策の具体的事例

情報セキュリティ対策を、対象物に応じて大きく以下の4つに分類して考えてみます。

コンタクトセンターでは多くの人が仕事をしています。また、情報通信システムも多様ですし、設備的・組織的な環境もさまざまです。

しかし、どれかひとつが欠けても、また不十分であっても、情報はそこから漏えいしてしまいます。

コストと情報の堅牢性、可用性のバランスを取った対策を検討することが必要です。

分類	対策内容
「人的な」情報セキュリティ対策	● 雇用時に守秘義務条項を含む契約の締結 ● 情報セキュリティ教育や訓練の実施 ● 懲戒手続きの制定 ● 雇用の終了または変更時の情報資産の返却およびアクセス権の削除
「技術的な」情報セキュリティ対策	● ウイルス対策ソフトの導入 ● OSなどのソフトウェアの最新化 ● ファイアウォールの設置 ● 情報のバックアップの実施 ● 情報の暗号化の実施 ● アクセス制御の実施 ● アクセスログの取得
「物理的(環境的)な」情報セキュリティ対策	● 情報の重要度に応じたゾーニングの設定 ● 入退室管理策の実施 ● 重要な情報の保管、持ち出し、廃棄のルール設定 ● コンピューターや通信装置の保護、保守 ● クリアデスク、クリアスクリーンの実施
「組織的な」情報セキュリティ対策	● 情報セキュリティ文書の策定 ● 情報セキュリティのための組織体制の確立 ● 従業員および外部委託先の管理体制の確立 ● 事業継続計画の策定 ● 情報セキュリティインシデント対応手順の確立 ● チェック体制の確立

4 コンタクトセンターにおける情報漏えい対策のポイント

コンタクトセンターは人が働く職場です。したがって、コンタクトセンターにおける情報セキュリティ対策は、人の意識や行動が変わることで良くもなれば悪くもなります。
コンタクトセンターで働く人たちが守るべき7つのポイントを以下に示しますので、心構えとしてしっかりと意識しましょう。

コンタクトセンターにおける情報漏えい対策　〜7つのポイント〜

- センターの情報資産を許可なく持ち出さない —— **持ち出し禁止**
- センターの情報資産を安易に放置しない —— **安易な放置禁止**
- センターの情報資産を安易に破棄しない —— **安易な破棄禁止**
- 私物のPC機器類を許可なくセンターに持ち込まない —— **不要な持ち込み禁止**
- 個人に貸与されたIDなどを許可なく他人に貸与しない —— **貸し借り禁止**
- 業務上知り得た情報を許可なく公言しない —— **公言禁止**
- 情報漏えいを起こしたら自分で判断せずにまず報告 —— **まず報告**

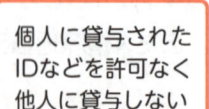

5-2　CMBOKの各分野との関係

コンタクトセンターでは、顧客のデータやクライアント組織からのデータなど、さまざまなデータを利用します。

そのため、CMBOKのOP／HR／ARなどの活動と連携した形での情報セキュリティマネジメントが重要となります。

また、OP／CS分野は、顧客サービスを実施するコンタクトセンターの重要なプロセスであり、コンプライアンス、人的資源のセキュリティ、情報セキュリティ、インシデントの管理、情報セキュリティの組織化、セキュリティ基本方針などの活動を、実際に業務を行うオペレーターが実践することが重要です。

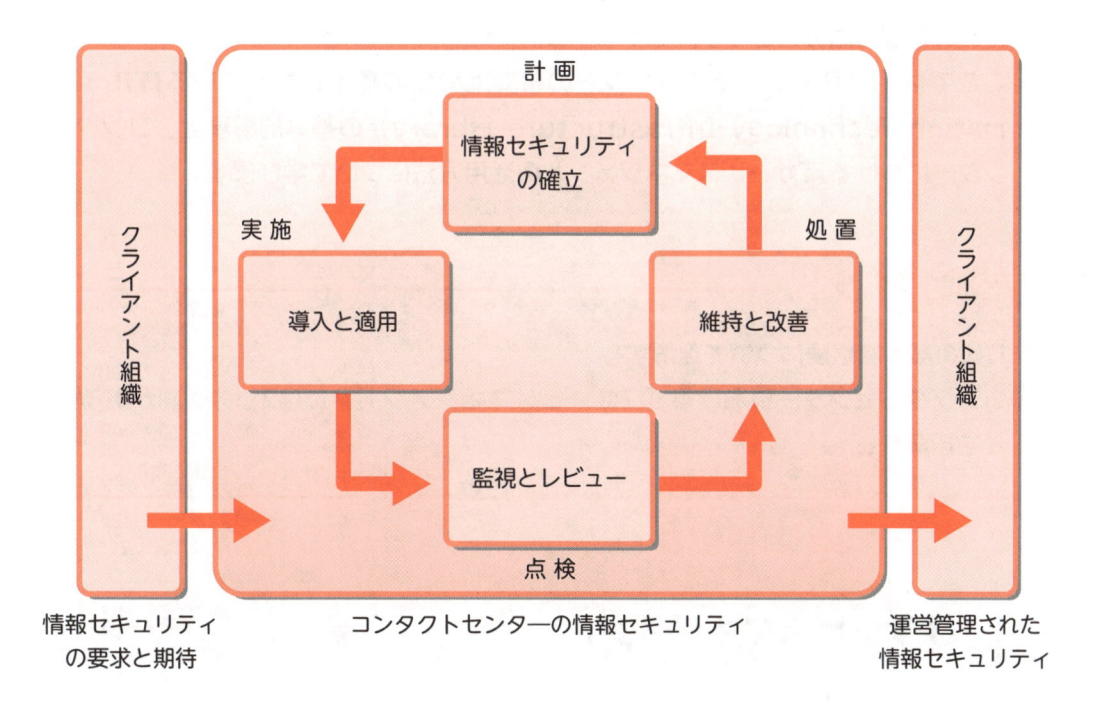

```
            計画
        ┌──────────┐
        │情報セキュリティ│
        │ の確立    │
        └──────────┘
実施                    処置
┌──────┐            ┌──────┐
│導入と適用│            │維持と改善│
└──────┘            └──────┘
        ┌──────────┐
        │監視とレビュー│
        └──────────┘
            点検
```

クライアント組織 → コンタクトセンターの情報セキュリティ → クライアント組織

情報セキュリティの要求と期待　　コンタクトセンターの情報セキュリティ　　運営管理された情報セキュリティ

まとめ

求められるコンピテンシーのレベル

レベル1	レベル2	レベル3	レベル4
理解	実践	改善	指導

➡ コンタクトセンターの情報セキュリティ方針を理解し、適切な運用訓練ができる
➡ 情報セキュリティ基準にしたがって、有事の活動を自ら運用できる

IC-6　ITサービスマネジメント

　顧客のビジネスを支援するために、企業内のIT部門や外部のIT企業によって提供されるサービスのことをITサービスといいます。
　ITサービスマネジメントとは、これらITサービスを提供するIT部門やIT企業が、顧客の要求事項を満たすために、ITサービスの品質を高め、効果的に提供できるように体系的に管理することです。
　もう少し簡単にいうと、IT部門やIT企業におけるITサービスの品質を維持・改善するための管理活動のことです。
　ここでは、ITサービスマネジメントの事実上の世界標準となっているITIL（Information Technology Infrastructure Library）の基本的事項と、コンタクトセンターにおけるITサービスマネジメントの活用方法について学びます。

> **学習ポイント**
> - ITILの基本的事項について理解する
> - コンタクトセンターにおける「ITサービスマネジメント」には2つの側面があることを理解する

6-1　ITサービスマネジメント

　ITILは、英国商務局（OGC：Office of Government Commerce）が集めた、ITサービスマネジメントに関するベストプラクティス集です。
　その特徴は、ITサービスにおける「計画」「開発」「提供」「維持」の各プロセスごとにガイドラインを定めている点であり、IT部門・IT企業に対し、その各ガイドラインに合わせてサービスレベル合意書（SLA）を締結することで、日々のプロセスを改善し、全体最適を目指すことを推奨しています。
　ITILというと、「ISOのような規格やルールの一種だ」と思っている人がいるようですが、これは間違いであり、ITILはITサービスマネジメントに関するガイドブックなので、そこに書かれていることを必ず守らなければならないわけではありません。
　現実問題として、企業の置かれている状況はさまざまですので、そのような企業の状況に照らし合わせ、ITサービスマネジメントに関する参考書として、役に立ちそうな部分やツー

ルをうまく"活用"するのが、ITIL本来の使い方であるといえます。

以下の図はITILの最新バージョン（Version3）の概念図です。

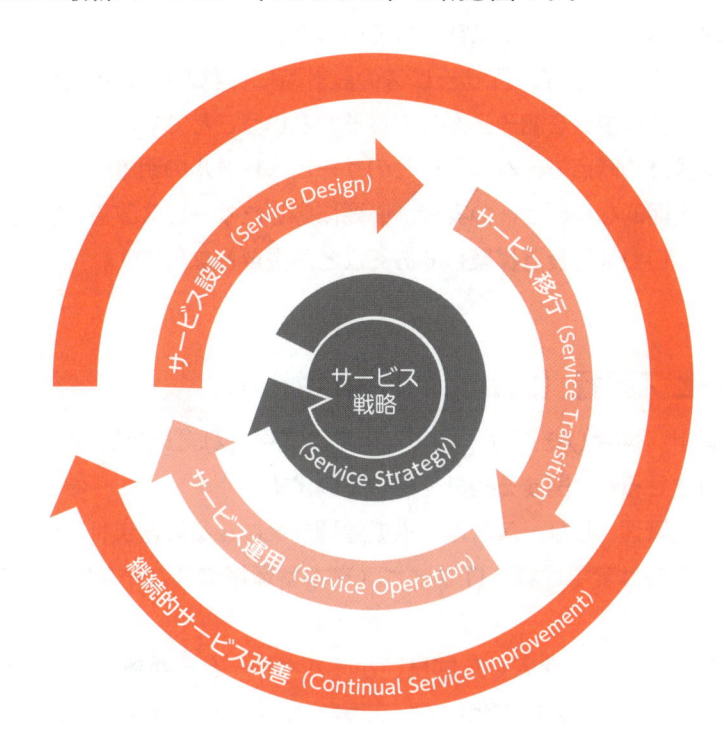

それでは、ITIL Version3の各項目とそのポイントについて見ていきましょう。

1 サービス戦略（Service Strategy）

ITサービスを業務遂行する上で必要な戦略的資産としてとらえ、ITサービスマネジメントをいかに設計し、開発し、提供し、運用するかについての指針を示しています。
また、ITサービスマネジメント全体に渡る方針、指針、およびプロセスの策定に役立つ手引きも提供されています。
上図で示したように、ITIL Version3の中心となる、ITサービスマネジメントの戦略と計画の根幹を担う部分です。

2 サービス設計（Service Design）

ITサービスの設計／開発に関する指針を示しています。

従来（ITIL Version2）のサービスレベル管理、キャパシティ管理、可用性管理、ITサービス継続性管理などはここに含まれています。

ここで最も重要な点は、ITサービスの設計時にどれだけ今後の運用やサービスの改善に配慮して必要な要素を組み込んでおけるかということです。

サービス設計の時点で、ベンダーとのサービスレベルの明確化・合意、サービスレベルのモニタ、定期的なレビューの実施、必要に応じたサービス改善の実施など、サービスレベル管理のプロセスを設計構築しておくことが重要となります。

3 サービス移行（Service Transition）

新規に設計／開発したITサービス、または変更された既存ITサービスをいかに適切に運用に移行させるかに関する指針を示しています。

従来の変更管理、リリース管理、構成管理などはここに含まれています。

新規の、または変更されたITサービスを本番環境にスムーズに移行することは非常に重要です。

新たなITサービスを導入したは良いが、オペレーターが機能を全く使いこなせない、かえって効率や対応品質が劣化してしまった、システムトラブルが続き事業に影響を与えた、などが起きないようにすることが必要です。

そのため、移行活動には、システム稼働開始後のベンダー側の保守受付体制の確保やオペレーター向けの操作マニュアル整備・研修実施などが当然に含まれています。

また、ITサービス導入にあたっての各種機能の確認・テストなどについて、パイロット運用期間を設けるなど、着実なステップを経て行うことが「急ぐための最善の道」となります。

4 サービス運用（Service Operation）

ITサービスを日々運用管理するに当たっての指針を示しています。

サービス戦略が描いたITサービスの戦略を具現化し、ITサービスが業務に対して継続的に価値をもたらす手引きとなるものです。

従来のインシデント管理や問題管理はここに含まれています。

コンタクトセンターのITサービスを、日常、適正に運用し続けるためには、ITサービスの提供者による障害対応や予防保守、新規機能・カスタマイズなどの各種要望への適切な対応の他、日常のITサービスの稼動状況のモニタリングなどが必要不可欠な要素となります。

また、ITサービス全体で一定以上の可用性レベルを確保するため、障害を迅速に復旧するインシデント管理や、障害の再発防止・予防をする問題管理などのマネジメントプロセ

スを適切に構築できるベンダーを選定するか、プロセスの構築をベンダーに促すなどが必要となります。

特に、障害対応状況については、記録をとり、測定し、サービスレベル管理のプロセスに則ってベンダーとのレビューを繰り返しながら、改善点を検討し、プロセス改善と関係者の対応成熟度の向上を図ることが重要です。

5 継続的サービス改善（Continual Service Improvement）

ITサービスのより良い設計、導入、および運用によって顧客に価値を提供する上での有効な指針を示しています。

いわゆるPDCAプロセスをまわすことによって、改善の努力と成果をITサービスにもたらすための方法論が記述されています。

より良いITサービスを運用し続けるためには、ITサービス・ライフサイクルのすべての段階で、プロセスやサービスの弱点・改善点を見つけ出し、改善措置を講じることが重要です。

6-2　コンタクトセンターにおけるITサービスマネジメント

コンタクトセンターにおけるITサービスマネジメントに関しては、2つの側面を考えることができます。

1つは「コンタクトセンターのオペレーターが利用する情報通信システムを適正に構築・運用する」という視点、もう1つは「コンタクトセンターが顧客に提供するサービスがITサービスそのものである」という視点です。

後者の場合は、ITIL（Version2）では「サービスデスク」として位置づけられていましたが、ITIL（Version3）では「サービス運用」に統合されています。

用語解説

SLA
Service Level Agreements（サービスレベル・アグリーメント）の略称です。製品またはサービスを提供するサプライヤーと交わす契約書または合意書のことです。一般的にはパフォーマンスレベルや目標値を合意の上、定めたものを指します。

まとめ

求められるコンピテンシーのレベル

レベル1	レベル2	レベル3	レベル4
理解	実践	改善	指導

➡ ITサービスマネジメントとコンタクトセンターについて基本的なレベルでの知識を理解している

第9章
コンタクトセンターの監査

コンタクトセンター監査とは、マネジメントのプロセスが確実に行われ、維持され、管理されていることを確認するために有効な手法です。コンタクトセンター戦略の分野における監査は、個別の計画レベルまでに落とし込まれた各プロセスが確実に行われ、戦略本来の目的を確実に実行できているかを検証し、是正すべき点があるかを確認し、必要な是正を行うことで、プロセスを維持・改善していきます。

基本的に、コンタクトセンターで行われている顧客対応プロセスやそれらを支援するサポートプロセスが監査の対象となり、監査の対象となるCMBOKの分野としては、カスタマーサービス（CS、CR）、運営（OP、HR）、構築（AR、IC）があります。

各中分類間の関係

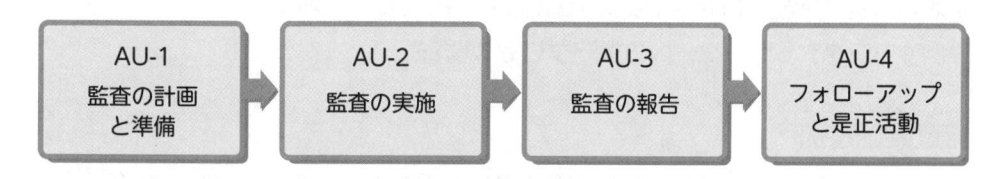

AU-1 監査の計画と準備 → AU-2 監査の実施 → AU-3 監査の報告 → AU-4 フォローアップと是正活動

AU-1 監査の計画と準備

監査のプロセスの中で最も重要なのは、監査の実施の前に行う計画と準備です。監査の日程、監査の担当者、監査対象を調整します。契約書・SOW・SLAなどの契約関連書類に監査の対象とすべき業務プロセスはなにかを確認します。通常、顧客に関係するプロセスを中心に行う計画を立てます。業務プロセスを評価する際にその起点と終点を確認し、監査対象を検討します。業務プロセスのパフォーマンスを評価する指標とその目標値について確認します。

学習ポイント

- コンタクトセンターの監査について、目的や効果について理解する
- コンタクトセンターの監査の種類について理解する
- 監査の計画や準備について理解する

1-1 監査の分類

監査の種類

目的別

監査対象の目的に応じ監査にはさまざまなタイプがあります。
- 責任監査（法規制や利害関係者の要求の遵守、責任者の責務についての監査）
  例：情報セキュリティ、個人情報保護、契約上のSLOやSLA
- 管理監査（規定通りの運用についての監査）
  例：SOW（業務仕様書）
- 活動監査（業務プロセスやシステムの効率性についての監査）
  例：コンタクトセンター内の業務プロセス監査

監査実施者別

監査対象のプロセスと目的に応じ、実施者にもさまざまなタイプがあります。
- 内部監査（同じ利害関係者内で、一定の中立性を確保した人物による監査）

例：コンタクトセンター内のメンバーで構成される内部監査チーム
- 利害関係者による監査（関係する利害関係者による監査）
例：クライアント組織によるコンタクトセンター運営組織の監査
- 第三者機関による監査（監査法人による監査）
例：P-マーク、ISOなど各種認定組織による新規／更新監査

> **用語解説**
>
> **SOW**
> Statement Of WorkまたはScope Of Workの略称です。業務仕様書という意味で、クライアントやコンタクトセンターが作成する要求定義として、コンタクトセンターによって実施される業務を詳細にまとめたものです。

まとめ

求められるコンピテンシーのレベル

レベル1	レベル2	レベル3	レベル4
理解	実践	改善	指導

➡ コンタクトセンターの監査について、目的や効果について理解している

AU-2 監査の実施

監査は、その業務プロセスを担当する責任者と実際の担当者にヒアリングを行うとともに、業務プロセスの起点から終点までの観察とモニタリングを行います。観察とモニタリングは適切な件数を行い、決められたマニュアルや手順の遵守、担当者ごとのばらつきを観察します。

学習ポイント
- 監査実施における重要事項、注意事項を理解する

2-1 監査実施の重要事項

■ 業務プロセス監査における重要項目

業務プロセス監査における重要事項は以下の通りです。
- 各業務プロセスの始点から終点までの観察とモニタリングを行うこと
- 各業務プロセスを担当する責任者と実際の担当者にヒアリングを行うこと
- 観察とモニタリングは適切な件数を行うこと

2-2 監査実施時の注意点

■ 業務プロセス監査における注意点

プロセス監査実施時の注意点は以下の通りです。
- 現場を重視する
  マネジメント層ばかりでなく、現場スタッフとの時間や彼らの観察に十分な時間を割く。
- 活動やパフォーマンス結果の重視
  手順や文書、マニュアルの有無だけでなく、実際のプロセスの成果、結果を重視する。
- 重要な事項に十分な時間配分を行う
  業務量の多いプロセスや、コンタクトセンター戦略上重視されるプロセスにできるだけ

集中する。
- 顧客の視点を重視する
  コンタクトセンターの利用者である顧客の視点でプロセスを監査する。
- 監査チームで十分な検討を行う
- 初期段階での実施
  コンタクトセンターおよび開始業務の構築の際、実際の業務の開始の初期段階で行う。
- 構築段階以外での実施
  コンタクトセンターおよび業務が新規導入のフェーズから運営のフェーズに移行した後も、定期的に行う必要がある。

まとめ

求められるコンピテンシーのレベル

レベル1	レベル2	レベル3	レベル4
理解	実践	改善	指導

➡ 業務プロセス監査の目的・手法・種類を理解する

AU-3　監査の報告

監査報告とは、監査を行った者が監査対象のコンタクトセンターに対して、運営プロセス上の問題や課題を関係者に対して報告することです。ここでは、結果報告の重要性について理解する必要があります。コンタクトセンターの監査結果は、監査後速やかに適切な関係者へ向け文書化し報告することが重要です。

> **学習ポイント**
> - 監査報告における重要事項と注意事項について理解する
> - 監査の目的に応じて、いろいろな監査結果レポートがあることを理解する

3-1　報告における重要事項

■ 重要事項

報告先
監査結果の報告は、ベンダー、コンタクトセンター調達組織、クライアント組織など、適切な関係者に対して実施します。

報告文書
必ず事実に基づき文書化し、監査日程や監査対象、発見した課題や問題点とその改善方法の提案などを含みます。

3-2　報告時の注意事項

■ 報告の時期と機会

監査した後、速やかに実施し、対象のコンタクトセンターの経営層が出席する会議での報告が望ましいです。

まとめ

求められるコンピテンシーのレベル

レベル1	レベル2	レベル3	レベル4
理解	実践	改善	指導

➡ 監査の目的に応じて、監査結果レポートの作成ができる

AU-4　フォローアップと是正活動

監査の報告に基づき、改善施策を作成・実行し、さらに結果をレビューします。新しいコンタクトセンターおよび業務導入初期の監査に基づく是正活動は、ベンダー、コンタクトセンター調達組織、クライアント組織が協力して行う必要があるものが多いです。そのため是正計画には、各利害関係者の責任範囲と活動を明記する必要があります。その上で、各利害関係者が協力して改善施策を行っているかどうか継続的に確認していく必要があります。

学習ポイント

- 監査結果に基づく是正活動の意義と目的について理解する
- 是正項目について、わかりやすく説明することができる
- 是正項目の優先順位と是正の方法論について助言できる

4-1　是正活動の実施

是正すべき課題に関しては、適切な問題解決のアプローチを採用することが望まれます。必要とされる改善のレベルにより、「OP-7　業務改善」のプロセスを実施する必要があります。

是正の手法

報告先

監査結果の報告は、ベンダー、コンタクトセンター調達組織、クライアント組織など、適切な関係者に対して実施します。

実施プラン

是正活動に関しては、監査を受けた是正活動の実施プランを作成し、監査チームと共有します。
次回の監査時には、是正活動の実施状況の監査も重要な監査項目となります。

まとめ

求められるコンピテンシーのレベル

レベル1	レベル2	レベル3	レベル4
理解	実践	改善	指導

➡ 是正項目の優先順位と是正の方法論について助言できる

監査とCMBOK他分野との関係について

監査とCMBOK他分野の関係は非常に深いものです。コンタクトセンター戦略が適切に運営・構築の分野に適用され、そのプロセスが確実に行われているかを確認することが重要です。監査の評価は、各プロセスの改善に活用されるとともに、コンタクトセンター戦略にフィードバックされ、戦略の策定に活用されます。

監査（AU）とCMBOK他分野の関係

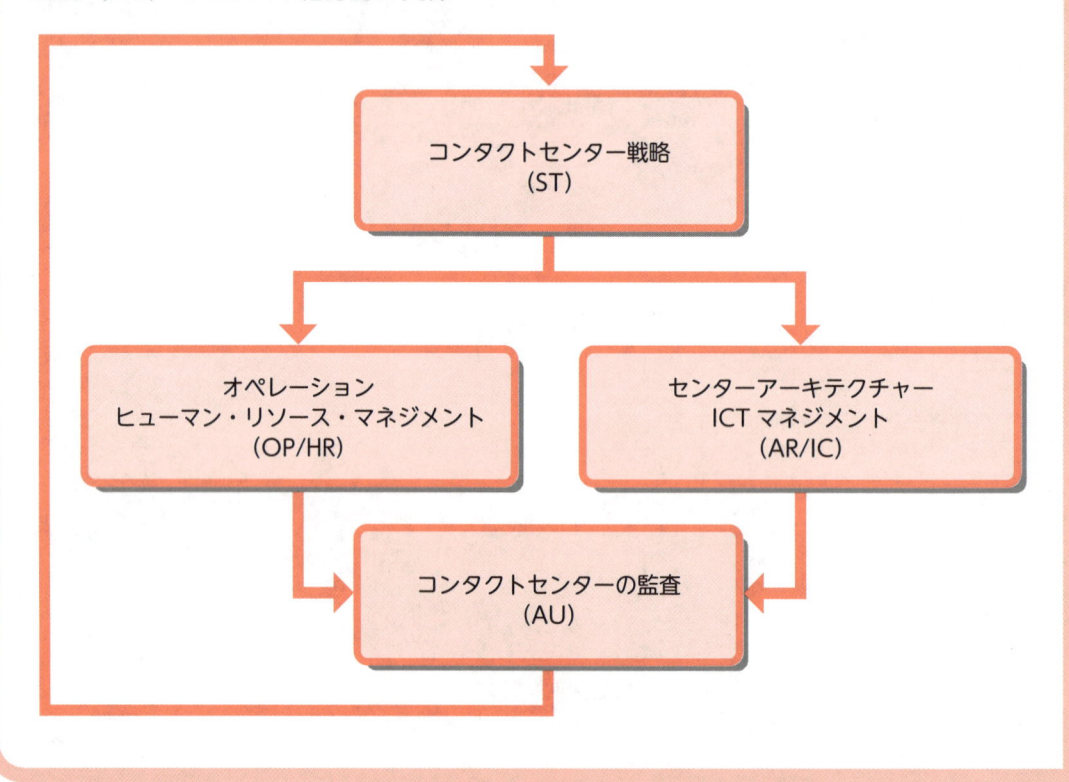

```
           ┌─────────────────────┐
           │ コンタクトセンター戦略 │
           │        (ST)         │
           └──────────┬──────────┘
              ┌──────┴──────┐
              ▼             ▼
    ┌──────────────┐  ┌──────────────────┐
    │ オペレーション │  │センターアーキテクチャー│
    │ヒューマン・リソース│  │  ICTマネジメント  │
    │ ・マネジメント │  │    (AR/IC)      │
    │   (OP/HR)    │  │                 │
    └──────┬───────┘  └────────┬────────┘
           │                   │
           └────────┬──────────┘
                    ▼
           ┌─────────────────┐
           │コンタクトセンターの監査│
           │      (AU)       │
           └─────────────────┘
```

第10章
コンタクトセンターの職能スキル

コンタクトセンターの職能スキルとは、プロフェッショナルとして専門性の高いコンピテンシーを発揮するために必要となるスキルです。スーパーバイザーは、チーム内の複数のオペレーターを管理する役割があるため、コンタクトセンター運用に関する専門的な知識とスキルを保有する必要があります。

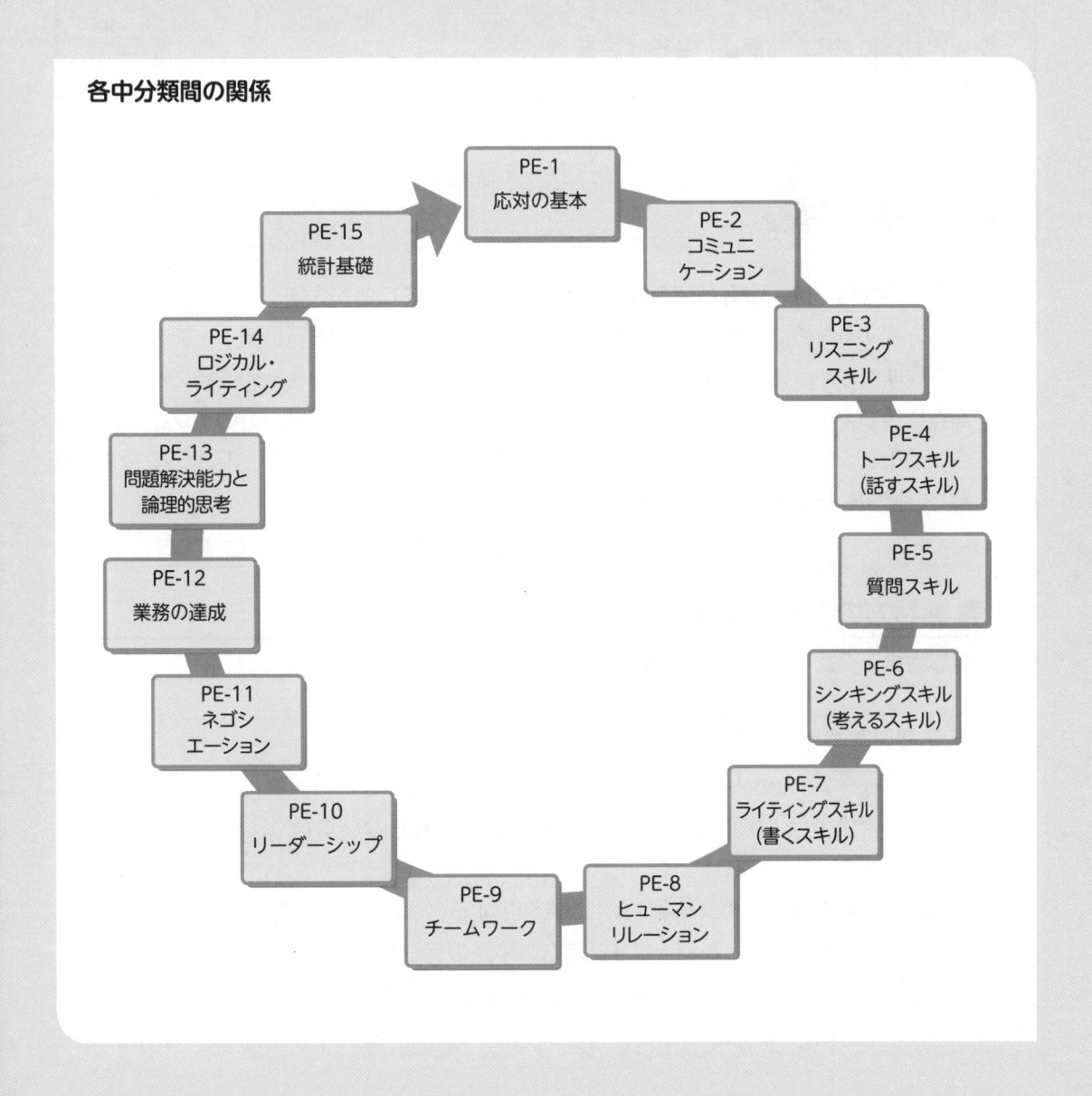

各中分類間の関係

- PE-1 応対の基本
- PE-2 コミュニケーション
- PE-3 リスニングスキル
- PE-4 トークスキル（話すスキル）
- PE-5 質問スキル
- PE-6 シンキングスキル（考えるスキル）
- PE-7 ライティングスキル（書くスキル）
- PE-8 ヒューマンリレーション
- PE-9 チームワーク
- PE-10 リーダーシップ
- PE-11 ネゴシエーション
- PE-12 業務の達成
- PE-13 問題解決能力と論理的思考
- PE-14 ロジカル・ライティング
- PE-15 統計基礎

PE-1 応対の基本

電話応対では、対面での応対とは違い、アイコンタクトやボディランゲージを利用し顧客の注意を引くことや、感情を表し理解してもらうことができません。そのため、話し方のテクニックを活用し、顧客の注意を引いたり、感情を伝えたります。

> **学習ポイント**
> - 話し方の基本的なテクニックを理解する
> - 顧客対応に適切な言葉遣いを理解する

1-1　応対の基礎

顧客との対応では、顧客が聴き取りやすい話し方をすることが大切です。聴き取りやすい話し方をするために、発声練習や発音練習などのトレーニングを行います。顧客に対し注意を促すときや、感情を表現するときには、話し方のテクニックを活用することで、より顧客に伝わるようにすることができます。スーパーバイザーは、話し方のテクニックを自らが活用するだけでなく、オペレーターが適切な話し方をしているか、モニタリングで確認し、適切な指導をする必要があります。

■ 話し方のテクニック

話し方のテクニックには以下のものがあります。

アクセントとイントネーション

単語の高低をアクセント、文章の高低をイントネーションといいます。
顧客との会話では、単調な話し方では顧客の記憶に残らない場合や、伝えたい内容が正しく伝わらないことがあります。
顧客との会話の中で、イントネーションを利用することにより、顧客に良い印象を与えることや、注意を促すことができます。また、単語のアクセントは、正しいアクセントを利用しなければ、単語の意味が変わってしまうため、注意する必要があります。

プロミネンス（強調）

プロミネンスとは、重要な部分やキーワードになる単語などを強調して話すことをいいます。

プロミネンスは、顧客との会話の中で、顧客の注意を引きつけたい場合や、重要な内容を話す場面で活用します。プロミネンスを活用することで、顧客はオペレーターの話す内容に注意を傾けるため、オペレーターが伝えたい内容を正しく理解してもらうことができます。

ポーズ（間）

ポーズとは、顧客との会話の中で、間を取ることをいいます。

ポーズは、顧客に考えてもらう場合や、顧客の注意を引きつける場合に活用します。オペレーターが、顧客の質問に対し回答する場合にも、間を取ることでより慎重に回答することや、次に話す展開を考えることができます。

チェンジ・オブ・ペース

チェンジ・オブ・ペースとは、オペレーターの話すスピードを変化させることをいいます。顧客は、単調なスピードで会話をしていると、オペレーターとの会話に飽き、会話に集中しなくなってしまうため、話の内容が記憶に残らないことがあります。そのため、話し方に変化をつけることで、顧客の注意を引きつけることや、会話に集中してもらうことができます。

チェンジ・オブ・ペースを活用することで、顧客に重要な内容を正しく理解してもらうことができます。

1-2　敬語の使い方・言葉遣い

オペレーターは、顧客との電話対応がビジネスであることを理解し対応することが大切です。そのため、ビジネスとしてふさわしくない言葉遣いは避け、顧客対応のプロフェッショナルとしてふさわしい対応をする必要があります。

■ 敬語を利用する

敬語には、相手を尊重する意味があります。コンタクトセンターでは、顧客からの電話に直接対応する部門であるため、顧客を尊重し対応する必要があります。顧客との会話では敬語を使用し、顧客を尊重していることを伝える必要があります。

避けたい言葉遣い

顧客対応を行うオペレーターが避けなければならない言葉や言葉遣いがあります。スーパーバイザーは、顧客対応を行うオペレーターが適切な言葉や言葉遣いを使用しているかをモニタリングで確認する必要があります。

プロフェッショナルにふさわしくない言葉

顧客との会話では、俗語や流行語などは使用しないようにします。
これらの言葉遣いは、顧客にとって耳障りとなる場合や失礼にあたる場合もあるため、使用をしないように心がける必要があります。

上位者から下位者に対するような言葉遣い

顧客に対し、見下すような印象を与えてしまう言葉遣いにならないよう注意する必要があります。問題解決などでは、顧客を見下した言葉遣いを避けるため、顧客の立場に立った対応を心がけることが大切です。

文法上妥当でない言葉

顧客との対応の中では、文法上誤った言葉の遣い方をしないように心がけることが大切です。

- しておられますでしょうか
  →していらっしゃいますか
- 対応していただく形になります
  →対応していただくことになります
- よろしかったら
  →よろしければ

まとめ

求められるコンピテンシーのレベル

レベル1	レベル2	レベル3	レベル4
理解	実践	改善	指導

➡ 顧客対応に関する話し言葉の特性を理解し、適切な発声や適切な言葉遣いについて改善ができる

PE-2 コミュニケーション

オペレーターは顧客を理解し、適切な情報を伝え、オペレーターと顧客の相互にギャップを発生させないようにすることが重要です。オペレーターと顧客の相互にギャップが発生しないように、オペレーターが適切なコミュニケーションスキルを保持するように管理することが、スーパーバイザーの重要な役割になります。

学習ポイント

- コミュニケーションギャップを理解する
- コミュニケーションスキルを理解する
- コミュニケーションスキルを向上させるための方法を理解する

2-1 コミュニケーション

コンタクトセンターの重要な役割には顧客と良好な関係を構築し、維持することがあります。顧客との良好な関係を構築・維持するためには、顧客とのコミュニケーションが重要となります。

オペレーターと顧客の相互にギャップが発生しないよう、顧客を理解し対応することが重要です。そのためには、オペレーターが顧客と正しく情報のやり取りが行えるよう、コミュニケーションスキルを向上させることが重要です。

■ コミュニケーション

コミュニケーションとは、相互に情報をさまざまな手段で伝え、理解しあうことです。情報には、意志や感情、思考も含まれ、受信者が情報を受け取ることでコミュニケーションが成立します。そのため、発信者は、受信者に伝えたい情報が適切に伝わることを考慮し発信する必要があります。コンタクトセンターのオペレーターが顧客に情報を伝える場合には、情報量や知識、経験の違いがあるため、顧客が正しく情報を理解できるよう注意する必要があります。

コミュニケーションギャップ

オペレーターと顧客の相互が認識や情報の理解に違いが発生してしまうことを、コミュニケーションギャップといいます。

情報ギャップ

オペレーターは、日々の応対や学習により、多くの情報を持っていますが、顧客は、情報をほとんど持っていない状況でコンタクトセンターに連絡をしてきます。オペレーターは、情報の中から必要なものを選択し、顧客に情報を提供します。その結果、顧客にはすべての情報を伝えていないため、相互の情報にはギャップが発生することとなります。このように、オペレーターと顧客の相互で情報量の違いによりギャップが発生することを「情報ギャップ」といいます。

認識ギャップ

オペレーターと顧客では、経験や問題意識についての違いがあるため、問題に対する認識や、情報に対する理解に違いが発生する場合があります。このように、オペレーターと顧客の相互に認識や理解の違いが発生することを「認識ギャップ」といいます。

コミュニケーションスキル

顧客に情報を正しく理解してもらうためには、さまざまなテクニックを活用します。伝えたい情報を、顧客に正しく理解、認識してもらうことができる能力を、「コミュニケーションスキル」といいます。

2-2　非対面のコミュニケーション

■ 非対面のコミュニケーションスキルを向上させる

コンタクトセンターは、電話やEメール、ソーシャルメディア、Web上のチャットなど、非対面で顧客とのコミュニケーションを行います。そのため、顧客と直接応対を行うオペレーターやスーパーバイザーは、コミュニケーションスキルを高めることが重要です。

顧客と良好なコミュニケーションを取るためには、「リスニングスキル」や、「トークスキル（話すスキル）」、また、顧客の期待や置かれている状況を理解し応対を行うためには「シンキングスキル（考えるスキル）」や「質問スキル（質問力）」が重要となります。

スキルは、日々の学習や個人の努力、経験により向上させることができます。

上記4つのスキルを向上させることで、顧客とのコミュニケーションスキルを向上させることができます。

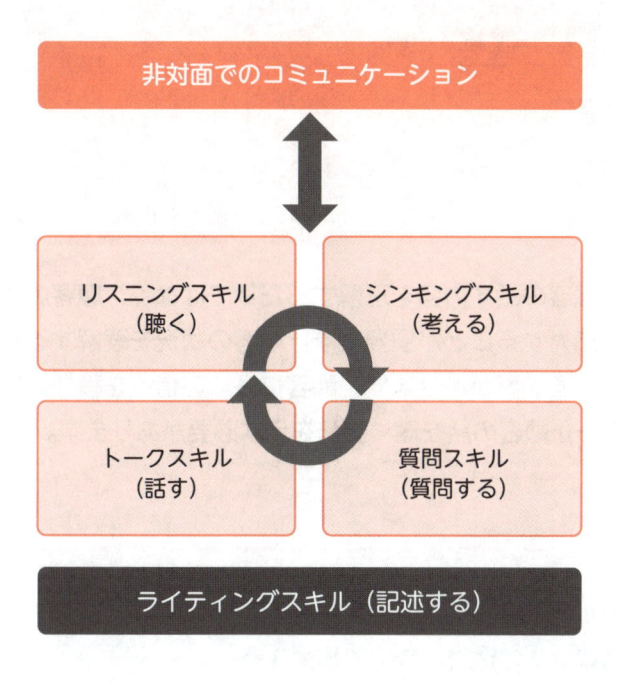

```
            非対面でのコミュニケーション
                      ↕
    ┌─────────────────┬─────────────────┐
    │ リスニングスキル │ シンキングスキル │
    │    （聴く）      │    （考える）    │
    ├─────────────────┼─────────────────┤
    │  トークスキル   │   質問スキル    │
    │    （話す）      │    （質問する）  │
    └─────────────────┴─────────────────┘
            ライティングスキル（記述する）
```

まとめ

求められるコンピテンシーのレベル

レベル1	レベル2	レベル3	レベル4
理解	実践	改善	指導

→ 非対面のコミュニケーションスキルを理解し、活用できる
→ 各コミュニケーションスキルの活用メリットを理解し、スタッフのスキル向上のための支援ができる
→ 顧客との良好な関係を維持・向上するために、コミュニケーションスキルの課題を認識し、改善に取り組むことができる

PE-3 リスニングスキル

顧客対応では、顧客の話す内容を理解するだけではなく、顧客の置かれている状況についても理解し、応対することが重要です。顧客の状況を理解するためには、顧客から多くの情報を収集する必要があります。顧客に多くの情報を積極的に話してもらえるように、オペレーターが顧客の話を聴く姿勢を示す必要があります。

学習ポイント

- リスニングスキルの重要性について理解する
- アクティブリスニングの活用について理解する
- アクティブリスニング活用のメリットについて理解する

3-1 リスニングスキルの重要性

オペレーターが、顧客の期待や、顧客が置かれている状況を理解するためには、顧客が話す会話の内容だけでなく、顧客の話し方にも注意を払い、聴き取ることが重要です。
オペレーターは、顧客の話し方（声の調子、トーン、話すスピードなど）の変化から、顧客の感情の変化などを察知することができます。リスニングスキルは、顧客の事前期待や、置かれている状況を理解するために重要となるスキルです。

■ アクティブリスニング（積極的傾聴）

顧客の事前期待や置かれている状況を理解するためには、顧客により多くの情報を話してもらう必要があります。そのためには、オペレーターは、顧客から信頼を得ることや、良い印象を持ってもらえるような応対をする必要があります。
アクティブリスニングとは、顧客からの信頼や、良い印象を持ってもらうことで、より多くの情報を得るための聴き方です。

3-2　アクティブリスニングの活用

オペレーターはアクティブリスニングにより、顧客からより多くの情報を得ることで、顧客の事前期待や置かれている状況を知ることができます。アクティブリスニングでは、オペレーターは顧客との応対で以下の点に注意しなければなりません。

アクティブリスニングを活用する

オペレーターは、顧客が話す内容に集中し、聴く姿勢を作ることが重要です。顧客は、話を最後まで聴かずに途中で遮られたり、自分の話す内容をオペレーターが聴いていないと感じると、自分の話を理解してもらえないと感じ、話すことを止めてしまいます。また、顧客の話す内容について、オペレーターが先入観を持つことや、批判をすることも顧客が話を止めてしまう原因となります。

顧客が話しているときは、適切に相づちを使用するなど、話を聴いている姿勢を表しながら応対することが重要です。

3-3　アクティブリスニング活用のメリット

アクティブリスニングにより、顧客はオペレーターが自分の話す内容を理解してもらえていると感じ、多くの情報を話してもらうことができます。また、オペレーターは顧客との会話に集中することで、顧客の事前期待や顧客が重要だと考えていることや、顧客個人の情報についても収集することができます。

また、オペレーターは、顧客の話し方に注意することで、顧客の感情の変化についても知ることができます。

オペレーターが、顧客の状況を適切に理解し応対することで、会話の主導権（コールハンドリング）を握ることができ、顧客にストレスを与えないで、多くの情報を収集することができます。

まとめ

求められるコンピテンシーのレベル

レベル1	レベル2	レベル3	レベル4
理解	実践	改善	指導

➡ リスニングスキルを活用し顧客対応ができる
➡ プロセスのモニタリングを通じて、アクティブリスニングのトレーニングができる

PE-4 トークスキル（話すスキル）

トークスキルはオペレーターが正しい情報を顧客に伝えるために重要なスキルです。顧客に情報を正しく理解してもらうためには、顧客のレベルに合わせた対応や、話す内容を要約し、わかりやすく簡潔に話す必要があります。

学習ポイント

- トークスキルの重要性について理解する
- トークスキルの活用について理解する
- トークスキル活用のメリットについて理解する

4-1 トークスキルの重要性

顧客応対では、伝えたい情報が顧客に正しく伝わり、理解してもらうことが重要です。
顧客に正しく情報を理解してもらうためには、顧客のレベル（知識やスキル）を理解し、顧客のレベルに合わせた対応や、顧客に伝える内容を要約し、わかりやすく話すことが大切です。

4-2 トークスキルの活用

顧客との応対は、常にビジネスであることと、伝えたい情報が顧客に正しく伝わることを意識し、応対することが重要です。
- ビジネスとしてふさわしい言葉遣いを使用し、感情的にならないように注意する。
- 顧客との会話では、顧客の話すスピードに合わせ、顧客が聴きやすいように明瞭に話す。
- 伝える情報は、顧客にわかりやすいよう、できるだけ要約し、簡潔に話す。
- 略語や外来語などはできるだけ使用せず、専門用語は顧客の知識レベルに合わせ、その利用を判断する。

4-3　トークスキル活用のメリット

トークスキルは顧客に情報を正しく伝え、理解してもらうために重要なスキルです。顧客に情報を正しく伝え、企業やコンタクトセンターができることを理解してもらうことで、企業やコンタクトセンターの印象を良くし、ロイヤルティの向上に貢献できます。また、顧客にわかりやすく、簡潔に話をすることは、顧客対応時間の最適化につながります。

まとめ

求められるコンピテンシーのレベル

レベル1	レベル2	レベル3	レベル4
理解	実践	改善	指導

➡ トークスキルを活用し顧客対応ができる
➡ プロセスのモニタリングを通じて、トークスキルのトレーニングができる

PE-5 質問スキル

顧客への質問は、顧客の真意を確認したり、顧客からより詳細な情報を入手したい場合に活用します。顧客への質問は、顧客の感情を害することがないように、適切なタイミングで実施する必要があります。顧客とのスムーズな会話の中で質問を行うためには、質問のテクニックを活用しながら会話を進めていくことが大切です。

学習ポイント

- 質問スキルの重要性について理解する
- 質問スキルの活用について理解する
- 質問スキル活用のメリットについて理解する

5-1 質問スキルの重要性

顧客から詳細な情報を入手するだけでなく、オペレーターが理解した内容が正しいかを確認する場合に、質問スキルを活用します。顧客が話した内容に間違いがないか、顧客自身に再確認をしてもらう場合にも質問を利用します。質問スキルは、顧客の話す内容から、正しい情報を収集したり、顧客の真意を確認する場合に必要となるスキルです。

5-2 質問スキルの活用

顧客対応では、質問スキルを活用し、顧客が情報を正しく理解しているか確認することや、提案した内容が顧客の了承を得られているかを確認しながら応対を進めることが大切です。

また、顧客の話す内容に疑問を持ったり、追加の情報が必要だと思った場合には、質問スキルを活用することで、疑問点を明確にすることや、必要となる追加の情報を収集することができます。

質問をする場合には、顧客の感情を害することが無いよう注意して利用することが重要です。そのためには、パラフレーズ（言い換え）やバックトラッキング（オウム返し）、オープン・エンド・クエスチョンとクローズド・エンド・クエスチョンなどの質問テクニック

を活用し、顧客との会話をスムーズに進めながら、顧客の問題や要望などを明確にすることが大切です。

5-3　質問スキル活用のメリット

顧客の問題を解決する場合には、顧客とコンタクトセンターの相互の認識に誤りがないように注意する必要があります。オペレーターが顧客との約束を守ったと考えていても、顧客の認識が違ってしまっている場合には、顧客はコンタクトセンターが約束を守らないと感じ、顧客からの信頼を失うことになります。

質問スキルの活用により、顧客との認識に誤りがないか確認をしながら進めることが大切です。

顧客の問題が解決した場合には、オペレーターは、他に問題がないか、すべての問題が解決しているかを顧客に質問し、確認することが重要です。

まとめ

求められるコンピテンシーのレベル

レベル1	レベル2	レベル3	レベル4
理解	実践	改善	指導

➡ 質問スキルを活用し顧客対応ができる
➡ プロセスのモニタリングを通じて、質問スキルのトレーニングができる

PE-6 シンキングスキル（考えるスキル）

シンキングスキルは、顧客の話す内容を、論理的に考え判断するために重要なスキルです。顧客側の話す内容や感情などの状況を把握すること、オペレーター側から正しい情報をどのようなタイミングで伝えるべきかを考えること、双方向の情報を正しく判断することで、円滑なコミュニケーションをとることができます。

学習ポイント

- シンキングスキルの重要性について理解する
- シンキングスキルの活用について理解する
- シンキングスキル活用のメリットについて理解する

6-1　シンキングスキルの重要性

シンキングスキルとは、顧客に内容を正しく伝えるためには何をすべきかを考えるスキルです。

コンタクトセンターの対応において、顧客の話す内容が正しいかどうかを、表現にとらわれず、的確に問題を捉えることが大切です。

逆に、オペレーターの側も、顧客に伝えるべき内容を、どのような手段やタイミングで伝えていくか、考えて対応することが必要です。考えながら対応を行うことにより、円滑なコミュニケーションをとることができます。

6-2　シンキングスキルの活用

オペレーターの側が情報を持っていたとしても、それが顧客の要求に合う情報でなければ、顧客は目的を果たすことができません。

顧客の真意や要求は何かを考え、それに合った情報を適切な順序やタイミングで伝えることが大切です。

6-3　シンキングスキル活用のメリット

顧客からの問い合わせで、その回答について考えられることを「先回り」して複数の提案を行い、顧客に選択してもらうことで、顧客満足度の向上につながります。過去に発生したことがない新しい問題の場合には、より多くの情報を入手することが必要であるため、どのような情報が必要かを即座に判断して確認することが大切です。

> **用語解説**
>
> **ロジカル・シンキング：論理的思考（法）**
> 情報を、決められた枠組みにしたがって、整理・分析することで、複雑なものごとの因果関係を明確に把握し、説明することを可能とする思考法です。

まとめ

求められるコンピテンシーのレベル

レベル1	レベル2	レベル3	レベル 4
理解	実践	改善	指導

➡ シンキングスキル向上のための取り組みができる
➡ プロセスのモニタリングを通じて、シンキングスキルのトレーニングができる

PE-7 ライティングスキル（書くスキル）

コンタクトセンターでは、顧客との対応を記録することや、Eメール対応を行うなど、社内外の人に情報を正確に伝える必要があるため、ライティングスキルが重要となります。スーパーバイザーはオペレーターのライティングスキル向上を図るため、定型フォーマットや記述ルールの整備を行うことも重要です。

> **学習ポイント**
> ● ライティングスキルの重要性について理解する
> ● ライティングスキルの活用について理解する
> ● ライティングスキル活用のメリットについて理解する

7-1 ライティングスキルの重要性

コンタクトセンターでは、顧客との対応を記録することや、Eメールでの対応、オンライン上のチャットやソーシャルメディアでの対応など、「情報を正しく伝え記録する」ためのライティングスキルも必要となります。

顧客とのやり取りを行う場合には、伝えたい内容を正しく理解してもらえる文章であることが大切です。

また、コールログ（顧客との会話の内容）の入力や報告書を作成する場合には、別の担当者が読んでも理解でき、後から振り返って内容を確認できる文章であることが大切です。他の人が正しく理解し分析できる文章であることが、問題点の発見や業務の改善に役立つこととなります。

7-2 ライティングスキルの活用

■ コールログの作成

コールログを入力する場合には、目的や対象を明確にし、必要な情報をすべて記載して、「他の担当者が読んでも理解しやすい文章」であることを心がける必要があります。

また、会話や応対の記録として、内容が要約されており、振り返って確認できる記録であることが重要です。

■ Eメールの作成

Eメールの対応では、書かれた文章がそのまま相手に伝える内容となります。分かりにくい文章では、情報が正しくても伝わりません。書いた内容をチェックし、誤字、脱字がなく読みやすい文章かどうかを確認した後に発信を行います。さらに送信先となる相手のことを配慮するためにいくつかの定型的な言い回しや、配信についてのルールがあります。

■ 議事録・報告書の作成

スーパーバイザーは、オペレーターからのエスカレーションや顧客からのクレーム対応を通じて、会議の議事録の作成や報告書の作成を求められることがあります。

議事録や報告書は、事象の内容を知るために、社内外の多くの人に読まれる可能性が高いものです。作成する場合には、その「目的」をよく考えましょう。また、「どんな情報があれば報告が理解してもらえるか」「多くの人に読まれるために文章やタイトルなどの体裁が整っているか」など、内容と体裁についての配慮も必要です。

7-3　ライティングスキル活用のメリット

顧客に正しく理解してもらえる文章を作成することで、顧客の問題解決を確実にし、追加の問い合わせ（電話・Eメールなど）を減少させることができます。また、コールログや対応履歴作成時、ライティングスキルを活用することにより、他の担当者や他部門への情報共有を短時間で的確に行うことができます。

まとめ

求められるコンピテンシーのレベル

レベル1	レベル2	レベル3	レベル4
理解	実践	改善	指導

➡ ライティングスキルを活用し顧客対応ができる
➡ プロセスのモニタリングを通じて、ライティングスキルのトレーニングができる

PE-8 ヒューマンリレーション

顧客との対応において、良い関係を築くことは重要です。良好な関係を作り、維持するためには、信頼感、安心感、親近感をもってもらえるよう、信頼し合える関係性（ラポール）を形成する必要があります。

学習ポイント

- ラポールの形成、アサーティブな対応について理解する
- 顧客対応の基本姿勢について理解し、率先垂範する
- 苦情対応について理解し、オペレーターへの支援を行う

8-1 対人関係の維持

対人関係のスキルとは、人と人との良好な関係を作り、維持するスキルです。顧客と良好な関係を作るためには、顧客に、信頼感、安心感、親近感を持ってもらうことが大切です。顧客との良好な関係を構築することを「ラポールの形成」といいます。

■ ラポールの形成

ラポールは、人と人との間に、互いに信頼しあい、安心して感情の交流が行える関係が成立している状態を指します。良好な人間関係には必要なことですが、簡単に築くことは難しいことも事実です。
ラポールの形成のためには、相手の状況を理解すること、否定せずに受け入れること、相手が認識していることや経験を共有していることを示すことが大切です。
また、次のような特定のテクニックを使うことにより、意識的にラポールを築くことが可能となります。

ページング

話し方や声の大きさ、話すペースを相手に合わせることをページングといいます。その目的は、コミュニケーションを行う相手に「自分のことを理解してもらえている」と感じさせ、心を開いた状態になってもらうためです。

リーディング

リーディング（誘導）とは、会話の主導権を取り、コミュニケーションを取る相手に変化をもたらすプロセスです。相手のペースで始まった会話を、自分のペースに誘導していくことで、相手の気持ちに変化をもたらすことができます。

バックトラッキング（オウム返し）

相手の言葉を自分が繰り返すことで、親密感を持ってもらうためのテクニックです。同じ言葉が発せられていることで「自分と同じように考え、わかってもらえている」と感じ、安心感や親密感を得ることができます。

心理的に、人は自分と共通点が多い人に心を開くと言われています。より良い信頼関係を築くために、相手に「理解している」という姿勢を示し、呼吸を合わせて対応することが、ラポール形成のカギとなります。

■ アサーティブな対応

アサーティブ（assertive）とは、相手を攻撃すること（攻撃的：aggressive）でも、逆に卑屈になって受け身になること（受動的：passive）でもなく、相手の立場を思いやり、かつ、自分の意見に責任を持ち、しっかりと伝えるためのコミュニケーションの姿勢です。コンタクトセンター対応において、担当者は常にアサーティブな姿勢で対応することが大切です。顧客と同じ立場に立って要求を理解し、担当者の立場としては、責任のある誠実な対応を積極的に行うことが求められます。

> **用語解説**
>
> **ラポール（rapport）**
> 元は「橋をかける」という意味のフランス語です。「信頼」と訳されることがありますが、一方からの信頼だけでなく「お互いに心と心が通い合い、和やかに打ち解けあえる」相互の関係性を表す言葉として使われます。

8-2 顧客対応の基本姿勢

サービスの基本は「当たり前のことをきちんとすること」です。コンタクトセンターにおける対応でも、顧客が無意識のうちに「当たり前」と感じている期待感を満足させることが必要となります。

応対においてオペレーターやスーパーバイザーに期待される「当たり前」の姿勢には、次のようなポイントがあります。

- 共感を示す
- 敬意を払う
- 顧客の視点に立つ
- 前向きな姿勢
- 正しい情報を提供する
- 「たらいまわし」にしない
- 複数回の保留や、長い時間の保留をしない

これらの姿勢は、コンタクトセンターに連絡をいただいた顧客に対し、気持ちよく応対をするために必要不可欠なものです。
さらに、さまざまな状況に応じ、顧客に理解を示すことも重要となります。

顧客との約束を守る
コールバックが必要となった場合は、約束した時間を遵守する必要があります。約束を守れなければ、コールバックを待っている顧客からの信頼を失うこととなってしまいます。

顧客に迷惑をかけた場合
顧客に迷惑をかけた場合は、言い訳をせず、まずお詫びをすることが大切です。さらに対応ルールに基づき、関係者に確認の上、組織としてできることを提案する必要があります。

お礼を述べる
顧客がコンタクトセンターに電話をしてくれたことに対し、お礼を述べることが大切です。お礼を伝え、顧客の問題に迅速に対応することで、その顧客は企業や商品のファンとなってくれることがあります。

8-3　顧客の不満を解消する

企業に対して、商品やサービスに不満を感じた顧客の全員が苦情を申し出るわけではありません。苦情を申し出る顧客は実はほんの一部で、大部分の顧客は、我慢するか、もしくは何も言わずに離れていってしまいます。
顧客からの苦情は、「改善点を指摘していただいた」と受け止め、しっかりと耳を傾ける必要があります。
顧客の不満を解消し、問題を解決することで今後のサービス向上に役立てていくことが大切です。

■ 不満を持った顧客への対応

不満を持ち苦情を申し出た顧客に対し、適切な対応を迅速に行うことで、顧客の不満は解消され、企業や商品・サービスのファンやリピーターとなる可能性が高くなります。ファンやリピーターは、他の人に良い口コミの影響を与えてくれるため、苦情を言わない顧客よりも、企業に利益を与えてくれる顧客となることがあります。

クレームはチャンスととらえ、適切に対応することが重要です。

■ 不満を持った顧客対応のポイント

不満を持った顧客への対応では、積極的にコミュニケーションをとる姿勢が大切です。不満を持った顧客とのコミュニケーションには、いくつかのポイントがあります。

顧客の感情を受け止める

顧客が怒って電話をかけてこられた場合には、その不満をすべて話してもらい、落ち着くまで待つことが大切です。

途中で話を中断したり反論したりすると、より不満が高まることがあります。まずは口を挟まず内容をお聞きし、その中から、原因を突き止めるよう考えていく必要があります。

共感を示す・敬意を表す

まずは顧客の立場に立って共感を示し、さらに礼儀正しく対応することで、顧客の満足を得られる結果となります。

前向きな印象を残す

担当者にとって苦情は厳しいものではありますが、「またか」「自分のミスではないのになぜ責められるのだろう」といった思いは、顧客にも伝わってしまうものです。積極的に解決しようとする姿勢を示すことで、顧客に好印象を持ってもらうことができます。

顧客を名前で呼びかける

顧客の名前を使用し、呼びかけることで、顧客は自分が特別な対応をしてもらっている、と感じることができます。

顧客に期待を持たせる

顧客に対して期待を持たせ、その期待通りに対応することで不満を解消することができます。

まとめ

求められるコンピテンシーのレベル

レベル1	レベル2	レベル3	レベル4
理解	実践	改善	指導

➡ 顧客とのラポールの構築、アサーティブな対応など、顧客対応の基本姿勢について改善活動ができる
➡ 苦情対応の迅速かつ適切な解決に向けたプロセスの改善と、現場スタッフの支援ができる

PE-9　チームワーク

チームワークとは、共同で仕事を行う時に、目標や目的を共有し、達成のために協力や役割分担を通じて、全体の成果をあげるために活動することです。チームが団結すれば、個人の力だけでは成し遂げられないような成果をあげることもできます。スーパーバイザーは、チーム全体の特徴を理解し、チームの目的が達成できるよう、個々のメンバーの支援を行うことも重要です。

学習ポイント

- 自分の所属するチームの特徴を理解する
- チームメンバーが、積極的にチームに参加するよう支援を行う
- チームの明確な目標を設定・共有し、達成に向けての施策を行う

9-1　チームワーク

チームの能力を高めるためには、明確な目標、適切なスキルを持った人材、チームワークが重要です。複数の人が集まってできたチームにおいて、それぞれがバラバラに進むのではなく、目標に向かって進む方向性を同じにすること、一人ひとりが適切なスキルを持っていることも大切です。さらに、メンバーが役割に応じて自発的に調整や修正を行い、さまざまな障害や環境変化を乗り越えて目標を達成していくためにチームワークは必要となります。

■チームワークを成功させるためのポイント

- 目標を明確にする
  チームの方向性を示すためには、目標の設定は必ず必要となります。

- チームメンバーの役割と責任を明確にする
  メンバーが担う役割と責任について、全員が理解し、共有することが大切です。

- ●コミュニケーションを取る
  メンバー間の連絡や報告などの情報を共有し、問題解決や相互調整を行うためには、コミュニケーションが大切となります。

- ●チームの学習を推進する
  チームで得た経験をメンバー全員が学習することで、メンバーのスキル向上につながり、より高度なスキルを備えたチームを作ることができます。業務から得た経験をメンバー全員で共有するために、積極的に働きかけていくことが重要です。

- ●メンバーを支援する
  メンバーの行動やチーム全体の現状をモニタリングし、チームメンバーが問題を抱えていないか、計画通りに進んでいるかを全体にフィードバックすることが重要です。

- ●メンバー全員で達成感を共有する
  チーム目標が達成された場合には、達成感を全員で共有することが重要です。達成感の共有により、メンバーの関係が強化され、モチベーションの向上にもつながります。

スーパーバイザーは常にチーム全体の状況を把握する立場にあります。チーム内の和を乱すような独断的な行動や人は、効率を落とすだけでなく、メンバー間の信頼を失うことにもなりかねません。互いの意見を尊重し、調整することで、周囲とのコミュニケーションを図って業務を行うようにしましょう。

まとめ

求められるコンピテンシーのレベル

レベル1	レベル2	レベル3	レベル4
理解	実践	改善	指導

➡ チームワークを形成するための具体的な手法を理解し、改善活動ができる
➡ チームメンバーが役割や責任を理解してチームに参加する環境を、積極的に支援できる
➡ チームの明確な目標を設定・共有し、目標達成に向けての施策を推進することができる

PE-10 リーダーシップ

スーパーバイザーは、チームでのリーダーシップを発揮し、チーム目標達成のための改善や、推進役として行動することが求められています。

学習ポイント

- リーダーシップの意味を知り、スーパーバイザーに求められるリーダーシップとは何かを理解する
- メンバーに対してリーダーシップを発揮するための、リーダーの特性と行動のポイントを理解する

10-1 リーダーシップとは

リーダーシップとは、組織の目標や目的を示し、目標や目的を達成するためにチームメンバーの動機付けをし、チームワークを促進していくことと、チームメンバーの育成を行うことです。

10-2 スーパーバイザーの役割

コンタクトセンターでは、チーム単位で業務を行いますが、チームワークを良好に推進して行くためには、チームリーダーであるスーパーバイザーの役割が大切です。
スーパーバイザーの役割は以下の通りです。

■ 目標達成のための改善

スーパーバイザーは、チーム目標を達成するために策定された計画を実行し、達成の進捗状況を確認しながら、チームの問題についてメンバーにフィードバックを行います。チーム内に問題が発生した場合には、現状や問題点およびその解決方法をメンバーと話し合うなど、目標達成のためのPDCAサイクルをメンバーと共有しながら推進することが大切です。

チームメンバーへの動機付け

スーパーバイザーは、チームメンバーのモチベーションを維持、向上するための支援を行います。日々のメンバーの業務をモニタリングし、個人の問題点や課題などについてフィードバックとコーチングにより支援します。このような動機付けを行い、チーム目標達成のための取り組みを推進していきます。また、チーム内の衝突や個人が孤立するような場合、特定のメンバーがチームを牛耳るような状況となった場合には、チームの活動自体が停滞することになるため、問題が大きくならない内に早急に解決を行う必要があります。

メンバーの自立性促進と報・連・相の徹底

スーパーバイザーは、目標を達成するために、メンバーに自立的な顧客対応を指導するとともに、メンバーを管理することが求められます。メンバーの自立的な顧客対応とは、権限委譲された範囲で状況判断に基づいた対応を行うことです。

またメンバーの管理では、顧客対応を行うメンバーが、顧客の問題を迅速に解決するために自己判断できない問題について、必ずスーパーバイザーに報・連・相を行うように指導することが必要です。

チームリーダーとしてメンバーの模範となる

スーパーバイザーがメンバーから信頼され受け入れられるためには、スーパーバイザーの行動自体がメンバーの模範となることが大切です。

顧客対応、オペレーションなどの業務面はもちろん、仕事に対する姿勢や勤務態度など、さまざまな局面でチームリーダーとしての自覚と責任を持ち、行動することが大切です。

> **用語解説**
> **PDCAサイクル**
> マネジメントサイクルのひとつ。計画（Plan）、実施（Do）、検証（Check）、改善（Action）のプロセスを繰り返し実施することによって、品質の維持・向上および継続的な業務改善活動を推進するマネジメント手法のことです。

> **用語解説**
> **報・連・相**
> 報告、連絡、相談のことです。

10-3 リーダーの特性

メンバーから信頼され受け入れられるスーパーバイザーに求められる資質は、スーパーバイザーの行動とメンバーへの関わり方の5つがあり、具体的には次の通りです。

公平性を保つ

メンバーに対しては、誰に対しても公平性を保った行動をしましょう。公平性を保った行動とは、性別、年齢、性格の違いなどで自身の感情に左右されることなく、誰に対しても一貫性をもって接することです。

率先垂範する

メンバーの模範となるために率先垂範の行動をしましょう。メンバーは、口先だけのスーパーバイザーを信用しません。メンバーの行動を引き出すためには、スーパーバイザーが自ら具体的な行動でお手本を見せることが大切です。

目標を明示する

センターやチームの目標をメンバーに説明し、メンバー全員が同じ目標を共有し、納得感をもって目標を達成しようとする動機付けと自主的な取り組みを促進します。

目標を達成する

チーム目標を達成できるように、効果的な取り組みへの改善と、その実践のためにメンバーを支援することが大切です。目標が達成できない状況となっても、その責任は、チームリーダーのスーパーバイザーにあることを自覚し、メンバーに責任転嫁をしてはいけません。

メンバーを育成する

スーパーバイザーは自分の成長だけでなく、メンバーに成長の機会を与えるとともに、成長を支援することが大きな役割として求められています。サービスのフロントラインであるメンバーの成長が、センターのサービス品質に結びついていることを常に認識しておくことが大切です。また、メンバーの成長を考える時には、意識面・知識面・スキル面のどの部分を育成するかの視点でメンバーを観察すると、具体的な指導計画を立てることができます。

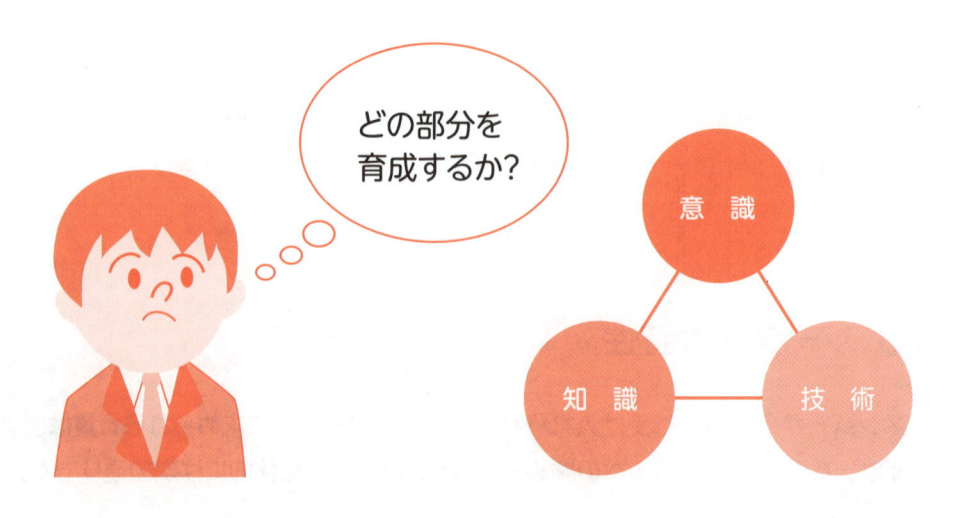

10-4 リーダーシップのポイント

スーパーバイザーがチームリーダーとして行動するためのポイントは次の通りです。

メンバーと信用を確立する

スーパーバイザーはチームメンバーから信用を得ることが大変重要です。
メンバーの信用を得るためには、スーパーバイザーの日々の行動が重要となるため、常にチームリーダーとしての心構えで行動することが大切です。

公平性

リーダーは公平性を保つことが重要です。
いつでも、誰とでも公平さを保ち、判断することが大切です。

誠実性

メンバーの成長への支援について、時間と手間を惜しまないことが重要です。
メンバーのことを想う誠実さは、メンバーおよび上司からの信用を得ることができます。

まとめ

求められるコンピテンシーのレベル

レベル1	レベル2	レベル3	レベル4
理解	実践	改善	指導

➡ リーダーシップと役割について理解し、チームのリーダーとして行動することができる
➡ リーダーシップを発揮しチーム目標達成のための改善や、推進役として行動することができる

PE-11 ネゴシエーション

顧客との良好な関係を構築するためには、顧客とコンタクトセンターがWin-Winの関係になることが重要です。ネゴシエーションは顧客の要求と、コンタクトセンターが提供できるサービスの範囲を顧客と交渉し、調整することです。

学習ポイント

- 顧客との対立については、対立を回避すること、起こった場合の対応方法の2つのポイントがあることを理解する
- 顧客との対立を避けるための心構えとポイントを理解する
- 対立が起きた場合の交渉と説得の心構えとポイントを理解する

11-1 顧客との対立を回避する

顧客との対立を避けるためには、こちらが対立を招くような表現を控えることです。顧客側に立っていない表現や、企業側の都合を前提とした表現は、顧客との対立を発生させる原因となります。また対応時に、感情的な対応をしないことも大切です。そのためには、常にWin-Winの関係を意識した対応を行うことが重要です。

11-2 交渉と説得

顧客との対立が発生した場合のポイントは、次の通りです。

こちらの言い分が当然だという表現を使わない

企業側の都合での当たり前・当然だという表現は、顧客を怒らせる原因となります。企業にとっては当然のことでも、顧客にとっては不当であると感じることがあります。クッション言葉などを使い、顧客にお願いするという表現で交渉を行います。

対立を解消する方法を分析する

顧客との対立が発生した場合には、対立を解消するための対応を取る必要があります。解消のためには、対立が発生した原因を調査・分析し、解消するための方法について検討することが重要です。

対立を予期し、予防策や再発防止の手を打つ

コンタクトセンターのプロセスに問題があると、顧客との対立が再度発生する可能性もあるため、対立が発生した原因を調査・分析し、予防策や再発防止策を打つことが重要です。

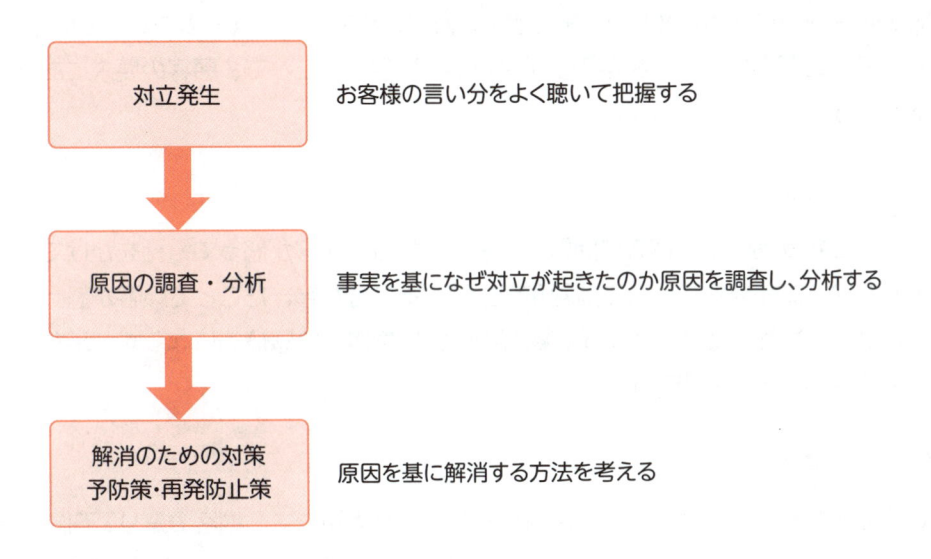

```
対立発生          お客様の言い分をよく聴いて把握する
   ↓
原因の調査・分析    事実を基になぜ対立が起きたのか原因を調査し、分析する
   ↓
解消のための対策
予防策・再発防止策   原因を基に解消する方法を考える
```

■ 交渉と説得

ネゴシエーション（交渉）をする

ネゴシエーション（交渉）とは、話し合いにより双方の目的が達成されることで、Win－Winの関係を構築することです。

ビジネスを継続させるためには、顧客もしくは企業のどちらか一方が満足を得る結果を出せば良いのではなく、両者の利害が一致し、双方が満足いく地点を見つけ出す「Win－Winの精神」が重要で、これにはネゴシエーションが大切な要素です。そのために、顧客の話をよく聴き、相手の言い分を理解した上で、ネゴシエーションに入ることが必要です。また、ネゴシエーションを行う場合には、顧客と良好にコミュニケーションをとりながら進めることが重要です。

■ 交渉の原則

前述の項目もまとめて、交渉と説得についての原則は次の通りです。

Win－Winの解決策を探る

顧客との交渉では、「Win－Winの精神」が重要です。常に顧客と企業が「Win－Winの関係」となる解決策を考えるようにします。

顧客の真のニーズを知る

顧客とWin－Winになるためには、担当者は、顧客の真のニーズ（本当に望んでいること）を理解することが大切です。顧客の要求を正しく理解することで、顧客の要求にあった解決案を提案することができます。

問題と人格を切り離す

顧客が購入した商品やサービスに問題が発生した場合、顧客が怒って電話をかけてくることがあります。商品やサービスに問題が発生し、不具合が起きたことで顧客が怒っているということを、冷静に受け止めます。顧客の感情に影響され感情的にならず、落ち着いて謙虚に対応することが大切です。

感情を理解する

顧客と交渉をする場合には、顧客の感情を知ることが大切です。顧客の怒り・不信・不安・恐れ・悲しみなどの感情を理解しながら、良好なコミュニケーションを保ち、交渉を進めることが大切です。

お互いの認識を確認する

顧客との交渉では、双方の認識を一致させておくことが大切です。顧客への質問などにより、顧客に正しく認識してもらえているか確認しながら進めることが大切です。

■ 良い交渉人の特性

問題解決のために努力する

困難な問題でも、お互いの妥協点を見つけるために、前項の交渉の原則を実践し、解消のための努力を惜しまないことが重要です。

提案を複数用意し選択を可能にする

複数の提案があれば、顧客が選択する方法を取ることができます。選択できることで、顧客の納得度合いは高まります。

なぜ必要かの説明と例を示すよう依頼する

顧客から無理な要求があった場合には、その要求の理由について、具体的な説明を要求し確認します。理由を知ることで、新たな解決方法を生み出すこともあります。

顧客にとって何が重要かに注目する

早く問題を解決しようとすることで、顧客の立場や真の要求を忘れてしまうことがありますので注意が必要です。交渉では、早く解決しようと急ぐよりも、顧客にとって何が重要かを考え提案することの方が大切です。

良い聴き手となる

顧客の要求を知るためには、顧客から多くの情報を得る必要があります。そのためには、良く聴いて、顧客からの情報を引き出すことが大切です。

感情に巻き込まれない

担当者は、顧客対応において、自分の感情をコントロールし、常に冷静でいなければなりません。自分の感情に左右され、判断を誤ってしまう場合もあるため、担当者は自分と顧客の感情に巻き込まれず対応するよう心がけることが大切です。

用語解説　クッション言葉
相手に何かをお願いをしたり、お断りをしたり、異論を唱える場合などに、言葉の前に添えて使用する言葉です。

用語解説　Win-Win
相互に利益を得て、円満な関係でよい結果を得ることです。

まとめ

求められるコンピテンシーのレベル

レベル1	レベル2	レベル3	レベル4
理解	実践	改善	指導

➡ コンタクトセンターにおける利害関係者、とりわけ顧客との関係において、ネゴシエーションの手法を活用し、交渉すると共に、「Win-Win」の関係を構築することができる

PE-12 業務の達成

コンタクトセンターは、顧客に対し高い品質のサービスを提供することが大切です。顧客に対し、高い品質のサービスを提供するには、センターで決められた手順やガイドラインを守ること、スタッフ自身の責任を理解し、対応することが大切です。

学習ポイント

- 顧客対応を成功させるためのポイントを理解する
- 業務を達成するための考え方を理解する
- 業務に関する最新情報を収集することを理解する

12-1 顧客対応を成功させる

スーパーバイザーの重要な役割として、チームの顧客対応を成功させ顧客満足を得ることが求められています。顧客対応を成功させるためのポイントは次の通りです。

手順を理解し遵守する

担当者は、顧客対応を成功させるために、センターで決められた手順やルールを遵守することが、必須条件です。手順やルールを遵守することで、一定水準の結果を得ることができるとともに、センターの顧客対応の一定の水準を保つことができます。

複雑な作業に取り組む前に、適切な情報を得て理解する

複雑な内容や難しい問題に対応する場合には、過去に同様の事例がないか、他の担当者が同様の問題を解決したことがないかなど、上司や他のスーパーバイザーから情報を収集し、事前準備を十分に行うことが大切です。

顧客の詳細な情報を正しく記録し、取り出せるようにする

顧客および対応経緯などの情報は、決められた手順で必ずコールログに記録します。記録することにより、他の担当者も顧客についての情報を知ることができることで、対応をスムーズに完了させることができるようになります。

12-2 高い品質を追求する

チームリーダーとして、業務においては妥協することなく、高い品質を追求するようにします。高い業務品質のためのポイントは、次の通りです。

情報の正確さ、完全性をチェックする

顧客に提供する情報は、正しい情報でなければなりません。対応した担当者によって、提供する情報が異なるようなことがあれば、顧客の不信感を招いてしまいます。正しい情報や新しい情報がどのような経路で入ってくるのかという入手のルールや、スーパーバイザーからメンバーへの伝達方法については、標準のルールを決めておくとスムーズです。

やり直しを避けるため、最初の段階で正しく作業できるようにする

誤った対応によりやり直しが発生した場合に、顧客や企業にどのような影響があるかを理解し、その重要性を理解することが大切です。業務のやり直しは、顧客の満足度を低下させるとともに、チームの生産性も低下します。やり直しが発生しないよう、最初の段階で、正しい情報や手順を十分確認し、対応します。

12-3 セルフマネジメント／主体的責任感の維持

スーパーバイザーは、チームリーダーとしてチームの業務達成において責任をもっています。スーパーバイザーの責任感についての考え方は次の通りです。

責任を持つことの重要性

スーパーバイザーは、顧客やメンバー、組織に対し責任を持つことが求められています。スーパーバイザーが責任を持って業務を遂行すると、顧客からの信頼が得られ、満足度が向上します。チームにおいては、スーパーバイザーの責任感ある行動を模範として、メンバーのモラル向上などにも良い影響を与えます。スーパーバイザーは責任を持つことの重要性を理解し、前向きな姿勢で顧客に対応することが大切です。

一貫した高品質な顧客サービスを提供する

顧客は、どの担当者からサービスを受けても同じ結果が得られることは、当然であると考えています。担当者は、問題に対する重要度や優先順位付けについて、同じ「基準を持つ」ことが求められます。

顧客の問題を迅速に解決する

担当者は、顧客の問題を迅速に解決する必要があります。顧客が問題を抱え困っている

事実がある場合には、優先順位を高くしてスピーディに対応をする必要があります。その迅速性が顧客からの信頼を生みます。

顧客の問題に対しオーナーシップを持つ

担当者は、顧客から受け付けた問題が解決するまで、責任を持って対応する必要があります。解決までに時間がかかる場合には、顧客に定期的に連絡し、進捗状況についての報告を行うことが大切です。メンバーの顧客対応においては、解決まで必ず報・連・相を求め、スーパーバイザーとして管理することが重要です。

「誠実である」または「誠意を持つ」こと

顧客との対応で、担当者が誤った対応や間違った情報を提供してしまった場合には、その責任を負う必要があります。責任のある対応をするということは、自己防衛せず、間違いを認め、正すことを自己の責任として行う真摯な対応が必要です。

組織の方針を理解し対応する

担当者は、組織の方針を理解し顧客対応を行うことが大切です。組織の方針に沿った対応を行うことは、顧客からは、サービスの一貫性として捉えられ、信頼性が向上します。

組織内で決められたルールを遵守する

組織で決められたルールを遵守し、業務を行う事が大切です。組織内で決められたルールとは、「顧客への対応手順」の他、「コールログの記録手順」や、「エスカレーション手順」、「問題解決のための照会先（エスカレーション先）」などがあります。組織で決められたルールを遵守することにより、コンプライアンス（法令遵守）の徹底を図ることができる他、無駄な検討時間の減少などの作業の迅速化のメリットも得られます。

顧客との関係を強化する

顧客との関係を強化することはコンタクトセンターの役割です。スーパーバイザーは、顧客との関係を強化する事を常に意識し対応することが求められています。また、メンバーに対しても、顧客関係強化の役割を常に伝え、認識させておくことが大切です。

企業やコンタクトセンターのイメージを高める

担当者は、企業やコンタクトセンターの代表として顧客対応を行います。顧客からの信頼や満足度を向上させることで、企業やコンタクトセンターの印象を良くすることができます。担当者は、顧客との信頼関係の構築や、満足度向上により、企業やコンタクトセンターのイメージが高まることを認識し、対応を行うことが大切です。またメンバーに対しては、同じ認識をもって対応するように指導することが大切です。

12-4 業界トレンドへの理解

スーパーバイザーは、組織に関する情報について、チームリーダーとしてチームの業務達成において責任をもっています。スーパーバイザーの責任感についての考え方は次の通りです。

責任を持つことの重要性

スーパーバイザーは、顧客やメンバー、組織に対し責任を持つことが求められています。スーパーバイザーが責任を持って業務を遂行すると、顧客からの信頼が得られ、満足度が向上します。チームにおいては、スーパーバイザーの責任感ある行動を模範として、メンバーのモラル向上などにも良い影響を与えます。スーパーバイザーは責任を持つことの重要性を理解し、前向きな姿勢で顧客に対応することが大切です。

業界の最新動向についての情報を入手する

顧客サービスの変化や、業界内の最新動向について情報を入手するためには、業界のイベントなどに参加することが有効です。スーパーバイザーは積極的に参加するように努め、他組織のスーパーバイザーと交流をもつことも必要です。

ベストプラクティスの情報を入手する

業界内のベストプラクティスの情報を入手し、自社の提供サービスと比較することが大切です。ベストプラクティスの情報については、他社の事例発表の場や、加入している協会や団体のセミナーへの参加などにより、収集することができます。

まとめ

求められるコンピテンシーのレベル

レベル1	レベル2	レベル3	レベル4
理解	実践	改善	指導

→ スタッフの業務の達成に向けて適切な支援ができる
→ 自らが高いパフォーマンスを発揮するため、継続的なセルフマネジメントに取り組むことができる
→ 業界のトレンドを理解するために、積極的な情報収集ができる
→ 情報通信システムの投資を適切に判断し、構築に反映させることができる

PE-13　問題解決能力と論理的思考

顧客は何らかの問題を抱えているため、コンタクトセンターに連絡をします。
顧客の抱えている問題を解決するには、顧客の状況を把握し、適切な対応を行う必要があります。コンタクトセンターは、問題解決のための判断をリアルタイムに要求されるため、問題解決のためのトレーニングを行う必要があります。

学習ポイント

- 問題解決のステップを理解する
- 問題解決に必要な思考法を理解する
- 情報を整理するフレームワークを理解する

13-1　問題解決の基礎

スーパーバイザーは、業務達成のために問題を解決することを求められます。問題解決のためには、そのステップを理解して、論理的に進めることが重要です。

問題の定義

問題とは、あるべき状態と現状とにギャップがある状況のことをいいます。例えば、決められた目標値が達成できていない状況や、納期までに仕事を完了できない状況など、あるべき姿に至らない状況が発生した時に、問題があることになります。

問題解決

あるべき姿と現状にギャップがある場合に、あるべき状態に修正することを問題解決といいます。コンタクトセンターに電話をかけてくる顧客は、何らかの問題を抱えていて、それを解決したい、という要望を持っている場合が多いです。そのため、顧客の抱えている問題が何かを正しく把握し、解決する必要があります。担当者は、顧客の問題解決のためにさまざまな判断をリアルタイムに行わなければならないため、問題解決のスキルを向上する必要があります。

問題解決の基本的なステップを理解する

問題解決の基本的なステップは次の通りです。

①問題を特定する

　最初のステップでは、発生した問題と状況について確認し、どのような問題が発生しているのか、事実を確認します。問題を明確にするためには「何が」「どのように」問題なのか具体的に確認します。また、問題が及ぼす顧客への影響範囲を考え、緊急性や重要性についても確認します。

②問題が発生した原因を調査・分析する

　問題が発生した原因について調査、分析を行います。原因については、「なぜ」を繰り返し、真の原因を特定します。問題の発生が複数の原因による場合もあるため、想定した原因により問題が本当に発生するのかも分析を行います。このステップでは、過去に同様な事例がないかについても確認することが大切です。

③解決案を立案し、実施する

　問題を発生させた原因に対する解決案を考え、実施をします。解決案は、一時的に回避する解決案（応急処置策）と、発生した原因を根本的に解決する案（予防策）の2種類があり、顧客への影響状況を確認しながら解決策案を判断する必要があります。例えば、商品配送ミスが発生した場合、応急処置策は、すぐに顧客に商品を配送することで、予防策は、配送ミスをなくすために入力チェックを強化する、などです。解決案が複数ある場合には、解決案をひとつずつ実施し、その効果の有効性について確認した上で、次の解決案を実施するようにします。また、実施する場合には、顧客への影響が最小限になるように考え実施することも必要です。

④実施した結果を確認し、記録する

　実施した解決案により問題が解決されたか必ず評価を行います。実施した解決案とその効果の有効性については、すべて記録を残し、次の問題解決に生かすことが大切です。

13-2　思考法

　顧客対応では、「顧客の話している内容は正しいか」、「顧客は何を訴えているのか」「どの様に説明すればより理解してもらえるか」を考え対応することが大切です。また、社内においても、メンバーや上司に対し現状を説明する場合、相手に理解してもらえるように説明することが大切です。相手が理解し、納得してもらえるように説明するためには、客観的な観点から説明内容に矛盾がないか、妥当性があるか、を考えながら説明することです。そのためには、情報を論理的かつ構造的にとらえる必要があり、論理的かつ構造的に考えるためには、以下の思考法を活用します。

■ 論理的思考（ロジカル・シンキング）

説明を行う場合、結論だけを説明しても相手からの納得や了承を得ることは難しいことがあります。現状（事実）と結論に至るまでの理由や根拠について説明することで、相手が理解し納得や了承を得ることができるようになります。事実に基づき、結論に至るまでの理由や根拠を組み立てて考えていく思考法を、論理的思考（ロジカル・シンキング）といいます。論理的思考法は、相手に理解してもらえる説明を行うために、スーパーバイザー必須のスキルです。

■ 演繹法と帰納法

結論を導くための思考法に、演繹法や帰納法などがあります。演繹法や帰納法を利用することにより、なぜその結論なのかを、より相手に納得してもらうための説明を行うことができます。

演繹法（えんえきほう）

一般的に知られている理論やルールから、結論を導き出す方法である。三段論法は演繹法にあたります。

※三段論法とは、AはBである、BはCである、よってAはCであるというように、直接関係のないAとCをBを使うことで論理的に結び付けを行う方法。

【例】
- その機械の電源のスイッチはオンとオフしかない（A）
- 電源のスイッチはオンになっている（B）
- その機械の電源スイッチはオンとなっている（C）

（よって、その機械の電源は入っている状態のはずである）

帰納法（きのうほう）

複数の事例から結論を導き出す方法です。個々の具体的事例について、過去の経験・事実などから正しいかを検証し、複数の検証結果から結論を導き出す方法です。

【例】
 事実：昨日は製品Aの故障の問い合わせが多く来た
 事実：今日も製品Aの故障の問い合わせが多く来た
 事実：昨日も今日も製品Aの電源の故障についての問い合わせだった
 結論：製品Aの電源に問題があるのではないか

■ クリティカル・シンキング（批判的思考）

クリティカル・シンキングとは、結論に至るまでの理由や根拠について、矛盾がないか、

推測は本当に正しいか、過去の経験がこの問題に利用できるかなどを客観的に考えていく思考法です。日本語訳では批判的と訳されますが、相手の意見や説明に対し批判的な意見を言うのではなく、理由や根拠が客観的にみて矛盾していないか妥当性を確認しながら進めていくことがクリティカル・シンキングに求められていることです。

■ 創造的思考（クリエイティブ・シンキング）

クリエイティブ・シンキングとは、今までの事象にとらわれず、新しい発想や考えにより解決策を探す思考法です。問題解決に行き詰まった場合に、再度状況を見直し、過去の事例や経験にとらわれず解決策を考えることが必要となります。さまざまな視点から固定観念にとらわれず解決策を検討する場合にクリエイティブ・シンキングを利用します。

■ 創造的問題解決CPS（Creative Problem Solving）

顧客との対応で、解決に行き詰まりが発生した場合には、既成概念にとらわれず、新しい発想で解決策を考える必要があります。既成概念にとらわれず自由に発想することは、新しい解決策や、より多くの解決策を導き出すことが可能となります。創造的問題解決を高めるためには、クリエイティブ・シンキングを高めることが重要です。

■ 創造的思考を高めるポイント

狭い視野に注意する

クリエイティブ・シンキングを高めるためには、見えている事実だけでなく、全体から物事を考える力を養うことが重要です。見えている事実だけで考えるのは、自分の視野のみの考えとなるため、別の視点からも見ることが重要です。

直感を試す

直感で浮かんだことを、論理的でないと排除するのではなく、可能性を調べてみることで新しい解決策が生まれることもあります。

他の事例を参考にする

他のメンバーが解決した良い事例を知ることで、より発想を広げることが可能となります。そのためには、チーム内での日常的な情報交換が大切です。

右脳を刺激する

創造的な思考は右脳で行われます。右脳を刺激し、向上させる訓練を行うことも重要です。

数理的・統計的な思考

数理的思考

数理的思考とは、数値データを利用し論理的に考え、問題点や回答を見つけ出すことです。測定値などの定量データを、数理式などを用いて分析し、問題点を発見したり、結果を評価する場合に使用します。使用する数値やデータは、正確なものでなければ正しい回答を得ることができないため、データの精度についての検証も必要です。また、記録を残す際には、正確な数値を残すことが重要です。

統計的思考

統計とは、偶然に発生することではなく、データを収集し、その中で同じように繰り返されていることがあるか調べ、その発生頻度についての平均値など、一般的な共通する法則を見つけ出すことです。顧客対応の中で、失敗した事例や成功した事例をデータとして蓄積し、成功した事例の中で繰り返し行われている共通点を探し、次に生かしていくことで、顧客対応の成功を高めていくことができます。このように、収集されたデータから共通点やばらつきなどを発見し、次に活用し成功を高めていく思考を統計的思考といいます。

フレームワーク思考

「フレームワーク思考」とは、フレームワークを活用して物事を考える思考法です。問題点を複数のフレーム（枠組み）にあてはめ、視覚化して考えることで、検討内容に抜け漏れが発生していないか、論理的であるかなどを確認しながら整理し、解決のための最良の解決案や、新しい解決案を探し出すために利用します。現在は、さまざまなフレームワークが考案されており、考える対象に応じたフレームワークを使うと、効率的に検討することができます。

13-3 思考を助けるフレームワーク

考える内容を可視化することで、内容の整理や、抜け漏れがないか、視覚的に確認することができます。また、可視化することで、複数人で考える場合においても、情報を共有しながら進めることができるため、効率的、効果的に思考することができます。このように、フレームワークを活用することで、思考のスピードや、正確性が向上します。

次に、一般的に利用されるフレームワークについて説明します。

■ MECE（Mutually Exclusive Collectively Exhaustive）（ミーシー、ミッシー）

MECEとは、物事を検討する際に、全体を俯瞰し、その内容を漏れなく、ダブりなく洗い出すことをいいます。問題の原因を捉える場合や、解決策を検討する場合に、検討の対象項目に漏れやダブりがあると、効率よく有効な内容を考え出すことはできません。検討を行う場合には「抜け漏れ、ダブりがない（＝MECE）」ように検討の対象項目を区分することが大切です。例えば、市場を分類する時に、新規顧客と既存顧客の2種類で分類した場合には、将来新規に契約をするかもしれない見込み客が抜けているため、漏れが発生している分類となっています。

■ ロジックツリー

問題解決を行う場合には、現状を理解し対応策を検討する必要があります。問題解決のための対応策を検討する場合には、問題を構造的に分類（分解）し、可視化して分析する必要があります。その際には、ロジックツリーが有効で、下図はロジックツリーの例です。ロジックツリーを作成する場合、各階層はMECEとなるように洗い出しを行い、最終階層が解決策となります。

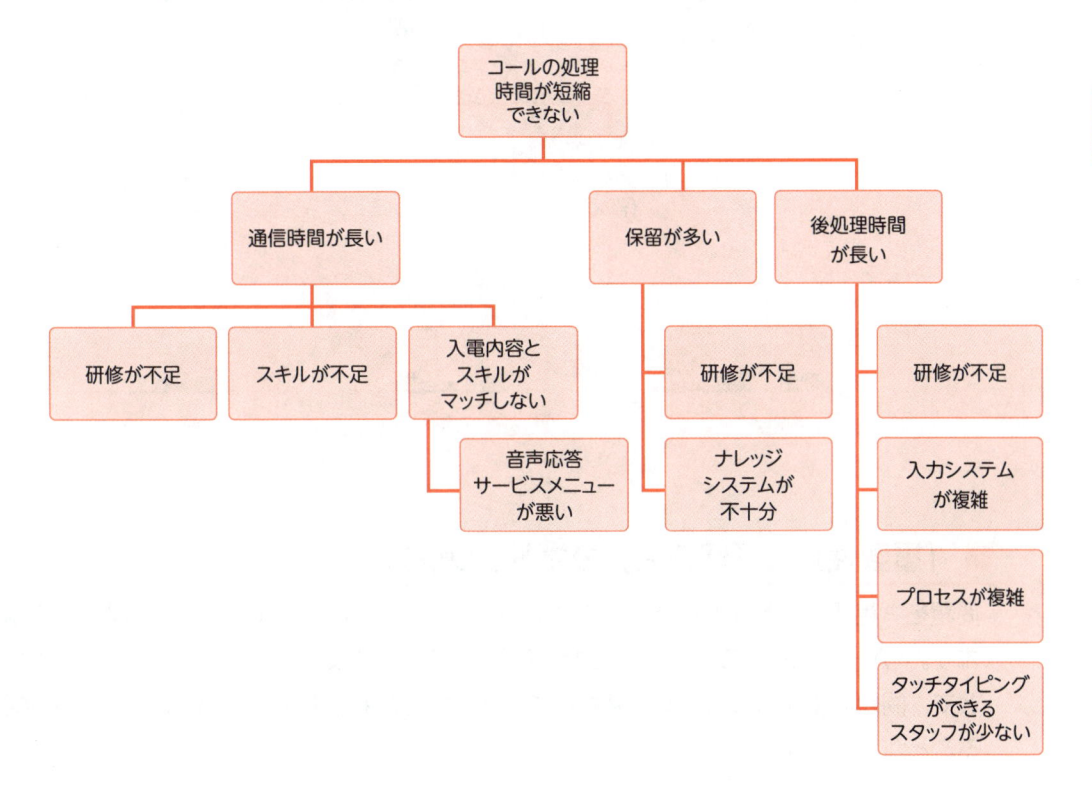

```
コールの処理時間が短縮できない
├─ 通信時間が長い
│  ├─ 研修が不足
│  ├─ スキルが不足
│  └─ 入電内容とスキルがマッチしない
│     └─ 音声応答サービスメニューが悪い
├─ 保留が多い
│  ├─ 研修が不足
│  └─ ナレッジシステムが不十分
└─ 後処理時間が長い
   ├─ 研修が不足
   ├─ 入力システムが複雑
   ├─ プロセスが複雑
   └─ タッチタイピングができるスタッフが少ない
```

ロジックツリーを活用するメリット

- 論理的なアプローチにより思考スピードを向上させることができる。
- 全体を見渡すことが可能であるため、抜け漏れなど見落とすことがなくなり、思考の広がりが可能となる。
- 他人と情報を共有することができ、第三者に対し説明がしやすくなる。
- 可視化し構造化しているので、解決すべき問題を再選択する時に、振り返ることが可能となる。

■ ピラミッド・ストラクチャー

ピラミッド・ストラクチャーは、相手に伝えたい内容（メインメッセージ）について、その根拠を構造化し、構成を組み立てていく手法です。報告書の作成や、メンバーへ意見や説明を行う場合には、ピラミッド・ストラクチャーを利用し、相手に正しいと思ってもらうための根拠について確認しながら進めていくと、相手の理解度が向上します。

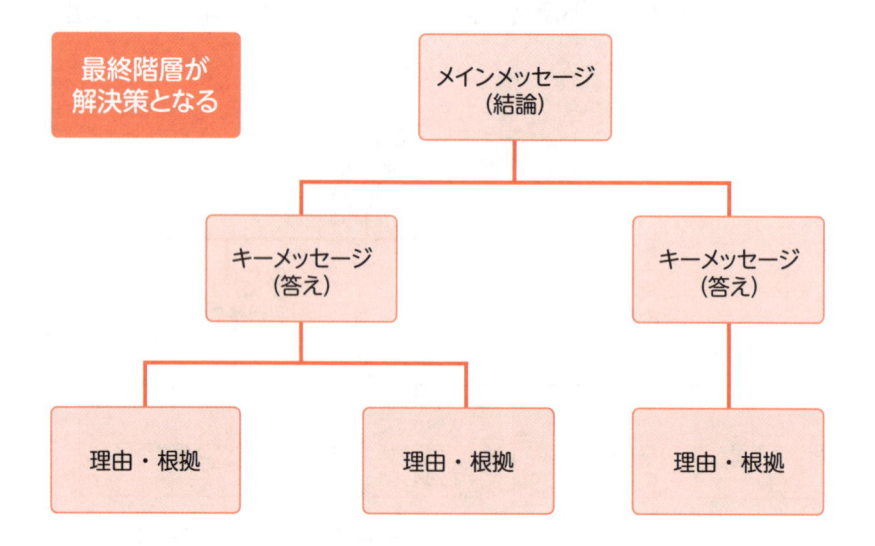

```
最終階層が           メインメッセージ
解決策となる          （結論）
                       │
          ┌────────────┴────────────┐
      キーメッセージ              キーメッセージ
       （答え）                    （答え）
          │                          │
     ┌────┴────┐                     │
  理由・根拠  理由・根拠          理由・根拠
```

■ 「重要性」と「緊急性」のマトリックス

問題を「重要性」と「緊急性」の2軸4象限で分類し、優先順位付けを行う場合に利用します。「A→B→C→D」の順位で問題解決を行っています。このフレームを利用することで、問題の優先順位付けや、発生している問題で忘れられている問題はないかを確認することができます。

```
           高
            ↑
           ┌─────────────┬─────────────┐
           │      A      │      C      │
           │ 重要性：高い │ 重要性：高い │
    重     │ 緊急性：高い │ 緊急性：低い │
    要     ├─────────────┼─────────────┤
    性     │      B      │      D      │
           │ 重要性：低い │ 重要性：低い │
           │ 緊急性：高い │ 緊急性：低い │
           └─────────────┴─────────────┘
           低
            高 ←――――― 緊 急 性 ―――――→ 低
```

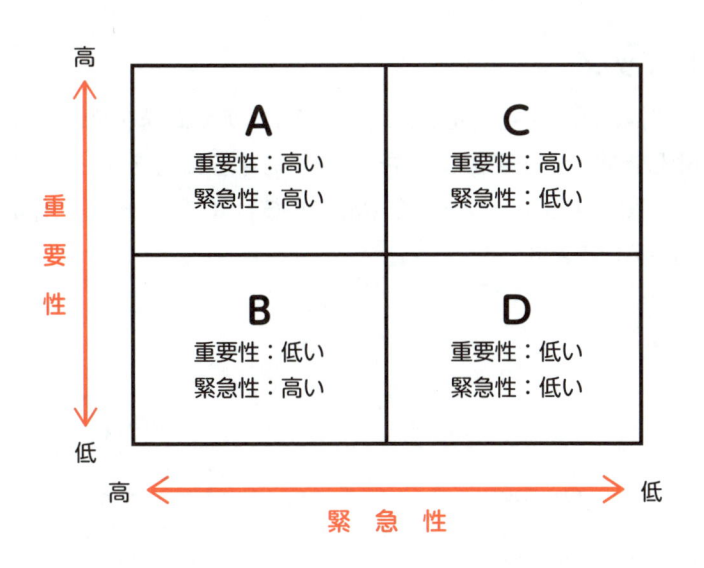

PDCA

PDCAとは、P（Plan=計画）→D（Do=実施）→C（Check=検証）→A（Action=改善）のサイクルで改善を行うことをいいます。

P：目標や計画を設定し、

D：目標や計画を達成するための活動を行い、

C：計画通りに進んでいるか確認し、

A：確認した結果を改善に反映し、次の計画や目標を設定する

サイクルを常に回すことです。

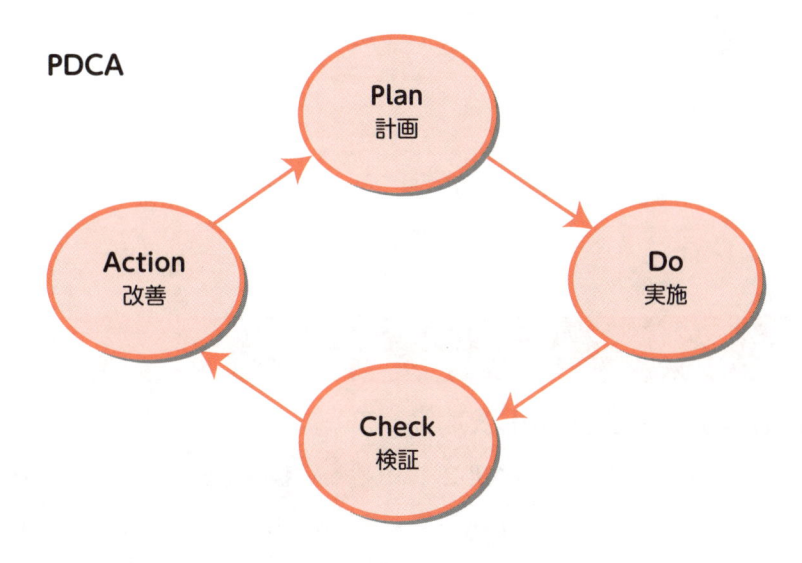

PDCA

Plan 計画 → Do 実施 → Check 検証 → Action 改善 → （Plan に戻る）

■ マインドマップ

マインドマップは、思考を可視化し、新しいアイデアや問題を整理しながら原因を発見する場合に利用します。テーマとなるキーワードを中心に書き（セントラルイメージ）、そのキーワードに関連するキーワードを中心から枝状（ブランチ）に作成し問題を分解し、原因を探り出していきます。

マインドマップ

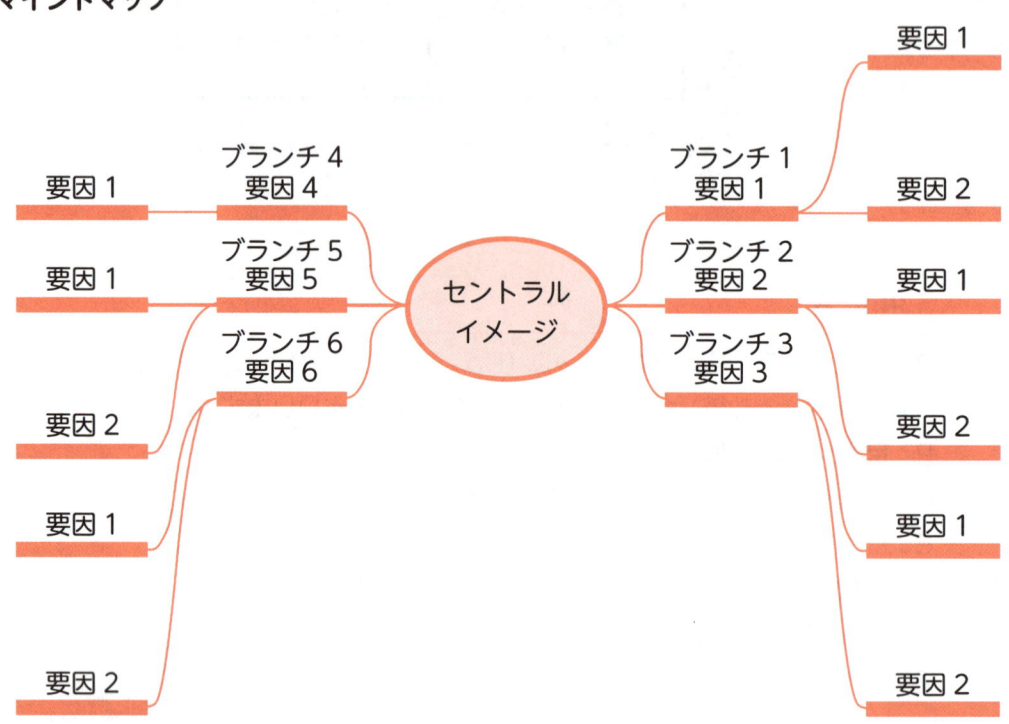

```
              ブランチ4                        ブランチ1
  要因1       要因4                            要因1        要因1
                                                           要因2
  要因1       ブランチ5          セントラル    ブランチ2
              要因5              イメージ      要因2        要因1
              ブランチ6                        ブランチ3
  要因2       要因6                            要因3
                                                           要因2
  要因1
                                                           要因1

  要因2                                                    要因2
```

まとめ

求められるコンピテンシーのレベル

レベル1	レベル2	レベル3	レベル4
理解	実践	改善	指導

➡ 問題解決にあたって適切なフレームワークを選択し、活用できる
➡ 解決すべき課題の優先度を根本的原因の解決に向けて活動できる

PE-14 ロジカル・ライティング

コンタクトセンターでは、コールログの作成や、メール対応、報告書の作成など、文書によるコミュニケーションの機会が多いため、文書の作成技術は、重要なスキルです。ビジネス文書を作成する場合には、受け手に内容を正しく理解してもらうことが大切ですが、正しく内容を理解してもらうためには、伝えたい内容を整理し、簡潔で、根拠や理由が論理的であることが必要です。

学習ポイント
- ロジカル・ライティングの基本的な考え方を理解する
- 相手に伝わる全体の構成や流れのパターンを理解する
- 文書作成の基本を理解する

14-1 ロジカル・ライティング

文書の構成や内容を論理的に考え、受け手に正しく理解してもらう文書を作成することを、ロジカル・ライティングといいます。

■ ロジカル・ライティングの基本

ビジネス文書を作成するためには、以下の点に注意して作成することが大切です。

目的は何か

文書を作成する前に、何を目的として作成するかを明確にすることが大切です。例えば、顧客からの苦情を上司に報告する、顧客に発生した問題についてお詫びする、別の担当者に記録を見て顧客への対応を継続してもらうなど、文書の目的が何かを明確にします。目的が明確であれば、目的を達成するためには「何を伝えれば良いか」、「どのように伝えるのが効果的か」ということを考えることができます。

伝え手は誰か

文書の作成者名（差出人名）は誰が適切かを考える必要があります。ビジネス文書では、

文書を作成した本人名ではなく、会社として、部門として文書を作成する場合も多いです。伝え手の立場により作成する文書内容も違ってくるため、誰が伝え手となるのかを明確にする必要があります。

読み手は誰か

ビジネス文書を作成する場合には、読み手が誰かを意識する必要があります。顧客以外にも、社外の関係者向けの文書や、社内においても、上司やメンバーまたは他部門に向けての文書などがあります。伝え手と読み手の関係や、読み手の知識状況、関心、感情、どの様な反応を示すのかなど、読み手の状況を考慮しながら文書を作成することが大切です。

コンテンツ（内容）

コンテンツは、伝え手の主張や提案、意見を表現しています。主張や提案、意見について読み手に正しく理解してもらうことを意識して文書を作成することが大切です。コンテンツの作成ポイントは、次の通りです。

①テーマ（何を主張するのか明確にする）
　文書で伝えたいことが「テーマ」となります。例えば、「A案を採用する」、「B案の商品を購入する」、「C案の解決手段を実施する」など、文書のテーマを明確にすることが大切です。

②ロジックがしっかりしている
　現状からテーマに至った理由や根拠を読み手に理解してもらうためには、論理的に説明されていることが大切です。論理的な文書を作成するためには、ピラミッド・ストラクチャーなどを利用し、全体構成を考える方法があります。

③事実を書く
　根拠や理由については誰もが納得できる内容でなければなりません。そのためには、事実を伝え、理由や根拠となる論理的な説明を行う必要があります。事実については、数字を利用することや、読み手が知り得ている事実を使い説明することが望ましいです。なお、自身の考えである「推測」を書く必要がある場合には、事実と推測を読み手が混同しないように、明確に分けて書くことが大切です。

④読みやすい文章を心がける
　文書は読み手にスムーズに読んでもらうことが大切です。作成する場合には読み手のことを考え、文章はできるだけ簡潔に要約し、作成することで読みやすい文章を作成することができます。

⑤読み手に期待する反応を明確にする

文書を読んだ読み手にどのような反応や行動を期待するのかを明確にすることが大切です。文書を読んだ読み手が、内容を理解しておくだけで良いのか、何か行動をしてもらいたいのかなどを明確にし、作成することが大切です。

14-2 ストーリーライン

文書を作成するためには、全体の構成や流れ（ストーリーライン）をあらかじめ作成しておくことが大切です。読み手に文書の内容を理解してもらうために、どのような順序で説明することが効果的かを考え、文書を構成します。ストーリーラインは、いくつかのパターンがありますが、汎用性が高いストーリーラインを次に説明します。

■ トップダウン型

トップダウン型とは、結論をまず説明し、結論に至った理由や根拠を説明していく流れで、ビジネスの場面では、よく使われているストーリーラインです。ピラミッド・ストラクチャーで構成した文書は、トップダウン型となります。

■ 起承転結型

ビジネス文書における起承転結では、以下のようなストーリーラインを用いることが多いです。

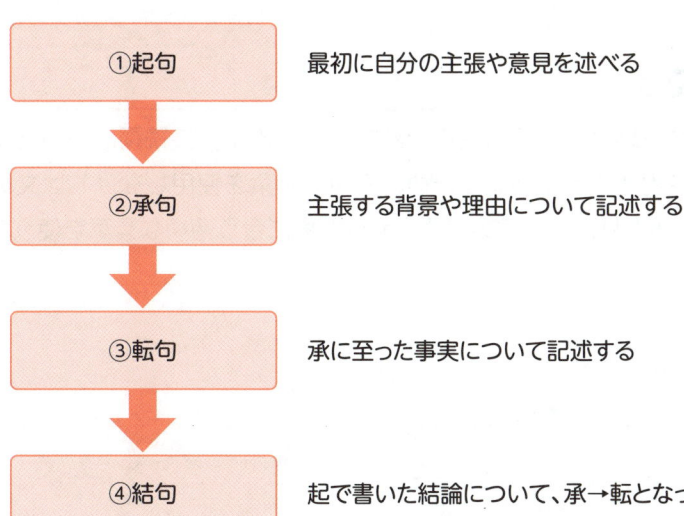

①起句	最初に自分の主張や意見を述べる
②承句	主張する背景や理由について記述する
③転句	承に至った事実について記述する
④結句	起で書いた結論について、承→転となった理由と合わせて結論を記述する

問題解決型

問題点について最初に記述し、分析や調査の説明を行い、解決策を提示する方法

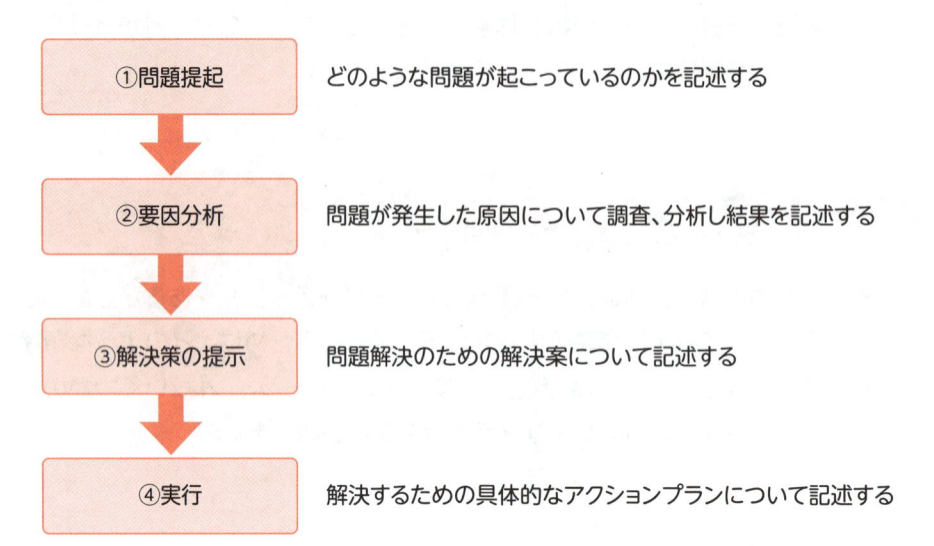

- ①問題提起 — どのような問題が起こっているのかを記述する
- ②要因分析 — 問題が発生した原因について調査、分析し結果を記述する
- ③解決策の提示 — 問題解決のための解決案について記述する
- ④実行 — 解決するための具体的なアクションプランについて記述する

14-3 ビジネス文書作成の基本事項

ビジネス文書を作成するための基本事項について説明します。

主語と述語を一致させる

主語と述語を一致させるためには、主語と述語を離して記述しないことがポイントです。

適切な接続詞を使う

単語と単語、文章と文章を結びつける言葉を接続詞といいます。接続詞は前の文章と後ろの文章の関係により使用する言葉が違うため、適切な言葉を使用しなければ文章の意味が変わってしまうことがあります。そのため、前後関係に合う適切な言葉を使うことが大切です。

接続詞の種類

順接

前の文章が原因、理由となり、後の文章が結果、結論となっている場合に使用される。
（ですから・そこで・すると・そして・なので）

逆接
前の文章から予想される結果や結論と違う場合に使用される。
（しかし・ところが）

対比／選択
前の文章と後ろの文章を対比したり、選択したりする場合に使用される。
（または・それとも・あるいは・もしくは・ないしは）

補足
前の文章を後ろの文章が補足、説明をする場合に使用される。
（つまり・なぜなら・例えば・ただし・すなわち）

並列／累加
前の文章と後の文章を並べたり、追加したりする場合に使用される。
（そして・しかも・なお・それに・さらに・また・および・なおかつ）

転換
前の文章と話題を変える場合に使用される。
（さて・ところで・では・ときに・それでは・次に）

■ 一文一義にする

一文一義とは、ひとつの文章でひとつの内容（メッセージ）を表すようにすることをいいます。ひとつの文書に複数の内容を入れてしまうと、読み手に伝えたい内容が正しく伝わらないため、ひとつの文章に複数の内容を入れずに作成することが大切です。

■ ひとつの文章を短くする

ひとつの文章は60文字以内を目安に、できる限り短く作成します。ひとつの文章が短いと、文と文の関係が理解しやすくなり、その結果、文書全体が理解しやすくなります。文章を短くするためには、内容を整理した上で作成することが必要です。

■ 句読点を正しく使う

句読点を適切に使うこともビジネス文書としては重要です。

句点の付け方

- 文章の終わりに付ける
  例）今日は、問い合わせが多かった。

- 文章の最後に注釈のための丸カッコ（）を使うときは、丸カッコの後に句点を付ける
  例）今日は、コールが多かった（コールとは電話のことである）。

- 筆者名、クレジットなどを丸カッコに入れ文末につけるときは、丸カッコの前に句点を付ける
  例）次回の試験は、○月○日に開催します。（コン検）

- 文章の最後が！や？で終るときは、句点を付けない
  例）今日は、なぜコールが多かったのか？

- カギカッコでくくった中には、句点を入れない
  例）「今日は、コールが多かった」という感想を述べた。

読点の付け方

- 主語の後に使用する
  例）スーパーバイザーは、モニタリングをしている。

- 文章と文章を分ける箇所に使用する
  例）担当者は顧客からの電話に対応し、スーパーバイザーはエスカレーションを担当する。

- 語句を並列に列挙する場合に使用する
  例）コンタクトセンターが多い地域は、東京、大阪、札幌、沖縄などである。

- 修飾語がわかるようにするために使用する
  例）100人の、男女の担当者（100人の、が担当者を修飾）
  　　100人の男女の、担当者（100人の男女、が担当者を修飾）

- 接続詞の後ろに使用する
  例）新しいシステムの導入について話があった。しかし、まだ決定したわけではない。

■ 語尾を統一する

文書を作成する場合には、語尾を統一して作成することが大切です。語尾を統一することで、文書全体を読みやすくすることができます。語尾には、です・ます調と、だ・である調があります。それぞれに次のような特徴があることを理解し、使い分けます。

です・ます調

です・ます調は親しみやすい文書となるため、依頼事項や丁寧な解説、挨拶などの文書に使用します。文書が柔らかく、親しみやすくなるメリットがある反面、文章が長くなるデメリットがあります。

例）今日の目標は、200件のアウトバウンドをすることです。

だ・である調

だ・である調は簡潔に言い切るため、操作説明や、指示事項の文書などに使用します。文書は短くなりますが、高圧的、威圧的イメージの文章となるので、注意が必要です。

例）今日の目標は、200件のアウトバウンドをすることだ。

■ 漢字とひらがなのバランスを考える

漢字が多い文章は読みづらい文章になりやすいです。漢字とひらがなのバランスに注意して作成する必要があります。また、漢字が多い文書は、読むのに時間がかかってしまうため、漢字を多く使用しないよう気をつける必要があります。漢字とひらがなの分量は、目安として2:8の割合が読みやすい文章となります。なお「名詞」「動詞」は漢字を使用しますが、補助的なものはひらがなを利用するようにします。

例）

および：及び	ないし：乃至	はじめて：初めて
ふたたび：再び	ある：或る	すなわち：即ち
もちろん：勿論	したがって：従って	ことに：事に
たくさんの：沢山の	ほかの：他の	できる：出来る

■ 二重否定を避ける

二重否定の文章はあいまいとなり、読み手にわかりにくい文章となるため、使用しないようにします。

例）不要な文書以外は削除しないでください。
　　→　不要な文書は削除してください。
　　→　必要な文書は残しておいてください。

■ 外部向けの文書は敬語を使う

敬語には、尊敬語、謙譲語Ⅰ、謙譲語Ⅱ、丁寧語、美化語があります。社内の文書では敬語を使用しないことが一般的ですが、社外宛ての文書には必ず敬語を使用します。

まとめ

求められるコンピテンシーのレベル

レベル1	レベル2	レベル3	レベル4
理解	実践	改善	指導

➡ 業務上必要な文書の基本フォームを作成し、業務に運用できる
➡ プロセスのモニタリングや、日常の業務を通じて、スタッフのロジカル・ライティングスキルの向上に寄与できる

PE-15 統計基礎

コンタクトセンターでは、多数の数値化された指標を扱います。これら指標の意味を正しく理解し適切なアクションを起こすためには、統計的手法を活用し数値分析することが重要です。

学習ポイント
- 指標管理の数値分析で使用される統計手法の概要を理解する

15-1 いろいろな代表値

数値管理でよく利用されるのは、平均値です。平均値は、データを代表する値でもあります。代表とは、その数値が全体を表している数値であることを意味しています。代表値には、平均値以外にも、最大値、最小値、中央値、最頻値などがあります。

■ 最大値と最小値

収集されたデータの中で最も大きい値の数値を「最大値」、最も小さい値の数値を「最小値」といいます。

■ 平均値

平均値は、収集されたデータの値を合計した数値を、データの個数で割った数値です。

■ 中央値

収集されたデータの真ん中にある値を中央値といいます。データが偶数個の場合は真ん中2つの値の平均が中央値になります。

■ 最頻値

収集したデータの中では同じ数値が複数回発生する場合があります。データの中で、同じ数値が発生する回数が最も多い数値を、最頻値といいます。

■ トリム平均

収集したデータの中で、最大値や最小値に、極端に違う数値（異常値）が発生した場合には、その数値を除き平均値を算出することで、より全体を表す数値となります。異常値を省いて（トリム）平均値を算出することをトリム平均といいます。

■ 代表値の計算例

担当者毎ごとのAHTが下表であった場合の、代表値の計算例を示します。

担当者ごとのAHT

	AHT（秒）
担当者A	245
担当者B	380
担当者C	251
担当者D	248
担当者E	250
担当者F	260
担当者G	255
担当者H	248

代表値
最大値：380秒
最小値：245秒
平均値：（245+380+251+248+250+260+255+248）／8 ＝ 267.1秒
中央値：（250+251）／2 ＝ 250.5秒
最頻値：248秒

15-2 分散

統計データ分析を行う際は、データのばらつき度合いを分析することがとても重要です。しかし、平均値などの代表値では、データがどの程度ばらついているのかを表現すること

ができません。データのばらつきは、分散や標準偏差といった値により表されます。

■ 分散

基準値（平均値）から、各データ点までの差を偏差といいます。

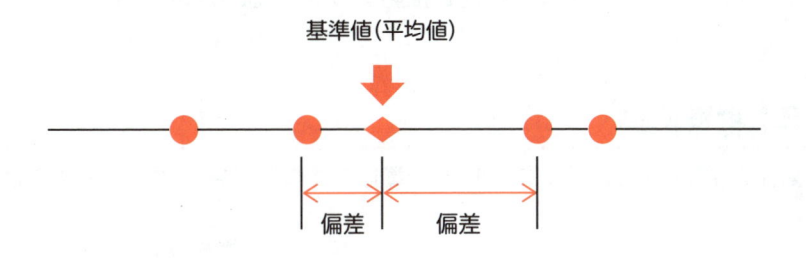

分散とは、この偏差の二乗和をデータの数で割ったものです。偏差の平均値を求めていることになるためデータのばらつきを表す数値になります。

$$分散(\sigma^2) = \frac{\Sigma(偏差)^2}{データの数} = \frac{\Sigma(平均値 - 各データの値)^2}{データの数}$$

■ 標準偏差

分散の平方根を取ったものを標準偏差といいます。標準偏差は収集したデータが、平均値を基準としてどの程度広がりがあるのかを分析するために利用されます。

$$標準偏差(\sigma) = \sqrt{分散(\sigma^2)} = \sqrt{\frac{\Sigma(平均値 - 各データの値)^2}{データの数}}$$

15-3 母集団（サンプル数）

統計データの分析を行う場合、2つの考え方があります。

①記述統計
　四半期（3ヶ月）のデータ、上半期（6ヶ月）のデータなど、特定範囲のデータについて、その特性を分析します。

②推測統計
　母集団から抜き出した一部のデータ（サンプルデータ）を使って、母集団の特性を推測します。

母集団の数が大きく、全数調査が現実的でない場合には、標本を無作為で抽出し（ランダムサンプリング）母集団の特性を推測する推測統計が使用されます。

■ 標本標準偏差

母集団から取り出した標本に対して計算した標準偏差を、標本標準偏差といいます。

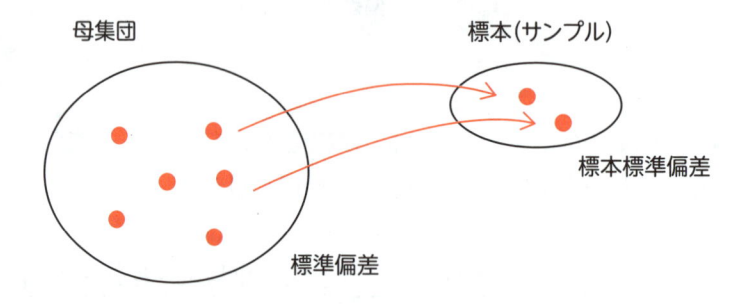

母集団　　　　　　　　　　標本(サンプル)

　　　　　　　　　　　　　　　　　標本標準偏差

　　　標準偏差

15-4　サンプリングとコンタクトセンター分析

顧客満足度やクライアント満足度、およびプロセスのモニタリング、業務プロセスの分析などにおいて、サンプリングや精度に関する統計手法を理解することは、より適切なサンプル数での精度の高い分析を行うために必要となります。

■ サンプリング

膨大な業務量があるコンタクトセンターの業務プロセスの分析においては、全件数の分析を行うことができる場合と、それが難しい場合があります。例えば、顧客満足度調査やプロセスのモニタリングについては、全件調査が難しいため、適切な数のサンプリングを行う必要があります。

指標のタイプ	指標の代表例	主な調査方法	
		母集団	サンプル
満足度	顧客の満足度		○
スピード	つながりやすさ、応答率	○	
精度	正確な応対、一次解決率（モニタリングによる）		○
精度	予測・スタッフィング	○	
効率性	稼働率・占有率・平均処理時間	○	
	欠勤率・離職率	○	

■ 誤差と信頼区間

サンプリングによる調査では必ず誤差が発生します。例えば、満足度調査結果などサンプルデータに対して求めた統計量は、母集団の統計量（本当の値）と近い値にはなるはずですが、必ずしも一致するとは限りません。

このため、満足度調査をする際は、サンプリングによって生じる誤差がどの程度になるのか、十分理解した上で調査を実施しなければなりません。

誤差は、母集団の値（本当の値）が、どの程度の値の範囲に入る可能性があるかを表します。

例）
100件に対して満足度調査を行い、その結果85％の満足度であったとします。

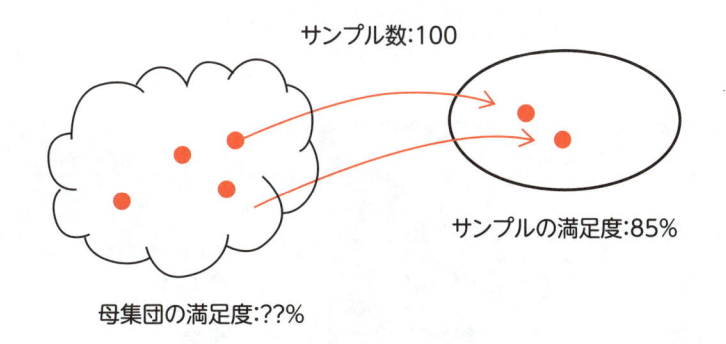

サンプル数:100

母集団の満足度:??%

サンプルの満足度:85%

母集団が十分大きい場合、母集団の満足度は、95％の確率で85±7％（78～92％）の間にあると推測されます。ここで、±7％を「誤差」、78～92％を「信頼区間」、95％を「信

頼係数」といいます。誤差や信頼区間は信頼係数をいくつにするかで変わりますが、コンタクトセンターでは信頼係数95％を使って信頼区間を計算することが多いです。

サンプルの満足度：85％　　誤差：±7％

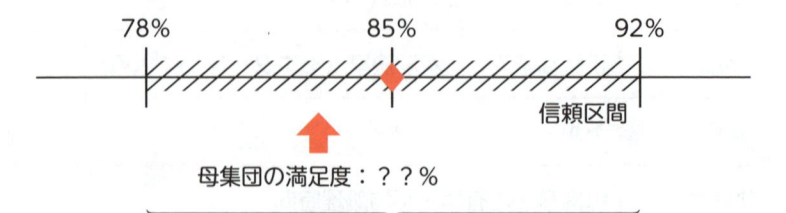

78％　　　　85％　　　　92％

信頼区間

母集団の満足度：？？％

母集団の満足度が信頼区間内にある確率：95％（信頼係数）

まとめ

求められるコンピテンシーのレベル

レベル1	レベル2	レベル3	レベル4
理解	実践	改善	指導

➡ コンタクトセンターにおける統計の重要性について理解している

第11章
PCスキルの基礎

顧客応対では、PC（パーソナルコンピューター）や電話機などのシステムを活用することによって、顧客の抱える期待や問題に対して迅速な対応が可能となります。また、コンタクトセンターの運営管理では、各種レポートの作成やデータの分析などに、オフィスアプリケーションが活用されているため、表計算ソフトやデータベースの基礎知識を身につける必要があります。

概要と構成

PC-1 コンタクトセンターPCスキル基礎
PC-2 文章入力
PC-3 Webと検索
PC-4 表計算
PC-5 データベース基礎

PC-1 コンタクトセンターPCスキル基礎

コンタクトセンターでの業務には、PCが必要不可欠です。PCは、基幹業務システムの端末として使用するだけでなく、テレフォニー機能としての使用や、コールログなどの顧客対応履歴の記録、Eメールなどによる顧客応対などに活用されています。また、オフィスアプリケーションを活用することで、文書・レポートの作成やデータ分析業務の効率を高めることができます。

学習ポイント

- PCの基本的な構成について理解する
- Eメールにおけるビジネスマナーを理解し、実践できる

1-1　パーソナルコンピューターシステム基礎

■ PCの基本的な構成

PCは「ハードウェア」と「ソフトウェア」で構成されており、「ハードウェア」の基本的な構成は、右図の通りです。

コンタクトセンター業務では、装置自体の専門的な知識は求められませんが、どのような構成でPCが動作するのかを把握しておくことで、アプリケーションソフトの操作などの習得度を高めることができます。

コンピューターの基本的な構成

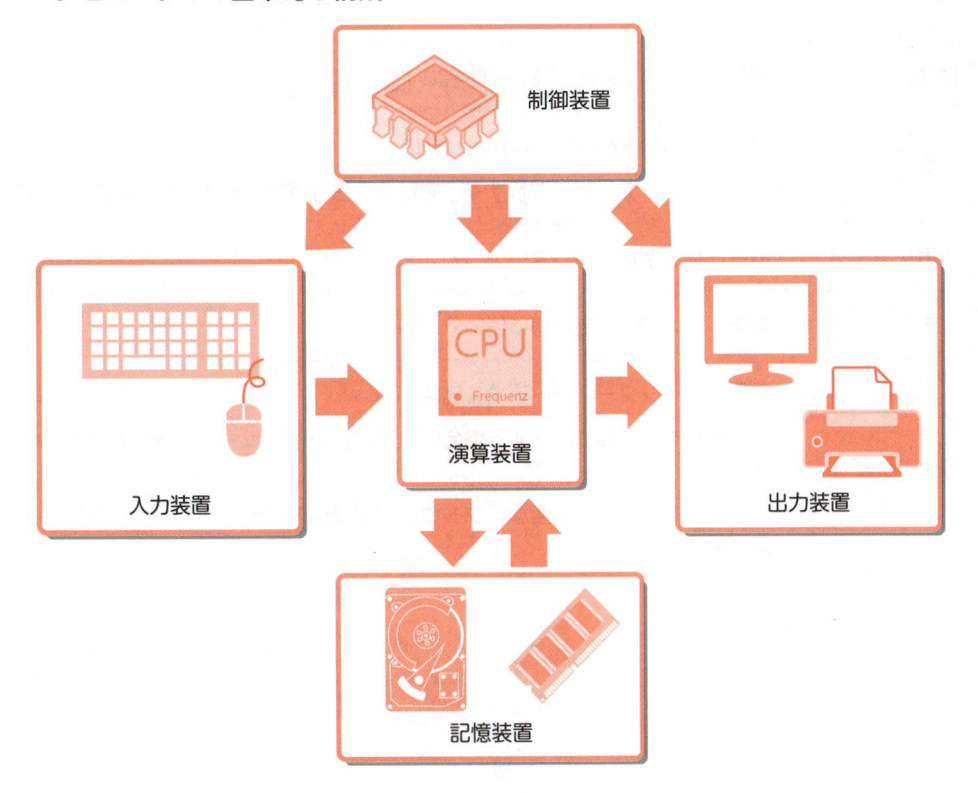

■ OSとアプリケーション

PCには必ずOS（オペレーティングシステム）という基本ソフトウェアがインストールされています。OSはPCを動作させるために必要なソフトウェアで、ハードウェア、アプリケーションソフト、ファイルなどを管理するものです。

コンタクトセンターで多く活用されているOSは、マイクロソフト社のウィンドウズがあります。

アプリケーションソフトはOSを土台に動作するソフトウェアで、表計算・ワープロなどのオフィスソフトやテレフォニーシステムなどがあります。

1-2　Eメールの操作基礎

コンタクトセンターでの顧客応対チャネルとして、Eメールは幅広く活用されています。Eメールでの対応は、その履歴が文章として保存されるため、適切な文章表現が求められます。スーパーバイザーはセンターでの運用ルールを把握し、オペレーターにルールの遵守を徹底させることが必要です。

■ Eメール活用のポイント

件名	・用件がすぐわかるよう簡潔な件名にする
本文	・頭語、結語や季節の挨拶は使用しない ・35～40文字を目安に改行する（適度な空白行があると読みやすい表示となる）
使用する文字	・機種依存文字は使用しない
宛先	・宛先、CC、BCCを適切に使い分ける
添付ファイル	・受信側のインターネット環境を確認する ・ファイルを圧縮して送信する場合は、受信側が解凍ツールを持っているかを確認する ・ファイルを開くのに必要なソフトウェアが受信側にインストールされているかを確認する

まとめ

求められるコンピテンシーのレベル

レベル1	レベル2	レベル3	レベル4
理解	実践	改善	指導

➡ パソコンの基礎知識を理解し、業務に必要なシステムやツールを用いて、円滑に業務処理ができる

PC-2 文章入力

顧客応対業務を担当するオペレーターやスーパーバイザーにとって、文章入力スキルは必須のスキルです。Eメールなどでの顧客対応をはじめ、コールログの入力や、顧客対応後の後処理、報告書の作成など、顧客応対業務の多くの場面で、文章入力スキルを活用します。文章入力スキルを高めることが、より効率的で生産性の高いコンタクトセンター運営に結びつきます。

学習ポイント

- タッチタイピングの重要性を理解し、実践できる
- ワープロソフトのフォーマット編集機能を理解し、操作できる

2-1　テキスト入力と編集

■ タッチタイピング

Eメールやワープロソフトなど、文字入力には、基本的にキーボードを用います。文字入力を素早く行うためには、PCの画面（ディスプレイ）を見たまま、キーボードを見ずに、タイピングする必要があります。
コンタクトセンターでは、顧客との通話中に、対応履歴をシステムに入力したり、キーワードを入力して情報を検索することがあるため、タッチタイピングの習得が重要です。

■ ショートカットキー

ワープロソフトなどのアプリケーションでは、「コピー」や「貼り付け」などのコマンドを実行する手段として、マウスを使用して、アプリケーションソフトのメニュー画面などから操作を行う方法以外に、キーボードを使用して操作する「ショートカットキー」があります。ショートカットキーでの操作はマウスを使用する操作に比べて、素早く操作できるため、代表的なショートカットキーを学習し、使用できるようになることが重要です。

Officeアプリケーションの代表的なショートカットキー

機能	キーボード操作	機能	キーボード操作
すべて選択	[Ctrl] + [A]	文頭にカーソルを移動	[Ctrl] + [Home]
コピー	[Ctrl] + [C]	文末にカーソルを移動	[Ctrl] + [End]
貼り付け	[Ctrl] + [V]	上書き保存	[Ctrl] + [S]
切り取り	[Ctrl] + [X]	印刷	[Ctrl] + [P]
元に戻す	[Ctrl] + [Z]	ヘルプ表示	[F1]

2-2　ビジネスフォーマットの編集

コンタクトセンター内での報告書や顧客への案内文書などは、ワープロソフトを用いて作成するのが一般的です。代表的なワープロソフトである、マイクロソフト社「Word」の操作方法の概要を説明します。

画面構成

「Word」を起動すると、下図のような画面が表示されます。「Word」の各機能を効率的に操作するためには、画面の構成を理解しておくことが必要です。

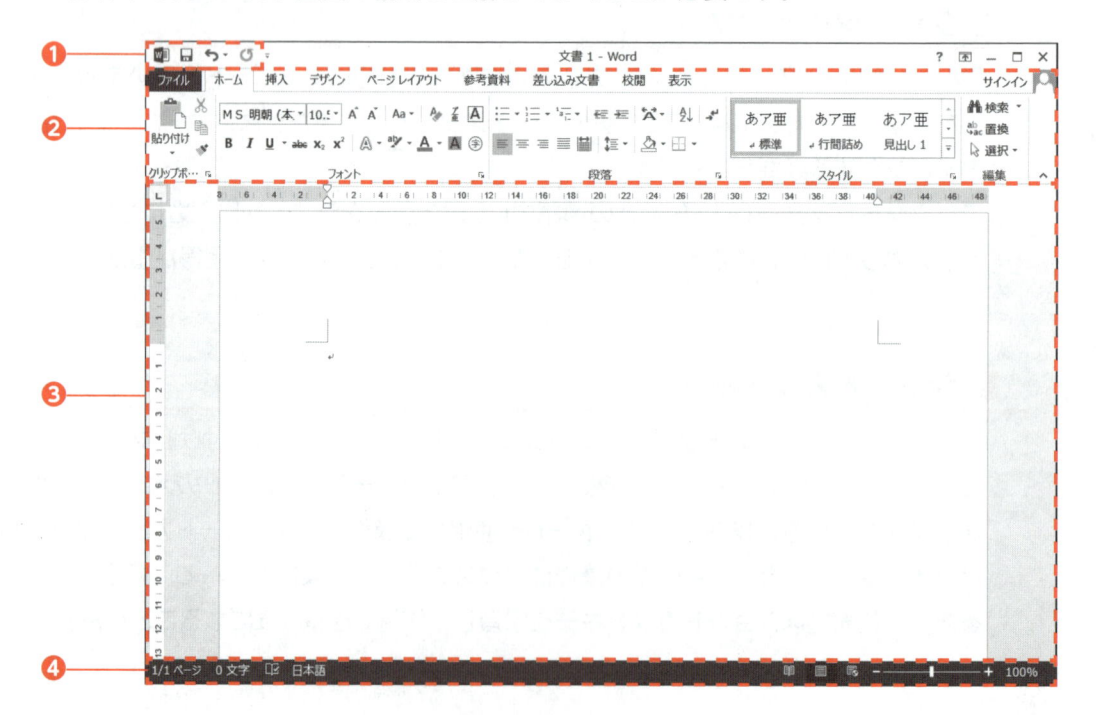

❶ クイックアクセスツールバー
「よく使うコマンド（命令）」を登録して、すぐ実行できるように画面の左上に常時、ボタン表示できるカスタマイズ可能なツールバーです。

❷ リボン
「よく使うコマンド（命令）」を割り当てたボタンが機能ごとにパネルに分類、配置されています。メニュータブとグループから構成されており、アイコンをグループ化して表示しています。

❸ 文書編集ウィンドウ
文章など編集中の文書を表示、編集したり作成したりするためのウィンドウです。

❹ ステータスバー
作業中の文書の情報（文字数や表示しているページ番号など）が表示されます。

■ 文字（フォント）の書式設定

「Word」には、さまざまな書式設定があります。フォント（書体データ）の種類やサイズ、文字色などを使い分けることによって、読み手にとって読みやすい文章を作成することができます。

文字書式の設定は、［ホーム］タブの［フォント］グループの各ボタンを使用します。

［ホーム］タブ［フォント］グループ

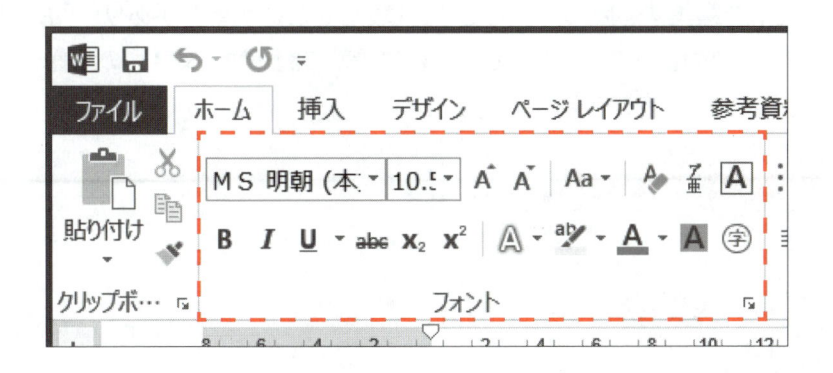

よく使用されるボタン

MS 明朝 (本▼	フォント	フォントを変更する
10.5▼	フォントサイズ	フォントサイズを変更する
B	太字	文字を太字にする
I	斜体	文字を斜体にする
U▼	下線	文字に下線をつける
A▼	フォントの色	フォントの色を設定する
A˘ A˘	フォントサイズの拡大・縮小	フォントサイズを拡大・縮小する

■ 段落の書式設定

「Word」には、文章を編集する際の単位として、「段落」という単位があり、［ホーム］タブの［段落］グループの各ボタンを使用して、行や段落の間隔や、文字列の配置、インデントの調整を行うことができます。

［ホーム］タブ［段落］グループ

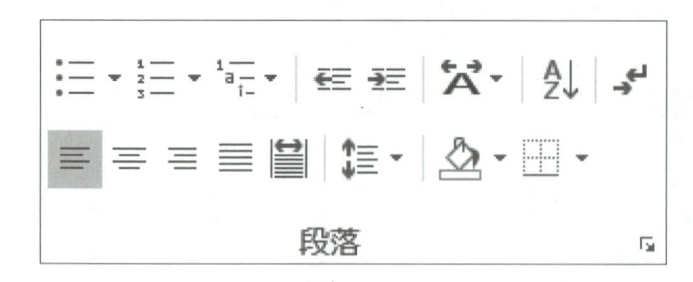

■表の挿入

文書作成時に表の挿入ができます。特にビジネス文書では頻繁に使われており、文書に表を挿入することで、集計値や項目を見やすくまとめたり、情報を整理して表示したりできます。また、作成する文書に合わせて多様なデザイン設定が可能です。

挿入方法は、[挿入] タブの [表] グループの [表] をクリックし、表のマス目にマウスポインターを合わせて、行と列の設定を行います。

[挿入] タブ [表] グループ

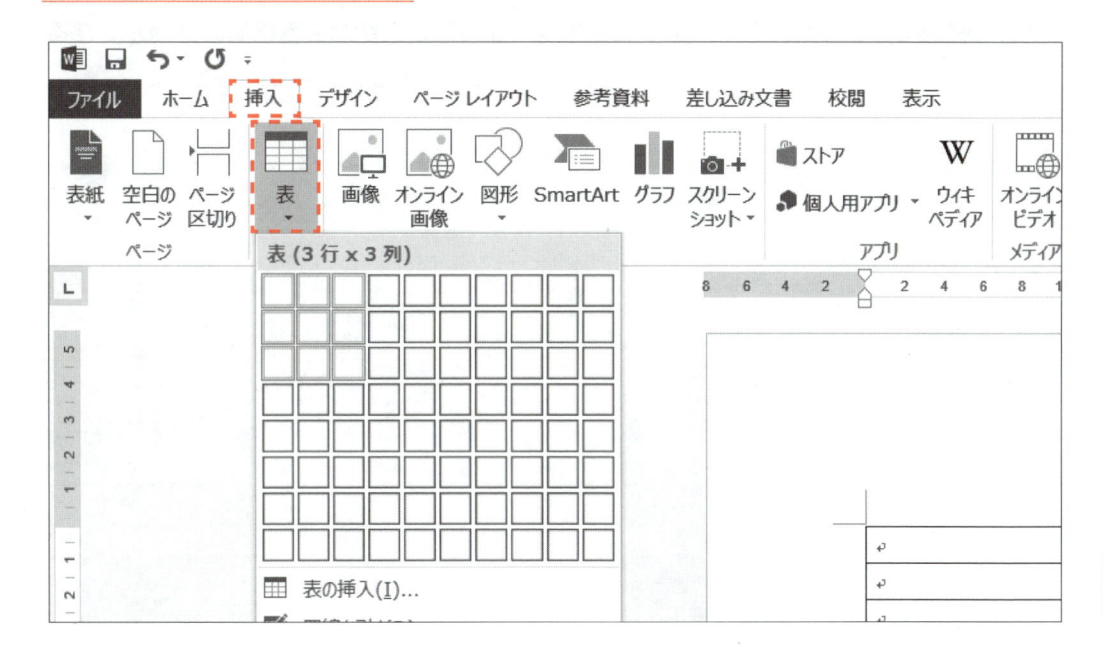

[表] ツール [レイアウト] タブ／[デザイン] タブ

文章に挿入した表は、サイズや行の高さ、列の幅、デザイン（背景の色や罫線の種類など）の書式を設定できます。設定は、[表] ツール [レイアウト] タブ／[デザイン] タブの各ボタンを使用して行います。

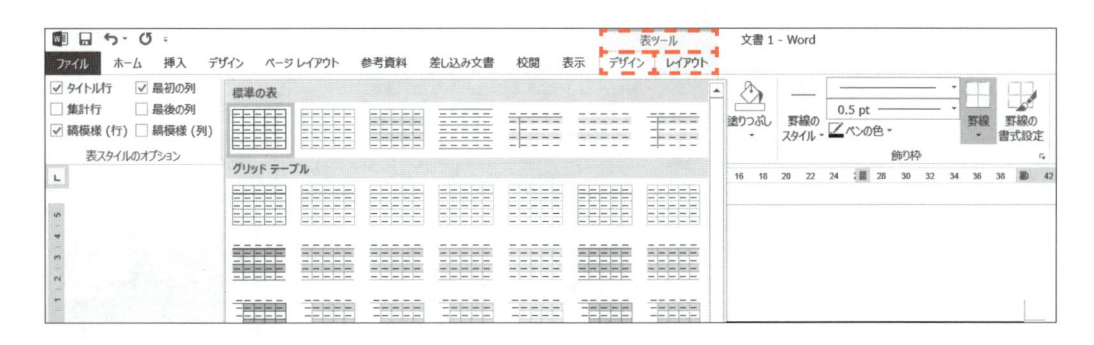

まとめ

求められるコンピテンシーのレベル

レベル1	レベル2	レベル3	レベル４
理解	実践	改善	指導

➡ トレーニングの実施など、文書作成の知識やスキルを習得できる環境を構築できる

➡ 報告書などの文書フォーマットを作成・改善し、適切な文書構築の支援ができる

PC-3 Webと検索

インターネットで公開されている情報には、有益なものが多数存在しています。検索エンジンを利用して、調べたいキーワードから該当するページを検索することができます。

学習ポイント

- Webの基本概念や検索方法を理解し、効率的に活用する

3-1 Webの基本概念とブラウザーの基本操作

■ Webの基本概念

インターネットの起源は、1969年のアメリカ国防総省で行ったコンピューター間の接続実験だといわれています。

インターネットは、規模を問わず、ネットワークが網の目状につながったネットワークのことで、情報となるホームページのサイトには、いくつかのネットワークを経由してから、辿り着くことになります。

■ ブラウザーの基本操作

インターネットエクスプローラーなどのウェブ閲覧ブラウザーソフト（ブラウザー）で検索サイト（Google、Yahoo!など）を開き、検索したい「キーワード」を検索ボックスに入力してから検索ボタンをクリック（またはEnterキーを押下）すると、キーワードを含むページのタイトルとURLなどが一覧で結果表示されます。

3-2 検索操作

検索サイトを利用した操作を例にすると、以下の方法があります。
（使用する検索サイトによって検索方法や結果が異なる場合があるため、必要に応じて利用する検索サイトのヘルプを参照すること）

■ 基本検索

検索キーワードを基にした検索結果が表示されます。キーワードは複数入力することも可能で、その場合はキーワードの間にスペース（空白）を入れます。
結果はすべてのキーワードを含むページが表示されます。複数キーワード検索の場合は「and検索」とも呼ばれています。

■ マイナス検索

検索結果に含みたくないキーワードがある場合は、そのキーワードの前に「-」（半角のマイナス）をつけることで結果から除外することができます。
例）コンタクトセンター　-東京
　　東京というキーワードを含まないコンタクトセンターのページが検索結果となる。

■ フレーズ検索

固有の名称など特定のキーワードを検索する場合は、「"」（半角の引用符）でキーワードをくくることで該当のキーワードのみを検索結果に表示できます。
基本検索はページ内にキーワードが近く並んでいるだけでも結果表示されるため、結果が多すぎる時にはフレーズ検索に切り替えるのもひとつの手段です。
例）"東京コンタクトセンター"企業情報
　　「東京コンタクトセンター」という固有名称を含む検索結果だけが表示される。

■ ドメイン制約検索

特定のドメイン内に限定してキーワードを検索したい場合に使います。ただし、検索エンジンに登録されているページのみが検索範囲となります。
例）site :www.conken.org　ニュース
　　www.conken.org のサイト内で「ニュース」というキーワードを含む結果が表示される。

これらの検索方法以外にも、画像を対象にしたイメージ検索や、ニュース、ブログだけを対象にした検索などがあります。
インターネット（Web）からは、膨大な情報が得られますが、その情報が正しいものであるかは検証が必要です。検索結果はあくまで、キーワード入力から得られた結果であり、問題解決の回答ではありません。インターネットから得た情報を問題解決に活用する場合は、十分な検証を行うことが必要です。

まとめ

求められるコンピテンシーのレベル

レベル1	レベル2	レベル3	レベル4
理解	実践	改善	指導

➡ Webの基本概念や検索方法などを理解し、効率的な業務支援のための提案や改善ができる

➡ Webを駆使して活用されるさまざまなアプリケーションの活用ができる

PC-4 表計算

コンタクトセンターでは、効率的で生産性の高いセンター運営を実現するため、さまざまなデータを集計、分析して、業務改善に活用しています。データ集計、分析では、表計算アプリケーションが利用されています。

学習ポイント
● 表計算アプリケーションの基本操作を理解し、操作できる

4-1 表計算の基礎

■ 表計算アプリケーションとは

表計算アプリケーションとは、主に数値のデータ集計や、分析用のレポート作成などに用いられるソフトのことです。代表的なアプリケーションとして、マイクロソフト社の「Excel」があります。
ここでは、マイクロソフト社の「Excel」の基本操作を説明します。

■ 画面構成

「Excel」を起動すると、右図のような画面が表示されます。「Excel」の各機能を効率的に操作するためには、画面の構成を理解しておくことが必要です。
セルに数値や計算式・関数を入力すると、アプリケーションが自動的に計算を行います。また、セルごとに書式設定をすることができ、レイアウトを整えることでビジネス文書の作成や印刷ができます。その他、数値をグラフ化することで、分析結果のレポートも作成可能です。表作成はセルの集合した「シート」にて行います。

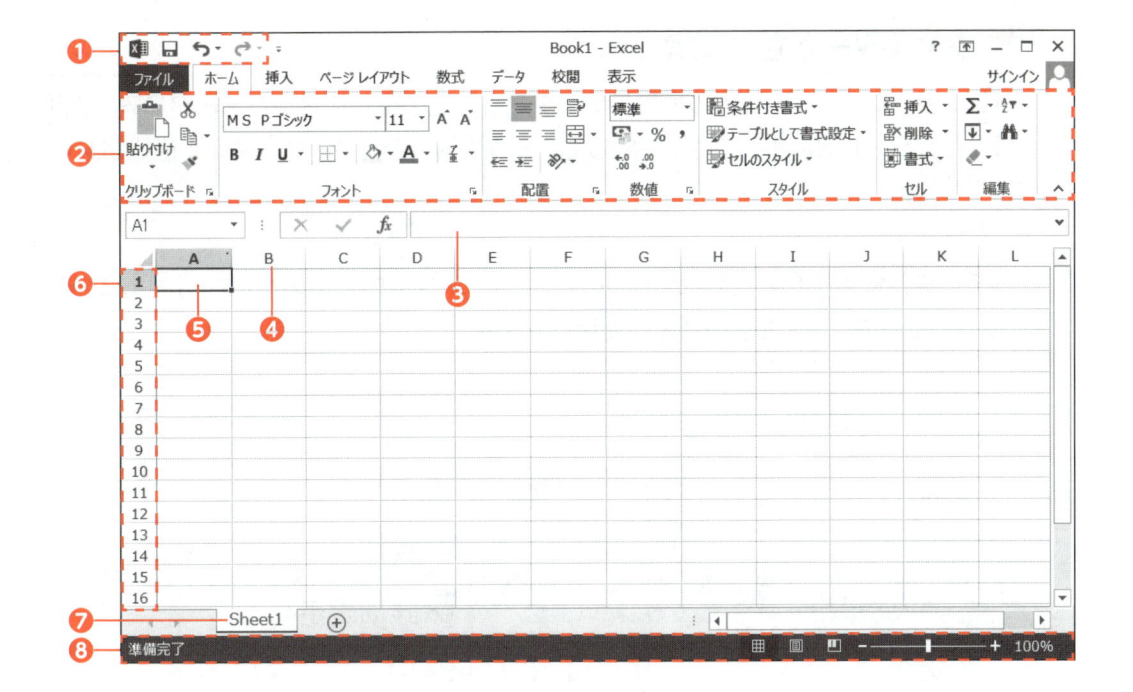

❶**クイックアクセスツールバー**

「よく使うコマンド（命令）」を登録して、すぐ実行できるように画面の左上に常時、ボタン表示できるカスタマイズ可能なツールバーです。

❷**リボン**

「よく使うコマンド（命令）」を割り当てたボタンが機能ごとにパネルに分類、配置されています。メニュータブとグループから構成されており、アイコンをグループ化して表示しています。

❸**数式バー**

アクティブセルに入力されているデータや数式を表示します。

❹**列番号**

ワークシートの各列の番号で、A～XFD列（16384列）あります。

❺**セル**

ワークシートの基本単位です。

❻**行番号**

ワークシートの行の番号で、1～1048576行あります。

❼**シート見出し**

ワークシート名が表示されます。シート見出しをクリックしてワークシートを切り替えることができます。

❽**ステータスバー**

選択されたコマンドや実行中の操作に関する説明など、作業中のワークシートの状態やアプリケーションの状況に合わせた情報が表示されます。

■ フィルターと並べ替え

「Excel」には、シート内の大量のデータから特定の条件に合ったデータのみを抽出する「フィルター」機能や、条件を指定してデータを並べ替える「並べ替え」機能があります。

フィルター

[データ] タブの [並べ替えとフィルター] グループにある [フィルター] ボタンをクリックすることで、フィルター機能が使用できます。

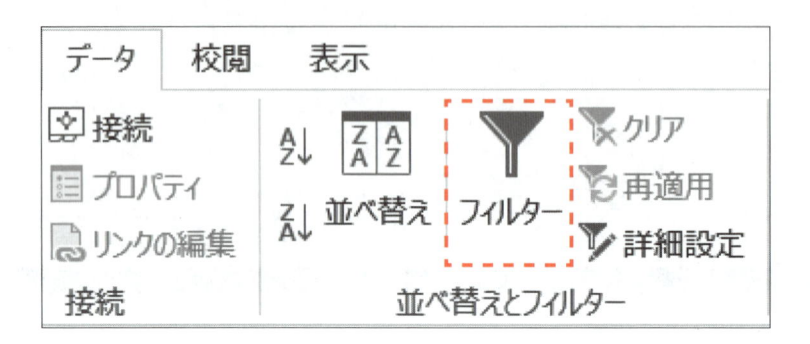

顧客データであれば、住所の都道府県名、購入履歴の製品などが抽出条件になります。各フィールドの右側に表示される「▼」をクリックすると表示される抽出条件の指定時に、項目と等しい・等しくない・含む・含まないなどの、複数の項目を設定することで、さらに絞り込みができます。

	A	B	C	D	E	F	G
1	2014年対応件数履歴						
2							
3	NO	日付	製品コード	製品	対応件数	担当者コード	担当
4	1	2014年4月5日	1010	A社パソコン1	25	11010	山田
5	2	2014年4月5日	1020	A社パソコン2	31	11020	荒井
6	3	2014年4月5日	1030	A社パソコン3	15	11030	山本
7	4	2014年4月5日	2010	B社パソコン1	25	21010	福谷
8	5	2014年4月5日	2020	B社パソコン2	31	21020	稲葉
9	6	2014年4月6日	1030	A社パソコン3	15	21030	小笠原
10	7	2014年4月6日	2010	B社パソコン1	24	21010	福谷
11	8	2014年4月6日	2020	B社パソコン2	26	21020	稲葉
12	9	2014年4月6日	1010	A社パソコン1	25	11020	荒井

並べ替え

並べ替えは、テーブル内の任意のセルをアクティブセルにし、[データ] タブの [並べ替えとフィルター] グループにある [並べ替え] ボタンをクリックすると、優先キーを指定するダイアログボックスが表示されます。

［データ］タブ ［並べ替えとフィルター］グループ

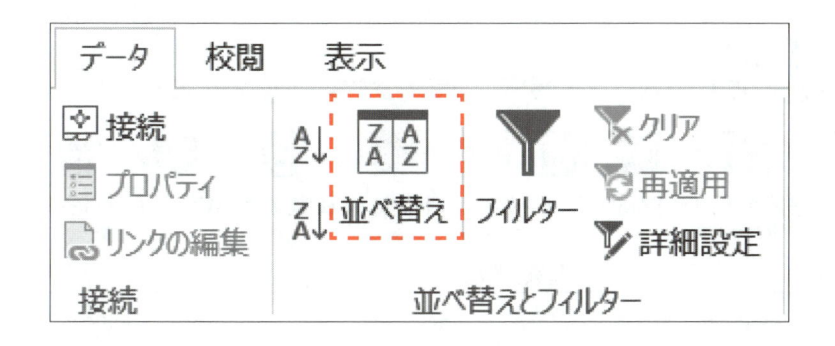

下記のダイアログボックスにそれぞれの条件を設定します。複数の項目を並べ替える場合は、レベルの追加を行います。

データの並べ替えでは、キー項目に優先度をつけ、［昇順］または［降順］、［ユーザー設定リスト順］を設定することができます。データを並べ替えることで、データの特徴を把握・整理して分析しやすくすることができます。

並べ替えダイアログボックス

基本的な関数

関数とは、「Excel」であからじめ定義されている数式であり、400種類以上の関数が用意されています。
表計算ソフト本来の目的は数値データの集計・分析です。四則演算だけではなく、関数式を用いることで、長く複雑な数式を簡単に作成し、集計・分析の作業を容易にすることができます。
関数を入力するセルを選択し［数式］タブの［関数ライブラリ］グループにある［関数の挿入］ボタンをクリックすると、［関数の挿入］ダイアログボックスが表示されます。

［数式］タブ［関数ライブラリ］グループ

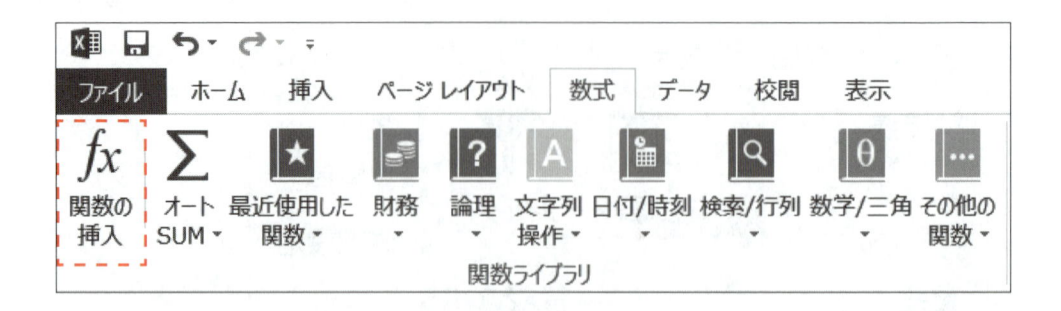

［関数の挿入］ダイアログボックスでは、関数の分類を選択し、目的の関数をクリックすることで、ウィザード形式で関数を挿入できます。

合計や平均など、一般的によく使われている関数は、コンタクトセンター業務にも十分活用できます。

［関数の挿入］ダイアログボックス

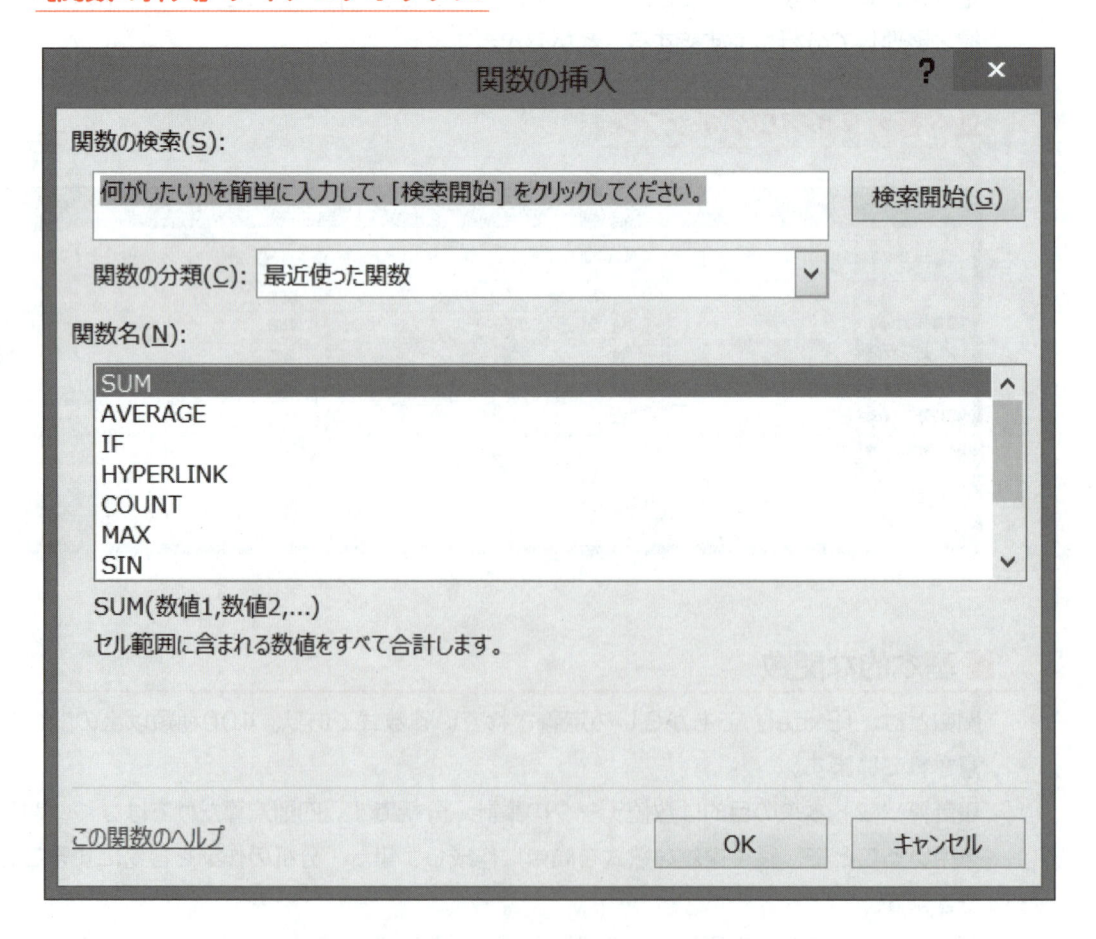

よく使用される関数

統計関数	AVERAGE（平均値）
	COUNT（数値の個数）
	MAX（最大値）
	MIN（最小値）
数字／三角関数	SUM（合計値）
	ROUND（四捨五入）
	ROUNDUP（切り上げ）
	ROUNDDOWN（切り捨て）
文字列操作関数	JIS（全角文字に変換）
	ASC（半角文字に変換）
日付／時刻関数	DATE（年月日となる数値を日付データに変換）
	TIME（時分秒となる数値を時間データに変換）

4-2　表計算の応用（分析・グラフ作成）

シートやブック内のデータを基にしてグラフを作成し、ピボットテーブルなどを利用することで、より見やすく高度な分析に活用することができます。

グラフ

表のデータを視覚的にわかりやすく見せるためには、グラフを作成すると効果的です。「Excel」では、グラフ作成ウィザードを使用し、グラフを容易に作成することができます。グラフの種類には棒グラフや折れ線グラフ、円グラフなどがあり、複数の系列を複合化することもできます。データの種類に適したグラフは、データ全体の傾向を分析するときにも役立つので、グラフの用途を理解することが大切です。
シート内のグラフ化したいデータを範囲選択し、［挿入］タブの［グラフ］グループの各グラフボタンをクリックすると、グラフを作成することができます。

[挿入] タブ [グラフ] グループ

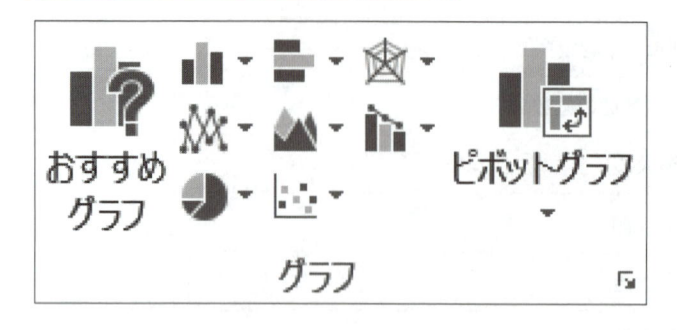

よく使用されるグラフ

グラフの種類	ボタン	用途
棒（縦・横）		縦棒グラフは、複数の項目間の値を比較する際に使用します。横棒グラフは、グラフの期間を表す場合や、項目の文字列が長い場合に使用すると、よりわかりやすく表現できます。
折れ線		集計値の時間的な変化や各項目の全体的な傾向を表す場合に適したグラフです。折れ線グラフでは、平面、立体、積み上げグラフも作成できます。
円		全体に対する各項目の集計値の割合を表す場合に使用します。円グラフには平面と立体の2種類があり、平面のグラフでは補助円グラフ付きや補助縦棒付きグラフも作成できます。

ピボットテーブル

ピボットテーブルとは、大量のデータを素早く集計、分析できる「Excel」の機能です。数値データの小計や総計の算出、カテゴリごとのデータ集計やデータの絞り込み作業など、ドラッグ＆ドロップなどの簡単な操作で行うことができます。また、ピボットテーブルで分析した結果を基に、グラフを作成することもできます。

ピボットテーブルを作成するには、データを範囲選択し、「挿入」タブの「テーブル」グループにある「ピボットテーブル」ボタンをクリックします。

［挿入］タブ［テーブル］グループ

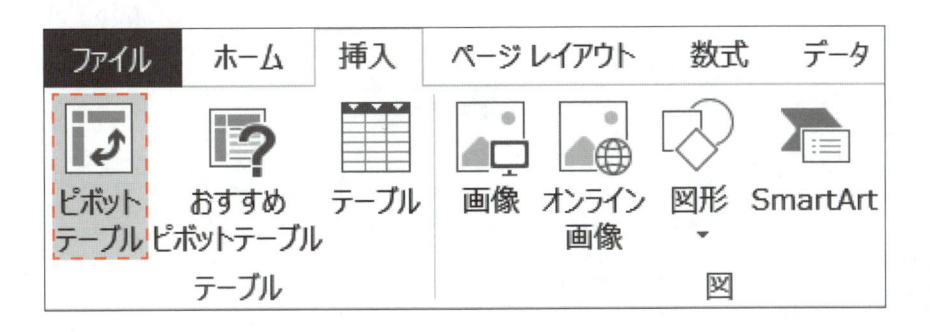

［ピボットテーブルの作成］ダイアログボックスが表示され、［テーブルまたは範囲を選択］に元データの範囲が自動的に入力されます。

［ピボットテーブルの作成］ダイアログボックス

新規ワークシートにピボットテーブルが挿入されたら、［ピボットテーブルのフィールド］で［行］や［列］に任意の項目をドラッグ＆ドロップすることで、分析結果が表示されます。

ピボットテーブル新規ワークシート

分析結果例

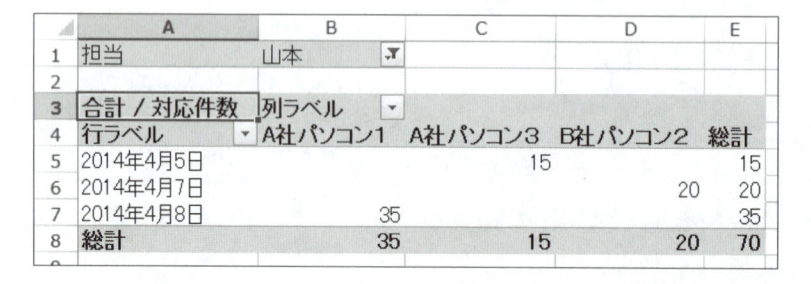

コンタクトセンターでは、管理指標や顧客データの分析が行われます。データの集計・分析を効率良く行うために、ピボットテーブルを活用することが必要です。

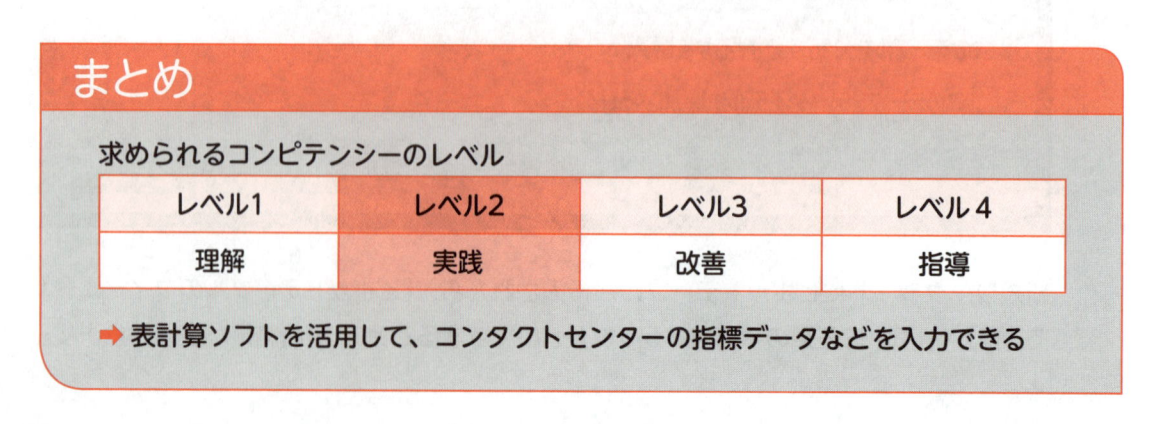

まとめ

求められるコンピテンシーのレベル

レベル1	レベル2	レベル3	レベル4
理解	実践	改善	指導

➡ 表計算ソフトを活用して、コンタクトセンターの指標データなどを入力できる

PC-5 データベース基礎

コンタクトセンターでは、顧客情報や対応履歴など、一元管理されたデータが蓄積されています。これらのデータから必要な情報だけを引き出し、表計算アプリケーションなどで加工することも可能です。データベースアプリケーションの基本操作とデータベースの仕組みを理解することで、データの入力や抽出が可能となり、コンタクトセンターにおけるレポート作成やデータ分析に活用することができます。

学習ポイント

- データベースの基本概念を理解する

5-1 データベース基礎

■ データベースとは

相互に関連するデータを整理、統合し、検索や抽出を行えるようにしたデータの集まりのことです。データベースアプリケーションにはさまざまな種類がありますが、小規模なシステムではマイクロソフト社の「Access」を利用することが多く、簡易的なデータベース運用に活用されています。

■ データベースの定義

種類	内容
テーブル	データを格納するための入れ物のこと
フィールド	データの項目を指します。テーブルの中で、縦にまとまっていることから、「列」と呼ぶこともあります
レコード	1件ごとにまとめられたデータのこと
主キー	テーブル内のレコードを必ず特定できる項目のこと ほかのレコードと重複することはなく、顧客番号・社員番号・商品番号などが代表的なキーです
クエリ	テーブルのデータを元に、指定した条件でデータを抽出したり、更新・削除する操作を行う仕組みのこと

まとめ

求められるコンピテンシーのレベル

レベル1	レベル2	レベル3	レベル4
理解	実践	改善	指導

➡ データの入力・抽出やレポート作成のためのデータベースに関する知識や仕組みを理解している
➡ データベースを分析し、業務上の施策に活用できる
➡ 必要なデータ収集のため、基本的な抽出操作ができる

第12章
職業人としての個人の資質と行動

顧客対応の上で重要なことは、顧客に対し高品質なサービスを提供するという姿勢を保つことです。顧客対応のプロフェッショナルとして、顧客に高品質なサービスを提供するために必要となる資質と行動を理解し実践することが重要です。

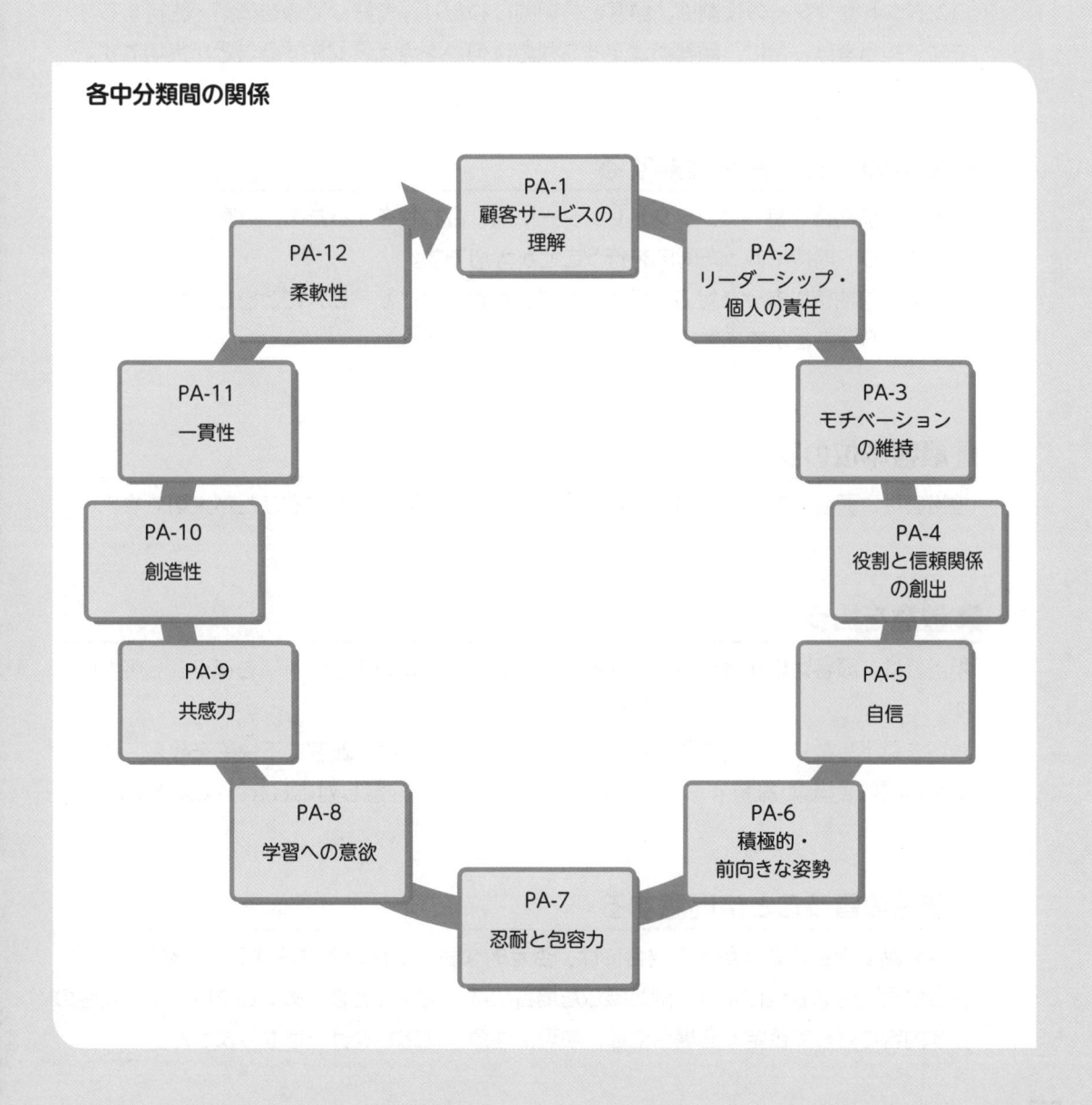

各中分類間の関係

- PA-1 顧客サービスの理解
- PA-2 リーダーシップ・個人の責任
- PA-3 モチベーションの維持
- PA-4 役割と信頼関係の創出
- PA-5 自信
- PA-6 積極的・前向きな姿勢
- PA-7 忍耐と包容力
- PA-8 学習への意欲
- PA-9 共感力
- PA-10 創造性
- PA-11 一貫性
- PA-12 柔軟性

PA-1 顧客サービスの理解

■ 顧客サービスの姿勢

顧客対応では、顧客の視点で考え、顧客の立場に立った対応を実践することが大切です。

■ 顧客と良好な関係を構築する

コンタクトセンターの役割は、顧客と長期間にわたり、良好な関係を構築・維持することです。担当者は、常に、顧客が満足する対応は何かを考え、対応することが大切です。

■ 顧客の事前期待を理解する

顧客は事前期待を持ちコンタクトセンターに問い合わせをするため、顧客の事前期待を正しく理解し、期待にあった対応を行うことが大切です。
顧客の事前期待にあった対応を行うことで、顧客は良いサービスだと感じ、サービスに満足してもらうことができます。

■ 顧客本位の実行

担当者は、顧客の視点に立ち、顧客にとって最善となる提案をすることが大切です。

■ 敬意を払う

担当者は、顧客対応がビジネスであることを忘れず、礼儀正しい対応を行うことが大切です。
顧客を見下したり、否定する表現を使用したりすることは、顧客に不快感を与え、顧客との良い関係を構築・維持することができなくなるため、注意し対応しなければなりません。

■ 顧客の言うことに同意する

顧客の話す内容に誤りがある場合には、否定的な表現を用いて説明することを避けます。顧客は否定的な表現により不満と感じた場合には、話すことを止めてしまいます。顧客の話す内容に対して否定する場合には、表現に注意し対応しなければなりません。

■ 常に企業・組織の代表であることを忘れない

顧客対応を行う担当者は、企業や組織の代表としての責任があるため、企業方針や、ガイドラインを理解し、遵守した行動を取ることが大切です。

PA-2 リーダーシップ・個人の責任

■ 個人の責務を遂行する

顧客の問題を最初に受け付けた担当者は、オーナーシップを持ち、すべての対応が完了するまで、顧客の代理人として管理する責任があります。

■ 顧客の問題に対し責任を持つ

顧客の問題を最初に受け付けた担当者は、オーナーシップを持ち、顧客のすべての問題が解決されるまで責任を持って対応することが大切です。
解決までに長期間かかる場合には、顧客への定期的な報告や、顧客の代理人として、問題解決のために積極的な取り組みを行うことが大切です。

■ 間違いを認める

担当者は、自身の対応や顧客に説明した内容が間違っていたことが判明した場合には、すぐに顧客に報告し、間違いを正直に認め、謝罪し、信頼を回復するために自身ができる最善の対応案を提案し、顧客からの了承を得ることが大切です。
間違いを認めなかったり、間違いを放置したりしていることで、顧客からの信頼を失うということを理解し対応しなければなりません。

■ 顧客に対しリーダーシップを持つ

担当者は顧客が望んでいることを理解し、顧客が望む成果をあげるために必要となる情報の提供や支援をする必要があります。顧客は、すべてを知り得ていないため、担当者がリーダーシップを持ち、支援することが大切です。

■ 規律を守る

コンタクトセンターは、チームで活動するため、チームのメンバーとチームのモラルを乱すような行為や行動を取らないよう、注意することが大切です。

■ チームメンバーとしての責務を果たす

コンタクトセンターは、チームで活動するため、チームメンバーとしてチームの取り組みに積極的に参加することが大切です。チームメンバーがお互いの情報や問題を共有することで、より良いチームを作ることができます。

PA-3　モチベーションの維持

■ 明確な目標と達成感

モチベーションを維持するためには、明確な目標を持ち、目標を達成するための取り組みを行うことが大切です。
また、目標を達成したときに達成感を感じることで、より高いモチベーションを持つことができます。

■ 明確なビジョンを持つ

将来に向けてのビジョンを持ち、目標を達成するための取り組みを行うことが、モチベーションを高める要因となります。自身のビジョンを持つことが大切です。

■ 学習可能な環境を作る

自身の成長を実感することで、モチベーションを維持・向上することができます。自身の成長のためには、学習するための環境を作り、積極的に学習することが大切です。

■ 良好なコミュニケーション

組織やチームからの孤立は、モチベーションが低下する原因となります。自身が組織やチームのメンバーと積極的にコミュニケーションを取ることで良好な関係を構築することができるため、積極的なコミュニケーションを心がけることが大切です。

■ マンネリを防ぐ

マンネリは、モチベーションを低下させる原因となります。マンネリ化を防ぐためには、目標を設定し、目標を達成するために業務のやり方を改善する意識を持つことが大切です。

PA-4 役割と信頼関係の創出

■ 顧客の代理人であることを表明する

すぐに解決できない問題や解決のために長期間かかる問題が発生した場合には、顧客に対し、自身が責任を持って解決するまで対応することを表明し、進捗状況や解決される予定日などについての情報を、定期的に提供し、不安や不満を抱かせないようにすることが大切です。

■ 顧客に期待を持ってもらう

コンタクトセンターが、顧客自身の問題を解決してくれるという期待を持たせ、迅速に問題を解決することで、顧客は企業やコンタクトセンターが有能であると感じ、信頼関係を構築することができます。

■ コンタクトセンターの印象を良くする

顧客との良好な信頼関係を構築することで、コンタクトセンターの印象を良くすることができます。顧客のコンタクトセンターに対する印象を良くすることで、商品やサービスを継続的に利用してもらうことができます。

■ 顧客と約束したことを守る

顧客と約束したことを守るのは、信頼関係の構築のために大切です。
顧客と約束する場合には、できるだけ顧客の意見を尊重することが大切です。

■ 能力があることを示す

顧客の問題に対し、積極的な姿勢を示し、迅速に問題を解決することで、顧客はコンタクトセンターが役に立つと感じ、積極的にコンタクトセンターを利用しようとします。そのため、担当者は顧客の問題を迅速に解決するための知識やスキルの向上のために継続的に学習することが大切です。

PA-5 自信

■ 顧客からの信頼を得る

担当者が自信のない態度で対応した場合には、顧客は不安を感じ、コンタクトセンターに対し不安を持ち、信頼をなくしてしまうおそれがあります。
担当者は顧客との対応では、常に自信のある態度で対応し、顧客に不安を抱かせないようにすることが大切です。

■ コールの主導権を握る（コールハンドリング）

自信のある対応は、顧客に安心感を与え、担当者が対応の主導権を握ること（＝コールハンドリング）ができます。対応の主導権を握ることで、顧客との対応時間が最適化され、より多くの顧客にサービスを提供することができます。

■ コンタクトセンターの評判を高める

自信のある対応や、顧客の問題を迅速に解決することで、顧客にコンタクトセンターが役に立つと感じてもらい、好印象を持ってもらうことができます。
顧客が持つ好印象は、顧客の家族や知人に話されるため、企業やコンタクトセンターの評判を高めることになります。

■ 自信を持った口調で話す

自信のある対応を示すためには、顧客との会話は、歯切れ良く、明瞭な口調で話すように心がける必要があります。

PA-6　積極的・前向きな姿勢

■ 顧客の要求や問題を解決しようとする姿勢を表す

顧客が望んでいることや、抱えている問題を正しく理解し、積極的に解決しようとする姿勢が大切です。
顧客の要求や問題を正しく理解するためには、顧客と積極的にコミュニケーションを取ることが大切です。

■ 支援することを申し出る

顧客が抱えている問題に対し、自身が積極的に支援するという姿勢を示すことが大切です。
顧客の立場に立ち、積極的に問題を解決しようとする姿勢は、顧客に好印象を持ってもらうことができます。

■ 積極的に顧客の話を聴く

顧客の話を積極的に聴く姿勢を示すことが、大切です。
顧客の話を積極的に聴こうとする姿勢を示すことで、顧客は自分のことを理解してもらえていると感じ、積極的に話そうとするため、顧客の問題についてより多くの情報を得ることができます。

■ 前向きな姿勢を保つ

顧客に対応する際は、常に前向きな姿勢を持つことが大切です。
顧客の問題がすぐに解決しない場合でも、担当者は顧客の代理として、問題に積極的に取り組み、解決しようとする前向きな姿勢を持つことが大切です。

PA-7 忍耐と包容力

■ 顧客の状況を理解し支援する

怒った顧客の対応を行う場合は、前向きな姿勢を持ち対応する必要があります。
顧客は、企業の商品やサービスを利用し、何らかの問題が発生したことに対し怒っているため、問題を解決するために積極的に支援する姿勢を示し、対応することが大切です。

■ ストレスを管理する

ストレスを感じたときには、軽減するための方法を持つ必要があります。
怒った顧客との対応でストレスを感じた時には、次の顧客の対応を行う前に、休憩を取り、気分を変えて対応を行うなど、自身でストレスを管理（軽減）する必要があります。

■ 衝突の予兆を察知し避ける

顧客との対立は避ける必要があります。
顧客との対立が発生すると感じた場合には、担当を代わってもらうなど、対立や衝突が発生する前に対処することが大切です。

■ プロとしての対応を行う

顧客への対応においては、ビジネスであることを認識し、すべての顧客を差別することなく、プロとしての対応を行うことが大切です。

PA-8　学習への意欲

■ 常に高品質なサービスを提供する

常に高品質なサービスを提供するためには、スキルの維持、向上が大切です。新しい商品や製品、サービスの提供が開始されるときには、顧客対応のための十分な知識やスキルを習得し、対応することが大切です。

■ パフォーマンスの改善

顧客の問題を短い時間で解決するなど、顧客対応を最適化することで、より多くの顧客にサービスを提供することができます。
担当者は顧客との対応で、より効率的な手順がないかを考え対応することが大切です。

■ より上位を目指す

自身のキャリアビジョンを持つことが大切です。
自身がキャリアアップの目標を持つことにより、目標達成のために学習する意欲を持つことができ、自身の知識やスキルの向上につながることになります。

■ 顧客満足を向上させる

スキルの向上やパフォーマンスの改善は、顧客に提供するサービスの品質向上となります。高品質なサービスを受けた顧客は満足し、顧客自身が積極的にその商品やサービスを再利用しようとするため、大切です。

■ 上位層からのフィードバックを受ける

スキル向上の取り組みのためには、上位層からの支援は大切です。
自身の弱みや強みを理解するために、上位層からの定期的なフィードバックやコーチングにより、改善点や改善方法についての支援を受け、自身が理解しながら進めることが大切です。

PA-9 共感力

共感の必要性

顧客との良好な関係を構築するためには、顧客の立場に立った対応が大切です。顧客の立場に立って対応するためには、共感力が大切となります。共感力とは、顧客の視点で、顧客の考え方や感情を察知し対応することです。

共感力を活用することで、顧客の理解を深め、良好な関係を構築し、信頼を得ることができます。

同意する

顧客の話す内容や考え方について担当者が同意することで、顧客は好印象を持ち、積極的に話し始めます。

顧客への同意は、顧客との会話のきっかけを作る場合や、顧客と担当者のお互いが理解している内容が誤っていないか確認し、方向性を決めていく場合に利用します。

理解を示す

顧客の話す内容や考え方について、担当者が賛同できない場合には、すぐに反論するのではなく一度受け止める必要があります。「そのお考えは十分理解できます」や「そのお気持ちは十分理解できます」など、理解を示すクッション言葉などを使い、後の会話を続ける必要があります。

共感していることを表現する

共感していることを表現するためには、言い換えなどを使い、顧客の話した内容を理解していることを伝える必要があります。同時に、担当者が理解している内容が間違っていないか確認することができます。

共感することのメリット

顧客への共感により、顧客は自分のことを理解してくれていると感じ、担当者に対し共感してもらうことができます。

顧客に共感してもらうことは、顧客からの協力が得られることです。
顧客の協力がなければ、良いサービスの提供は行えないため、顧客からの共感を得ることも大切です。

PA-10　創造性

■ 複数の提案を行う

顧客の問題に対し、複数の解決案を提案し顧客に選択してもらうことで、問題の迅速な解決と、顧客満足を得ることができます。
発生した問題に対し複数の解決案を提案するためには、創造性の発揮が必要となります。

■ 現状にとらわれないで考える

問題の解決に行き詰まった場合には、現状の枠にとらわれない考え方が必要となります。既成概念にとらわれず、全体を見渡し再考することで、新しいアイデアやほかの解決方法が見つけ出せるようになります。

■ トンネルビジョン（視野狭窄）に陥らない

問題を解決する場合には、ある要因だけに集中しすぎてしまうと、ほかの可能性のある要因に気づかない現象が発生します。特定の要因だけに集中しているため、視野が狭くなってしまうためです。この現象をトンネルビジョンといいます。トンネルビジョンは、ほかの人の意見を聞くことや、別のアイデアがないかを考えることで、回避することができます。

PA-11 一貫性

■ ガイドラインを遵守する

一貫性とは、問題に対して重要度や優先順位付けを行うときに、どの担当者が行っても同じ評価となることです。顧客の問題に重要度や優先順位をつける場合にはガイドラインを決め、ガイドラインに沿った判断をすることで一貫性を保つことができます。

■ 一貫性を保つ

一貫性を保つためには、企業や組織で決められたガイドラインやルール、手順を担当者が理解し、遵守することが大切です。

■ 顧客からの信頼を得る

顧客の問題に対し、担当者により評価が違うことは、顧客に不信感を持たせる原因となります。顧客に不信感を与えないためには、担当者により評価が違うことがないようにしなければなりません。

PA-12 柔軟性

■ 顧客対応に柔軟性を持つ

柔軟性とは、固定観念にとらわれず、自由な発想ができることをいいます。
顧客からのニーズはさまざまであり、顧客のニーズに応えるためには、個々のニーズに対し臨機応変に対応していくことが大切です。

■ 問題解決と柔軟性

顧客の問題を自分だけで解決するのではなく、関係者からの意見を聞くことで、最良な解決策を探すことが柔軟性です。

付録

コンタクトセンター検定試験の概要

コンタクトセンター検定試験とは

コンタクトセンター検定試験は、コンタクトセンター就業者や電話を中心とした非対面のコミュニケーションが必要とされる業務への従事を目指す人材の知識・スキルを認定する検定試験です。

検定試験は、一般社団法人日本コンタクトセンター教育検定協会が開発し、実施をしています。

「協会公式サイト」 http://www.conken.org

試験科目

コンタクトセンター検定試験には、下記の資格（科目）があります。

	資格	認定内容
プロフェッショナルレベル	オペレーションマネジメント（OMP）	顧客対応部門における運営責任者、センター長やマネージャーなど、センター運営とパフォーマンス管理に特化したプロフェッショナル人材を認定
	コンタクトセンターアーキテクチャ（CAP）	コンタクトセンターの新規構築、新プログラム導入時における業務設計とテクノロジーの導入を担うプロフェッショナル人材を認定
オペレーションレベル	スーパーバイザー（SV）	コンタクトセンターにおけるオペレーターの管理者としてスーパーバイザー人材を認定
	オペレーター（OP）	より専門性の高い顧客応対業務や新人のOJT指導を担当するハイパフォーマンスなオペレーター人材を認定
	エントリー（EN）	コンタクトセンターに限らず、電話などを中心とした非対面のコミュニケーションを行う業務における基礎的な知識・スキルを有する人材を認定

■ 受験の手引き（スーパーバイザー資格）

試験の形式と受験料

試験はコンピューターで回答するCBT（Computer Based Testing）方式で行われます。試験終了後、すぐに合否が判定され、コンピューターの画面上に結果が表示されます。試験終了後には、評価得点と分野ごとの正答率が記載された「試験結果レポート」が発行されます。

合格者には、合格から6週間以内に「合格認定証」が郵送されます。

出題数	80問
出題形式	選択式問題
試験時間	90分
合格基準	スコア500以上 ※
受験料	8,000円（税抜）

※試験の評価は、素点（正答数の単純合計）ではなく、項目応答理論を用いた能力値を算出し、能力値の評価得点（スコア200～800の値）のスコア500以上を合格としています。

受験方法

全国主要都市にある試験会場で随時試験を実施しています。試験会場の検索や試験の申込方法については、試験サイト「Odyssey CBT」で案内しています。

「Odyssey CBT」　http://cbt.odyssey-com.co.jp/

受験についての問い合わせ

受験についてのお問い合わせは、下記窓口で受け付けています。
（株）オデッセイコミュニケーションズ　カスタマーサービス
ＴＥＬ：03-5293-1881（平日10時～18時）
Ｅメール：mail@odyssey-com.co.jp
※コンタクトセンター検定試験の実施・運営は（株）オデッセイコミュニケーションズに委託しています。

■ 出題分野（スーパーバイザー資格）

試験問題は、「CMBOK 2.0」（コンタクトセンターマネジメント知識スキル体系）の各分野から下図の出題比率を目安に出題されます。

分野		出題比率
コンタクトセンター戦略・監査		
	経営戦略と財務（ST）	10%
	コンタクトセンターの監査（AU）	
カスタマーサービス		
	カスタマーサービス（CS）	20%
	CRMコンタクトセンター戦略の実践（CR）	
運営		
	オペレーション（OP）	35%
	ヒューマン・リソース・マネジメント（HR）	
構築		
	センターアーキテクチャー（AR）	5%
	ICTマネジメント（IC）	
ベース		
	コンタクトセンターの職能スキル（PE）	30%
	PCスキルの基礎（PC）	

■ 学習方法

コンタクトセンター検定試験におけるスーパーバイザーは、現場で最初に経験される管理職として、日々の運営責任の一端を果たす初級管理職を想定しています。

スーパーバイザー資格では、ベースエリアのコミュニケーションと問題解決のスキルを基本にしながら、運営エリアの知識・スキルを重要視しています。スーパーバイザーは、オペレーターの顧客対応を管理監督する責務があることから、運営エリアのコンタクトセンターマネジメント基礎分野の割合が高くなります。

求められるコンピテンシーは幅広いですが、試験問題は、スーパーバイザーとしてどのように行動すべきかに重点が置かれています。知識の暗記にとどまらず、現場の管理職としてどのように行動するかが、重要になります。

以上のように、本書を活用する際には、「知識」の獲得にとどまることなく、常にその先の「どう行動すべきか」を、職場でのさまざまな具体的な場面を想定して判断しながら、回答することがポイントになります。

検定試験の練習問題

問題1 コンタクトセンターはクライアント組織の顧客対応を行う組織であるため、クライアント組織がどのように顧客を取り扱うかを定めた戦略を理解することが重要です。顧客戦略の重要な要素に関する記述について、次のうち正しいものはどれですか。

(ア) 顧客をどのように取り扱うかを決めるのは、クライアント組織の経営戦略であるため、顧客戦略の重要な要素にはならない。

(イ) 顧客の声の把握や戦略へのフィードバックはコンタクトセンターの重要な機能のひとつであり、顧客戦略の重要な要素になる。

(ウ) 顧客との直接的な関係を持つコンタクトセンターによって顧客戦略が構築される。

(エ) 組織や企業にとっての顧客とは何かを定義することは、企業のビジョンやミッションを定める時に決定すべきであるから、顧客戦略の重要な要素にはならない。

問題2 コンタクトセンター運営組織では、コンタクトセンター戦略に基づき、中期計画を策定します。コンタクトセンターの中期計画の重要な要素である目標設定に関する記述について、次のうち最適なものはどれですか。

(ア) 売上高やオペレーションコストは財務部門の視点であり、コンタクトセンターの中期計画の目標設定には必要としない。

(イ) 人材の育成や成長は将来的なコンタクトセンターの立地戦略やチャネル戦略に影響を与えるものであり、中期計画における目標設定の重要な要素である。

(ウ) 顧客ロイヤルティの向上はマーケティング部門の視点であり、コンタクトセンターの中期計画の目標設定には不要である。

(エ) 高いサービスレベルや精度はコンタクトセンターの重要な指標であり、中期計画ではなく、年次計画における目標設定の重要な要素である。

問題3 コンタクトセンターにおける顧客満足度調査に関する記述について、次のうち最適なものはどれですか。

(ア) 調査を担当するのはオペレーターではなく、センター長や他部門のスタッフである。

(イ) 評価項目は定量的に判断できるデータにする。

(ウ) 調査は定期的な実施ばかりでなく、日々の業務でも行うことができる。

(エ) 調査は商品やサービスに多く触れている優良顧客に対して行う。

問題 4 コンタクトセンターはクライアント組織から、コスト削減と効率的な運営の要求に合わせて、業務品質や顧客満足度の向上が要求されます。コンタクトセンターのパフォーマンスとコストに関する記述について、次のうち最も適切なものはどれですか。

(ア) サービスレベルの向上のために必要なオペレーターの配置人数を増やすことは、オペレーターの占有率を下げることになるため、単位コストあたりの生産性は低くなる。

(イ) オペレーターの配置人数を増加させることは、放棄呼や顧客の待ち時間を減らすことになり、結果的に通信費などのコストが低下するので、全体のコスト削減に貢献する。

(ウ) コスト削減とサービスレベルの向上は二律背反（トレードオフ）の関係にあるため、タイムリーなスタッフィングを行っても、同時に達成するのは困難である。

(エ) 効率的な運営と顧客満足度の向上は二律背反（トレードオフ）の関係にあるため、クライアント組織の要請に従って、どちらかを選択することが重要である。

問題 5 スーパーバイザーによるオペレーターのパフォーマンス向上のための活動を説明する記述に関して、空欄に当てはまる組み合わせのうち、正しいものはどれですか。

「コンタクトセンターは無形のサービスを顧客に提供する最前線に存在する組織です。コンタクトセンターでは顧客と直接会話するのはオペレーターですが、スーパーバイザーは、オペレーターの（ a ）と（ b ）を向上させることで、顧客満足度を追求し、会社に貢献するコンタクトセンターのリーダーです。」

(ア) a：特殊性　b：生産性

(イ) a：特殊性　b：能率

(ウ) a：スキル　b：生産性

(エ) a：スキル　b：能率

問題 6 メーカーが自社運営するコンタクトセンターで、自社製品の「新商品ご紹介キャンペーン」として無料サンプルの申し込みを受け付けることになりました。オペレーターへの応対方針の指示として、最も適切なものは次のうちどれですか。

(ア) 1件でも多く受け付けることが重要なので、顧客の質問にはホームページをご案内するよう指示する。

(イ) 商品知識はなくても、スクリプト通りに応対できればよい、と指示する。

(ウ) 新商品のメリットをご案内するとともに、顧客の声をヒアリングするよう指示する。

(エ) サンプルの申し込み受付業務を単純作業として粛々とこなすよう指示する。

問題 7 パーソナルコンピューターの「代理店専用」購入前相談コンタクトセンターが直接応対する顧客について、一般的な解釈として正しいものは次のうちどれですか。

（ア）社内販売でパーソナルコンピューターを購入した社員

（イ）通信販売でパーソナルコンピューターを購入した顧客

（ウ）販売代理店となっている家電量販店に来店した購入検討中の顧客

（エ）販売代理店となっている家電量販店の店舗販売員

問題 8 業界に関する知識の習得について、最も適しているものは次の項目のうちどれですか。

（ア）他社製品との比較から自社製品の優位な点を説明できる知識を習得している。

（イ）業界の傾向などを、テレビや新聞などで把握している。

（ウ）専門書や業界商品の分析のレポートなどで、より専門的な知識を習得している。

（エ）レポート類に加えて、業界の動向・顧客のニーズについて、日常業務を通じた情報収集と分析を行って知識を習得するようにしている。

問題 9 Aコンタクトセンターは、一般消費者向け商品の問い合わせのコンタクトセンターで、クレーム対応時に、スーパーバイザーへエスカレーションするルールが存在しています。クレーム対応中のオペレーターより、顧客がご立腹のため、これ以上応対を進めることが困難になり、電話を代わって欲しいとの申し出がありました。スーパーバイザーとして取る行動について、最適なものは次のうちどれですか。

（ア）転送を受ける準備に万全を期すため、時間が必要なことをオペレーターから説明させる。

（イ）すぐに電話を代わる。

（ウ）まずは応対の様子をモニタリングしてメモを渡すなどのアドバイスを行う。

（エ）クレーム対応の上手なオペレーターに一旦電話を代わらせて、対応を検討する。

問題10 苦情やクレーム対応に関する記述について、次のうち正しいものはどれですか。

（ア）相手が申し出を受け入れたと思うことがあるため、相手に対して共感する姿勢を表現することは得策ではない。

（イ）相手の申し出が不条理なものであり、こちらに非が無いと判断できる場合であっても、顧客が苦情の電話をかけている状況には、共感の姿勢が必要である。

（ウ）相手の要求に対して応えることができない場合、会社の方針を伝えることは相手にとっては言い訳ととられるため、伝える必要はない。

（エ）何回もお詫びすることは相手の感情を落ち着かせることになるため、時間の許す限り、お詫びし続けることが必要である。

問題11 お客様から自分では回答できない難しい質問がありました。一旦、対応を保留にして、スーパーバイザーに確認しましたが、スーパーバイザーもすぐには回答がわからないとのことでした。オペレーターの行動として、次のうち最も適切なものはどれですか。

（ア）回答できないことをお詫びし、お客様から了解を取り付ける。

（イ）スーパーバイザーに代わってお詫びをしてもらう。

（ウ）調査が完了した時点で、すぐに電話することを伝える。

（エ）こちらから電話するとして、お客様のご都合を伺う。

問題12 コンタクトセンターには会社の製品やサービスに関して顧客をサポートする役割があります。商品の購入を検討されているお客様が、他社の製品と自社の製品とで迷っていることが分かった場合の顧客サポートについて、次のうち最も適切なものはどれですか。

（ア）他社製品に関しては他社に確認してもらうようにお願いする。

（イ）他社製品に劣っている点には触れずに、自社の優れている点だけをアピールする。

（ウ）他社製品についての情報は無いとして、自社の製品について言及する。

（エ）他社製品について評価することはしないが、自社の客観的な情報を伝える。

問題13 コンタクトセンターにおける顧客対応について、次のうち適切なものはどれですか。

（ア）顧客は自分の考えていることを受け入れて欲しいと思っているため、顧客の要求ならば全てを受け入れる。

（イ）過去に取引の履歴がない顧客からの苦情に対しては、どのような背景があるのかわからないため、詳しい話を聞かずに速やかに電話を切る。

（ウ）不平や不満を言う顧客には、丁寧で誠意のある対応を行うことで、顧客の満足度を上げることができる。

（エ）アウトバウンドセールスの電話で断られた顧客には、二度とかけないし、まだ顧客ともいえないので丁寧な応対である必要はない。

問題14 クライアント先に常駐してコンタクトセンター業務を行う場合について、次のうち最も適切なものはどれですか。

（ア）人事のルールについては、クライアントの意向であれば自社の方針に従う必要は無い。

（イ）個人情報の取り扱いはクライアントのルールに従う。

（ウ）契約更新のためには、サービス仕様書以外の業務も行う。

（エ）業務上知り得た情報は自社のノウハウにできる。

問題15 企業や組織が、アウトバウンドコンタクトセンターを活用しようとする際に、最適な業務は次のうちどれですか。

（ア）地域の電話帳掲載の企業に、自社商品の売り込みの電話をかける。

（イ）通信販売の申込書に不備があったため、返送する旨をご案内する。

（ウ）顧客のクレームに対して、現在できる対応策についてご案内する。

（エ）取引先の顧客に対して、自社のイベントの招待をご案内する。

問題16 コンタクトセンターが会社の売上獲得のために実施する機能について、一般的でないものは次のうちどれですか。

（ア）顧客の検討している商品よりもより上級の商品をお勧めする。

（イ）対応記録から顧客を分類しデータを作成する。

（ウ）見込み客に対して、電話をかけてお勧めする。

（エ）顧客データベースに基づいてダイレクトメールを送付する。

問題17 CRM（Customer Relationship Management）とは「顧客を正確に知り、顧客の価値観を満足させ続けることで、顧客に必要とされる関係を構築し、その関係を維持継続する経営手法」のことです。CRMの目的を説明する記述に関して、空欄に当てはまる組み合わせのうち、正しいものはどれですか。

「CRMの目的は、顧客のライフタイムバリュー（LTV：Life Time Value）を最大化することです。それを達成するための戦略は顧客のロイヤルティの構築と維持、そして、その戦略を推進するための戦術は顧客との（　A　）の構築と維持のための適切な（　B　）が必要です。」

（ア）A：信頼　B：コミュニケーション

（イ）A：信頼　B：モチベーション

（ウ）A：関係　B：コミュニケーション

（エ）A：関係　B：モチベーション

問題18 アウトバウンドコールによる販売活動（セールス）に求められるものとして、最も適切なものは次のうちどれですか。

（ア）セールスは対象者にどれだけ繋げることができるかが重要なため、接続数（受電数）が最も重要な指標である。

（イ）売上を最大化するためには、過去の売上のデータを分析し、最適な対象に最適な架電方法でアウトバウンドコールをする事が必要である。

（ウ）架電数を確保する事が最も重要なため、確保できる最大の人員確保を行う事が必要である。

（エ）新規顧客と既存顧客に対し、アウトバウンドコールによるセールスをどちらも同じ割合で架電することが重要である。

問題19 販売促進キャンペーンの為のアウトバウンドコールを成功させる為に影響を与える要素の中で、影響が少ないと考えられるものは次のうちどれですか。

（ア）オペレーターの勤続年数

（イ）オペレーターのトークスキル

（ウ）アウトバウンドを実施する時間帯

（エ）対象となる顧客リスト

問題20 お客様からの問い合わせに対して、プロモーション中の商品を営業する手順として最も適切な順番はどれですか。

A．取引締結のための契約書類に必要事項を記入してもらう。

B．お客様にご購入の意思があることを確認する。

C．お客様へ商品をご紹介する。

D．対象商品について重要事項の説明を行う。

（ア）C→B→D→A

（イ）B→D→C→A

（ウ）B→C→D→A

（エ）D→C→B→A

問題21 アップセルに関する記述について、次のうち適切なものはどれですか。

（ア）破損した商品の買い替えを希望する顧客に、同等額の類似商品を案内した。

（イ）希望の商品が品切れのため、その商品の代替品を案内した。

（ウ）顧客のニーズを見極めて、顧客の希望の商品よりも高い商品を案内した。

（エ）顧客が購入した商品の関連商品を案内した。

問題22 インバウンドコンタクトセンターにおける予測と人員配置に関して正しいものは次のうちどれですか。

（ア）シフト計画は通常60分間隔（インターバル）で行う。

（イ）シフト計画の実行では、ルールを厳格に管理する必要があるので変更しない。

（ウ）必要要員数の計算に必要なのは、サービスレベル、予測業務量、AHT（平均処理時間）、

計画外の要素である。

（エ）予測の精度を継続的に高めるためには当日の調整を行うべきではない。

問題23 インバウンドコンタクトセンターの入電件数の予測をする際に、最も有効な情報の組み合わせは次のうちどれですか。

（ア）過去の業務量の推移、売上、キャンペーンの情報、事業計画

（イ）過去の業務量の推移、売上、オペレーターの人数、平均処理時間

（ウ）売上、顧客数の推移、事業計画、オペレーターの欠勤率

（エ）過去の業務量の推移、顧客数の推移、オペレーターの人数、シフトのルール

問題24 要員計画の説明として、正しいものは次のうちどれですか。

（ア）当日、市場の変化により大幅な人員増が必要となった。

（イ）3ヶ月後に予定されているキャンペーンを考慮し、オペレーターの追加採用をした。

（ウ）午前中、予想よりかなり業務量が少なく、午後のシフトを変更した。

（エ）突出した数値は異常値であるため、着信実績から外した。

問題25 一般に、テレビ通販のコンタクトセンターでは、商品の購買に結びつくため、応答率を高めることが最重要です。

このセンターのスーパーバイザーがオペレーターの通話状況をモニターする際の留意点について、最適なものは次のうちどれですか。

（ア）待ち呼状態になった場合には、率先して受信する。

（イ）通話時間の長いオペレーターの電話を代わり対応する。

（ウ）後処理時間の長いオペレーターに対して、フォローアップを行う。

（エ）放棄呼が出ている場合には、休憩中のオペレーターを呼び戻して受信させる。

問題26 コンタクトセンターのパフォーマンスを評価する測定値は数多く存在します。コンタクトセンターの測定指標であるクオリティの定義について、次のうち正しいものはどれですか。

（ア）応答率を確保するための入電予測の精度が高いか。

（イ）1コール当たりのコストが適正か。

（ウ）顧客の要件を正しく解釈し、正しく記録しているか。

（エ）効果的なサービスが提供されているか。

問題27 顧客から電子メールによる問い合わせを受け付けているセンターがあります。

返答納期について、次のうち最も適切な記述はどれですか。

（ア）あらかじめ24時間以内など返答の納期を決めておき、担当オペレーターへ周知している。

（イ）返答納期は決めているが、オペレーターへの伝達はしていない。

（ウ）ほとんどの電子メールは当日中に返答可能だが、納期内にできないと苦情につながるので、大体3日以内位と案内している。

（エ）なるべく早く返答するようにしているので、返答納期は特に定めていない。

問題28 モニタリングでチェックすべき項目として、最も適切な内容は次のうちどれですか。

（ア）業務知識は随時更新されるので、言葉遣いや声のトーンを主にチェックする。

（イ）ミスのない正確な応対ができているかを重点的にチェックする。

（ウ）コンプライアンス違反がないかのチェックは、対応に不慣れな新人に対して行う。

（エ）案内の精度も、言葉遣いや声のトーンも同様の重要度でチェックする。

問題29 オペレーターのモニタリングの結果から、商品に関する顧客からの問い合わせに対して、的確に案内できていないオペレーターが多いことが分かりました。この問題の要因として考えられるもののうち、可能性の低いものは次のうちどれですか。

（ア）オペレーターの商品知識が少ないため、的確に案内できていない。

（イ）オペレーターの応対スキルが不足しているため、的確に案内できていない。

（ウ）FAQの数が少ないため、問い合わせに対応した知識で案内できていない。

（エ）FAQの表現がわかりにくいので、使いこなせていない。

問題30 モニタリングを実施する目的に関する記述について、次のうち正しいものはどれですか。

（ア）オペレーターの欠点を見つけて、評価し、改善指導をするため。

（イ）オペレーターが間違った対応をした場合、顧客へ訂正のご案内をするため。

（ウ）対応の精度や解決率の向上に役立つ、業務改善のポイントを発見するため。

（エ）顧客の不平や不満を見つけてレポートするため。

問題31 守秘義務・企業倫理に関する説明で、最も適切なものは次のうちどれですか。

（ア）企業倫理を実践する為には、まず個々の社員が率先して法令の遵守・企業倫理の確立を行い、経営側に遵守させることが最も重要である。

（イ）職業上入手した社内情報には守秘義務が課せられており、いかなる場合にも秘密を守る

義務がある。

(ウ) 法令を遵守することは企業活動においては当然のことだが、法の規制がないものに関しても企業倫理に則って行動をすることが求められる。

(エ) 法令遵守は必要不可欠だが、企業は利益優先の組織なので、企業倫理に反する行動も時として必要である。

問題32 個人情報保護法の施行などに見られるように、近年、企業には個人情報を適切に取り扱うことが厳しく求められています。コンタクトセンターの個人情報の取り扱いに関する記述について、正しいものは次のうちどれですか。

(ア) ヘルプデスクでは顧客は問題の解決を期待しているため、修理業者に顧客の氏名や住所などの顧客情報を伝えることについて顧客の同意を得る必要は無い。

(イ) 個人情報は特定の個人を識別できる情報であるから、コンタクトセンターの通話録音の音声は個人情報には当たらない。

(ウ) 商品に同梱されていた商品明細が他人のものであるとの電話があった場合、顧客から手元にある明細を破棄するとの話があったため、そうしてもらった。

(エ) 電話をかけた際に氏名を確認したところ、電話番号を押し間違って、関係の無い人に電話をしたことが分かった場合、個人情報の漏えいに当たらない。

問題33 企業におけるコンプライアンスの考え方として、次のうち不適切なものはどれですか。

(ア) 企業が、コンプライアンスを無視しても法的責任は問われない。

(イ) コンプライアンスは「企業の社会的責任」のひとつである。

(ウ) コンプライアンスには社会規範や企業倫理を守ることも含まれる。

(エ) コンプライアンスの意識は企業の経営層だけでなく、現場の管理者層にも求められる。

問題34 業務改善を行う際に重要なステップが正しい順番になっているのはどれですか。

① ACTION（改善）

② PLAN（計画）

③ DO（実行）

④ CHECK（評価）

(ア) ②→①→④→③

(イ) ③→①→②→④

(ウ) ②→③→④→①

(エ) ④→①→③→②

問題35 会社で行う健康診断に関する説明について、次のうち正しいものはどれですか。

（ア）採用前または採用時に健康診断を受診していれば、採用後の受診は必要ない。

（イ）健康診断は定期的に実施するが強制はできないので、希望者のみでよい。

（ウ）事業主は、従業員に定期的に健康診断を受診させる必要がある。

（エ）受診結果は、問題がなければ本人に知らせなくてもよい。

問題36 オペレーターへのモニタリング後のフィードバックに関する記述について、次のうち最適なものはどれですか。

（ア）事前に問題点を検証、分析し、トレーナーやセンター長と改善案を決めた上で行う。

（イ）フィードバック後に改善が見られない場合には、2週間ぐらい間を空けて行う。

（ウ）オペレーターがモニタリングの内容を受けて自ら改善に取り組むことができるようにする。

（エ）改善点を指摘した後で、良い点を褒めることで、気持ちよく終えるようにする。

問題37 あるコンタクトセンターでは、サービスレベルの目標値を「20秒以内に80％の電話をとること」と設定しています。サービスレベルに影響を与える指標として関係が薄いのはどれですか。

（ア）オペレーターの研修の成績

（イ）コール数

（ウ）オペレーターの人数

（エ）オペレーターのAHT（平均処理時間）

問題38 コンタクトセンターの着信件数の予測に関係の薄いものは、次のうちどれですか。

（ア）過去の電話の着信件数

（イ）コンタクトセンター所在地の人口

（ウ）キャンペーンやプロモーションの計画

（エ）休日や祝日の組み合わせ

問題39 コンタクトセンターの主要なKPI（重要業績評価指標）に関する記述について、次のうち適切なものはどれですか。

（ア）サービスの指標とは、顧客満足度のことである。

（イ）クオリティの指標とは、精度のことであり、間違いのない対応をすることが求められる。

（ウ）従業員満足度は従事者に関することなのでコンタクトセンターの指標ではない。

（エ）コストとは、オペレーターの人件費単価のことである。

問題40 個人情報の保護や取り扱いに関する説明として、次のうち最も適切なものはどれですか。

（ア）個人情報保護法では、原則としてあらかじめ本人に同意を得ていたとしても、個人のデータを第三者に提供する際は、改めて同意を得なければならない。

（イ）個人情報を利用する場合は、特定された利用目的の達成に必要な範囲を超えて個人情報を取り扱ってはならない。

（ウ）個人情報は「個人」に関する情報に限定され、法人の役職員氏名は個人情報には該当しない。

（エ）取引先の名刺が入った名刺入れを落として紛失した場合は、個人情報の紛失には該当しない。

問題41 セールス（商品やサービスの販売）を実施するアウトバウンドコンタクトセンターのオペレーターとして求められる電話応対スキルを研修する際に、他のスキルに比べて優先度の低いものは次のうちどれですか。

（ア）顧客の期待を見つけるために行う質問スキル

（イ）顧客の不平不満に対処するクレーム対応スキル

（ウ）顧客との対面時に行われる営業用のトークスキル

（エ）顧客の会話内容から重要なことを聞き取るヒアリングスキル

問題42 オペレーターの採用に関して行うプロセスに、スーパーバイザーとして貢献出来ることとして、最も優先度の高いものは次のうちどれですか。

（ア）面談などに積極的に参加し、現場の目で確認すること。

（イ）採用基準を作成すること。

（ウ）採用時に持っているべき能力や成功しやすいタイプなどを採用担当者に伝えること。

（エ）採用が必要時期までにできるように調整すること。

問題43 コンタクトセンターでは、対応の実情を最も良く理解しているスーパーバイザーがオペレーターの採用面接に同席する場合が少なくありません。スーパーバイザーとして、新規オペレーターを採用する面接の際に留意点について、次のうち最適なものはどれですか。

（ア）一緒に働くので、自分と相性があうかどうかが重要な要素となる。

（イ）応募者にオペレーターとしての経験がある場合には採用すべきである。

（ウ）予め定めた採用条件にあわない場合は、採用すべきではない。

（エ）応募者が極端に少ない場合は、採用条件を再検討する場合もあり得る。

問題44 人材のパフォーマンス評価の一環として行われる知識とスキルの検証について、最も適切なものは次のうちどれですか。

（ア）勤続年数が長いオペレーターは熟練しており、知識やスキルの検証は不要である。

（イ）すべてのオペレーターに対して、定期的に知識やスキルの検証をすべきである。

（ウ）オペレーターの評価には、定性的なモニタリング評価が必須である。

（エ）新人のオペレーターを、経験豊富な他のスタッフと同レベルで検証するのは厳しいので、評価項目を限定する。

問題45 コーチングを説明する記述について、以下の空欄に当てはまるものとして、正しいものは次のうちどれですか。

「コーチングとは相手に能力が無いものとして、スキルや技術を教え込もうとするものではなく、相手の能力を認めながら、その能力を発揮できるようにすることです。そのために必要になることは、相手に対して、（　　　　）です。」

（ア）主観的な事実を伝えること

（イ）先入観を持たないこと

（ウ）友達のように接すること

（エ）自分のことを開示すること

問題46 パフォーマンスの評価に関する記述について、次のうち最適なものはどれですか。

（ア）勤怠はオペレーターの家庭環境に触れるため、評価項目には適さない。

（イ）詳細な製品情報の知識を評価するには、筆記テストの実施が適している。

（ウ）平等性を重んじ、応答率や顧客獲得率などの定量化できる数値だけで評価する。

（エ）他のオペレーターをサポートする姿勢やチームへの貢献も、評価項目にする。

問題47 オペレーターの定着率に関する記述について、次のうち最適なものはどれですか。

（ア）定着率向上のため、金銭的なインセンティブプログラムを定期的に実施する。

（イ）高い定着率は人件費の高騰につながるため、積極的な定着率向上施策は不要である。

（ウ）オペレーターはパートタイマーや派遣社員が多いため、責任感を持たせなければ定着率を向上できる。

（エ）オペレーターによる小集団活動や管理スタッフとの意見交換など、オペレーターが意見する機会を設ける。

問題48 コンタクトセンターでの個人のパフォーマンス評価とその結果からの改善手順について、次のうち最も適切なものはどれですか。

(ア) センターの目標達成の為に、オペレーターの具体的な目標やクリアすべき課題は、オペレーターと上長とで話し合って決める。

(イ) センターの目標達成や課題の改善をどのように実現するかは上長が考えて決めるのでまかせておく。

(ウ) 実行計画の進捗状況については、上長に相談する必要はなく、自身で判断し、結果報告のみ上長に行う。

(エ) 報告結果についてのフィードバックは上長に求めるが、結果については、自分だけの責任ではなくチーム全体の責任となるので、チーム全体で次の行動を決める。

問題49 コンタクトセンターのスーパーバイザーの役割として、次のうち最も適切なのはどれですか。

(ア) 苦情やクレームの内容を他部門にフィードバックする。

(イ) 入電状況を監視して、オペレーターの配置や休憩を管理する。

(ウ) コンタクトセンターの運営方針を決定する。

(エ) コールスクリプトに基づいたデータベースを構築する。

問題50 オペレーターをコーチングする際に求められる能力として、次のうち最も適切なものはどれですか。

(ア) 相手の話に引き込まれないように話を操る会話術

(イ) 伝えたいことをアピールするプレゼンテーションスキル

(ウ) 相手の弱点には触れずに改善策をつくる思考力

(エ) モチベーションを高め、自ら問題に気づき解決していく力を引き出す質問力や傾聴力

問題51 提案依頼書（RFP）の説明として最も適切なものは次のうちどれですか。

(ア) コンタクトセンターの移転を行うため、立地場所に関する情報提供を知人に依頼した。

(イ) 既に運営しているコンタクトセンターの運営コストを削減するために、市場価格に関する情報提供をリサーチ会社に依頼した。

(ウ) 24時間・100席規模のコンタクトセンターを運営するための費用や方法に関する提案を、コンタクトセンター運営会社に依頼した。

(エ) 品質の悪化が続いたため、現場のマネージャーに複数の改善方法を提案するように依頼した。

問題52 Nさんがスーパーバイザーとして勤務するB社は、あるメーカー A社の外注会社として、コンタクトセンター業務を受託して運営しています。

メーカー（A社）→外注業者（B社）＝コンタクトセンター業務を受託

A社にとって、B社のコンタクトセンター業務が的確に行われているかどうかを管理するために最も重要なことは、次のうちどれですか。

（ア）A社からB社に人材を派遣して常に監督する。

（イ）業務仕様書や守るべきパフォーマンス水準を定めて両社で合意する。

（ウ）何か問題が生じたら、すぐに報告をさせる。

（エ）B社のサービスの評判をA社の顧客にアンケートする。

問題53 業務プロセスの監査に関する説明として、適切なものは次のうちどれですか。

（ア）業務が正しく運用されているか、オペレーターの目線で監査する。

（イ）設計した業務プロセスに不足が無いか、業務フロー図を精査する。

（ウ）業務が落ち着いたタイミングで、監査を行う。

（エ）業務が正しく運用されているか、業務プロセスのモニタリングを実施する。

問題54 プロジェクトの計画と実行を適切に行うためには、WBSの作成が欠かせません。

WBSに関する説明として最も適切なものは次のうちどれですか。

（ア）プロジェクトのリスクを一覧化したもの

（イ）プロジェクトに関わるメンバーの役割・責任を記載したもの

（ウ）プロジェクトの活動を管理可能で適切なレベルに作業分解したもの

（エ）プロジェクトの納期と実績を対比するために表にしたもの

問題55 情報システムを調達する際に、考慮すべきコスト要件の説明として適切なものは次のうちどれですか。

（ア）調達時点で、初期構築コストだけでなく、ランニングコストも正しく把握する。

（イ）初期構築コストを最小化し、ランニングコストで分割払いをすべきである。

（ウ）一般的に初期コストの半額がランニングコストで発生する。

（エ）ランニングコストを抑えるために、予算の許す限り高額なシステムを購入する。

問題56 スキル・ベース・ルーティングの説明として正しいものは次のうちどれですか。

（ア）電話機がオペレーターのスキルを自動判別する。

（イ）空き時間にPCでトレーニングできるような教材が提供されている。

（ウ）あらかじめ設定したスキルの優先順位に従って、コールが振り分けられる。

（エ）処理時間が長いオペレーターを発見する。

問題57 コンタクトセンターでは、お客様との応対内容を音声データで継続的に記録する場合があります。その理由として最も適切なものは、次のうちどれですか。

（ア）平均通話時間を分析するため

（イ）優秀な応対例をホームページで一般に公開するため

（ウ）応対内容を評価して品質向上を図るため

（エ）オペレーターの責任を追求するため

問題58 スキル・ベース・ルーティングを導入することにより期待される効果について、最も適切なものは次のうちどれですか。

（ア）コール処理の効率性が向上する。

（イ）ログイン漏れのオペレーターが減少する。

（ウ）オペレーターのスキルが改善する。

（エ）着信の予測精度が向上する。

問題59 スキル・ベース・ルーティングを採用しているコンタクトセンターで、オペレーターであるAさん、Bさん、Cさん、Dさんに以下のようなスキル設定を行いました。この状況を説明する文章として最も適切なものは、次のうちどれですか。

スキルグループ	Aさん	Bさん	Cさん	Dさん
商品注文受付	○	○	○	○
料金問い合わせ受付		○	○	
配送受付			○	○
修理受付	○		○	○

（ア）商品注文のコールが着信しないオペレーターがいる。

（イ）Bさんには3種類のコールが着信する。

（ウ）配送受付のコールはBさんとCさんに着信する。

（エ）Dさんには料金問い合わせ受付コールは着信しない。

問題60 スーパーバイザーが行うオペレーターの電話機へのログイン状況管理について、次のうち最も適切なものはどれですか。

（ア）ログイン管理を厳格に行い、正確なコールデータを取得している。

（イ）着信するコール数が減少したときは、オペレーターにログアウトするよう指示を出し、稼働率をコントロールしている。

（ウ）トイレに行くときは可能な限りログアウトさせている。

（エ）オペレーターに新しいスキルを付与するときは、ログインIDを追加する。

問題61 コンタクトセンターにおける顧客とのコミュニケーションでは、直接対面している場合と異なり、多くの注意すべき点があります。コンタクトセンターのコミュニケーションに関する記述について、正しいものは次のうちどれですか。

（ア）顧客のニーズは顧客しか分からないものであるから、質問は控え、顧客の話す内容を忠実に聞きとる。

（イ）顧客の顔が見えないため、顧客の状況を把握することができないものと思って、対応する。

（ウ）顧客は自分の言いたいことを上手に話すことができない場合があるものと思って、対応する。

（エ）顧客の方が話したいことについての知識があるとの前提に立って、常に傾聴する姿勢で対応する。

問題62 結婚式場予約の受付代行を行うコンタクトセンターのオペレーターが顧客と応対する上での記述について、最適なものは次のうちどれですか。

（ア）顧客の嬉しい気持ちは顧客の声から分かるが、仕事であるから、ビジネスライクに応対する。

（イ）顧客の心情を推察しながら、できるだけ喜びを表現するように明るい声を出して対応する。

（ウ）結婚に関する知識を顧客に多く知ってもらうように、いろいろな質問をしながら、顧客の疑問に答えるようにする。

（エ）他の結婚式場を予約しないようにするため、自分の扱っている式場の良さをアピールすることに専念する。

問題63 スーパーバイザーとしてオペレーターとコミュニケーションを図る際の記述について、最適なものは次のうちどれですか。

（ア）反抗的なオペレーターの情報を他のオペレーターから収集し、面談時の準備を行う。

（イ）スーパーバイザーとしての威厳が損なわれるので、挨拶で名前は呼ばない。

（ウ）チームの問題点はすべて自分で解決した後で、センター長に報告する。

（エ）体調が悪そうに見えるオペレーターに対して、体調を気遣いつつ対応した。

問題64 モチベーションの向上は、その人の置かれている立場や環境によって左右されます。モチベーションに関する記述について、次のうち最適なものはどれですか。

（ア）不安な気持ちが無ければモチベーションが上がる。

（イ）安定した気持ちが続いていればモチベーションが上がる。

（ウ）他人から賞賛されればモチベーションが上がる。

（エ）金銭的に満足であればモチベーションが上がる。

問題65 スーパーバイザーとしてオペレーターのモチベーション向上のために行う行動について、最適なものは次のうちどれですか。

（ア）ベテランのオペレーターにはファイリングのお手伝いをさせるなど、電話応対以外の仕事もさせている。

（イ）過去に1度褒めたことは、しつこいと思われるので、何度も褒めないようにしている。

（ウ）クレームを解決したオペレーターには非公式に食事会を行って、褒めるようにしている。

（エ）いつも公平な姿勢を守るように心がけ、ベテランオペレーターも新人オペレーターも同じように接している。

問題66 仲の良いオペレーター同士がいくつかの集団に分かれてしまい、全員が協力して目標達成に向けて邁進するような雰囲気がセンター内にないようです。この状況を打開するために、スーパーバイザーが取るべき行動について、最適なものは次のうちどれですか。

（ア）勤務態度も良く、他のオペレーターからも一目置かれているオペレーターから人間関係に関する情報を収集する。

（イ）集団ができるのはやむを得ないことであるから、逆にそれを利用してその集団間で成果を競わせる。

（ウ）オペレーター全員と面談を行い、目標の達成には協力し合うことが必要なことをオペレーター一人ひとりに説得する。

（エ）テーマや内容は問わず、オペレーター全員によるディスカッションの機会を設けて、仲間以外のオペレーターとのコミュニケーションを促す。

問題67 苦情・クレームが発生した際のあるべき応対について、優先度の低いものは次のうちどれですか。

（ア）言い訳をしないこと

（イ）謝罪すべき点について正しくお詫びすること

（ウ）責任を持って応対すること

（エ）会社の立場をご理解いただくよう努めること

問題68 問題が発生した場合の解決の方法として、適切ではないものは次のうちどれですか。

（ア）問題の定義

（イ）改善策の策定と実施

（ウ）原因を特定するためのスタッフへのヒアリング

（エ）実施結果のモニタリングと評価

問題69 応対後の記録を残す際の留意点として、次のうち最も適切なものはどれですか。

（ア）特に気になった応対があった時だけ、自分の判断で内容を書き残す。

（イ）正確性を重視し、慎重に時間をかけて丁寧に残す。

（ウ）応対内容を分かりやすく簡潔にまとめ、正確に残す。

（エ）よくあるご意見は、無駄なので極力省くようにする。

問題70 インターネットで情報検索をするときの記述で、次のうち適切でないものはどれですか。

（ア）検索するキーワードはひとつのみであり、複数のキーワードで検索することはできない。

（イ）検索結果が多すぎるときは、特定のキーワードを除外して検索することができる。

（ウ）特定のサイト内に絞り込んで、キーワードを検索することができる。

（エ）検索するキーワードが完全一致していなくても、候補となる結果の一覧が表示される。

練習問題の解答と解説

問題1　（イ）
顧客の声の把握や戦略へのフィードバックはコンタクトセンターの重要な機能のひとつであり、顧客戦略の重要な要素になる。

【解説】
コンタクトセンター戦略を構築するために整理すべき顧客戦略の重要な要素に関する問題です。
コンタクトセンターでは、その活動がクライアント組織のビジョン・ミッションや組織戦略とどのように連携しているのかを直接的に検証することが難しい場合があります。そのような場合には企業の顧客戦略をいくつかの重要な要素に分解して整理することで理解を深めることができます。
（ア）顧客をどのように取り扱うかは、顧客戦略の重要な要素です。
（イ）顧客戦略の構築はクライアント組織の役割ですが、コンタクトセンターで収集された顧客の声の反映は顧客戦略に反映すべき重要な要素です。
（ウ）コンタクトセンターはクライアント組織の顧客戦略を受けて、コンタクトセンター戦略を策定します。
（エ）顧客の定義は、顧客戦略の基盤となるものです。

問題2　（イ）
人材の育成や成長は将来的なコンタクトセンターの立地戦略やチャネル戦略に影響を与えるものであり、中期計画における目標設定の重要な要素である。

【解説】
コンタクトセンター中期計画の重要な要素に関する問題です。
中期計画を策定するためには、どのような目標を設定するかが重要になります。コスト削減や売上向上といった財務の視点ばかりでなく、幅広い要素から検討することが大切です。目標は、バランス・スコアカードの「財務」「顧客」「業務プロセス」「学習と成長」の4つの観点から評価して、設定することを推奨します。
（ア）財務の視点である売上高やオペレーションコストは、目標設定時の重要な要素です。
（イ）一般的なコンタクトセンターの経費の70％〜80％は人件費です。中期計画では今後のコンタクトセンターの立地やコンタクトチャネルを検討しますが、その際、人材の育成や成長の視点が重要になります。
（ウ）顧客ロイヤルティの向上や顧客満足度の向上といった顧客の視点は、コンタクトセンターの目標設定の重要な要素です。
（エ）高いサービスレベルや精度はコンタクトセンター運営の主要な指標であり、年次計画、中期計画を問わず、目標設定の重要な要素です。

問題3　（ウ）
調査は定期的な実施ばかりでなく、日々の業務でも行うことができる。

【解説】
顧客満足度調査の方法論に関する問題です。
顧客満足度調査は、通常、コンタクトセンターの業務とは別途に、定期的なアンケートやインタビューをアウトバウンドコールやその他の方法で行うことでデータを収集し、分析します。広義の意味では、顧客満足度調査は日常の業務の中から顧客の声や要望などを集め、サービスに対する顧客意識を把握することも含まれます。
（ア）調査の担当者として、オペレーターが行うこともあります。
（イ）定量的なデータも重要ですが、顧客の声の内容など、定性的な情報も重要です。
（ウ）調査では定期的な調査活動以外に、日常的な業務の中で寄せられるさまざまな情報も、重要な情報源になります。
（エ）調査は、優良顧客だけでなく、コンタクトセンターが実施しているすべての媒体（電話・Eメール・ファックス・郵便など）、すべてのプログラムで、ランダム（無作為）に抽出した顧客を調査対象とすべきです。

問題4　（ア）
サービスレベルの向上のために必要なオペレーターの配置人数を増やすことは、オペレーターの占有率を下げることになるため、単位コストあたりの生産性は低くなる。

【解説】
コンタクトセンターパフォーマンスが財務に与える影響に関する問題です。
コスト削減と効率的な運営、業務品質と顧客満足度の向上は二律背反（トレードオフ）の関係ではなく、両立できるとされています。この両立のために、コンタクトセンター運営予算の70％〜80％を占める人件費、つまり人材の効率的な活用が重要になります。
（ア）オペレーターの占有率は、電話の待機時間に占める、

後処理時間を含む応対時間の割合です。オペレーターを多く配置した場合、占有率は下がります。よって、単位コストあたりの生産性は低くなります。
（イ）オペレーターの配置人数を増加させると放棄呼や顧客の待ち時間を減らすことができますが、コストも増加します。但し、オペレーターの配置人数を削減した場合の放棄呼や待ち時間が生み出すクレームや苦情、電話件数の増加の方が全体のコスト増加になる場合がありますので、コスト削減のためにオペレーターを削減することは慎重に検討する必要があります。
（ウ）両立できると考えられています。
（エ）両立できると考えられています。

問題5 （ウ）
a：スキル　b：生産性

【解説】
スーパーバイザーの役割のひとつである、オペレーターのパフォーマンス向上の支援に関する問題です。
コンタクトセンターでは顧客対応の最前線に立つのはオペレーターです。スーパーバイザーは、教育担当部署や、トレーナー（トレーニング担当者）と連携して、オペレーターの電話応対や基本的なPC操作など、業務に必要なスキルを向上させることが重要な役割となります。また同時に、オペレーターの稼動率や平均処理時間（AHT）、1件当たりの処理コストなどの生産性を向上させ、コンタクトセンターの収益に貢献することも求められています。

問題6 （ウ）
新商品のメリットをご案内するとともに、顧客の声をヒアリングするよう指示する。

【解説】
マーケティングキャンペーンに対して、コンタクトセンターがどのように支援すべきかを問う問題です。
「新商品ご紹介キャンペーン」として無料で商品サンプルを提供するという施策は、メーカー企業にとっての"投資"であることを意識しなくてはなりません。新商品であるがゆえに、当該商品についてのマーケティングデータ（商品を購入する顧客層の主体や、顧客のニーズなど）を会社は必要としています。さらに、アウトソーシングで業務を受託しているサービスエージェンシーのコンタクトセンターか、自社運営によるインハウスのコンタクトセンターかにより、会社のキャンペーンに対する考え方が変わってくることがあります。この場合、自社運営のコンタクトセンターであることから、コンタクトセンターには、対応業務を行うと共に、顧客の反応を収集する役割が強く期待されていると考えられます。
「新商品ご紹介キャンペーン」についてコンタクトセンターに問い合わせをいただく顧客は、正に当該商品に興味を抱いている顧客であり、将来的にも、その商品を継続的に購入していただける可能性が高い方々であるといえます。単純に新商品のメリットをご案内するだけではなく、顧客の期待をヒアリングすることが重要です。
（ア）顧客がどのような質問をされるのかについては、最低限のデータを収集すべきと考えられます。
（イ）スクリプト通りの対応も重要ですが、同時に顧客の声を収集することも期待されています。
（ウ）顧客から頂いたお電話を1つのチャンスと捉え、新商品のメリットをご案内するとともに、顧客の声をヒアリングし、マーケティング部門などにフィードバックできるようにすることが期待されています。
（エ）この問題におけるサンプル申し込み受付業務は、マーケティングの目的で行われるものであり、単純作業として位置づけることはできません。

問題7 （エ）
販売代理店となっている家電量販店の店舗販売員

【解説】
コンタクトセンターの利用者（顧客＝エンドユーザー）に関する問題です。
コンタクトセンターには、B to C（一般消費者向け）とB to B（法人向け）が存在します。本例題においては、「代理店専用」という説明に着目することがポイントとなります。
販売代理店とは、メーカー企業が製造した商品（またはサービス）をメーカー企業に代わって販売する役割を担うビジネスパートナーを意味し、代表的な例として家電量販店があります。したがってB to B(法人向け)コンタクトセンターとなります。
販売代理店はコンタクトセンターに発注しているクライアント企業の重要なビジネスパートナーであり、「代理店専用」コンタクトセンターにおいては、家電量販店などの販売代理店に所属する方々のビジネス上の問い合わせ対応が業務となります。
（ア）社内販売で購入している否にかかわらず、消費者への対応と位置づけられます。
（イ）通常のB to C（一般消費者向け）の利用者です。
（ウ）通常のB to C（一般消費者向け）の利用者です。
（エ）前述のようにビジネス上の問い合わせを行う利用者です。

問題8 （エ）

レポート類に加えて、業界の動向・顧客のニーズについて、日常業務を通じた情報収集と分析を行って知識を習得するようにしている。

【解説】

コンタクトセンターに従事する者が、業界に関する知識をどのような観点で習得すべきかを問う問題です。
重要な事項は、顧客が何を望んでいるか、顧客視点での情報収集と知識の習得を行うことです。
選択項目の全てが業界に関する知識の習得に関する説明になりますが、
（ア）競合他社との比較に関する知識習得
（イ）第三者の見解についての確認
（ウ）第三者の見解についての確認
（エ）業界に関する知識については、新聞や有識者の分析レポートなどを参考に、自らが日常業務から得られる情報を積極的に収集、分析し知識を習得していくことが重要です。

問題9 （イ）

すぐに電話を代わる。

【解説】

クレーム対応時のスーパーバイザーの姿勢、役割に関する問題です。
（ア）クレームなどの理由により、オペレーターが電話応対を継続することが困難になった場合、そのまま継続してオペレーターに電話応対をさせても状況を打開するのは困難です。
（イ）正解です。このセンターでは、お客様がご立腹の場合などに速やかにスーパーバイザーにエスカレーションする対応上のルールが存在します。一般に、速やかに確実に対応できるスーパーバイザーや専任の担当者にエスカレーションすることで、お客様によりよい対応を迅速に提供できるように努めることは重要です。
（ウ）モニタリングをリアルタイムに行い、メモでのアドバイスや一旦電話を切電して対応策を検討するのは有効な手段ですが、オペレーターが心から困っており、電話応対を交代してほしい申し出があった場合には、（イ）にあるようにまず、電話を代わるべきといえます。
（エ）クレーム対応が上手なオペレーターもいますが、顧客が「電話を代わって欲しい」と申し出る場合は、オペレーターよりも権限のある人間が担当することを期待されていると考えられるため、権限の同じオペレーターに代わるのは得策とは言えません。同僚へ電話を代わることが一般的に認められていないセンターも存在します。

問題10 （イ）

相手の申し出が不条理なものであり、こちらに非が無いと判断できる場合であっても、顧客が苦情の電話をかけている状況には、共感の姿勢が必要である。

【解説】

苦情やクレームを受ける際の心構えに関する問題です。
（ア）共感の姿勢そのものは重要です。ただし、苦情の事実判定に伴う会社方針と、顧客が苦情を申し立てている状況に対する共感を間違って捉えられないようにしましょう。
（イ）どのような事情があっても、顧客が苦情やクレームをコンタクトセンターに電話をしなければならなかったという事実に対して、共感する姿勢を表現することが重要です。苦情のお詫びに関しては、事実関係に基づく範囲のお詫びしかできませんが、不快にさせたという事実に限定してお詫びをすることはクレーム対応では有効な手段です。
（ウ）このような対応方法だと、最終的に、会社の方針や考え方をお伝えしご理解頂くというクレーム対応におけるコンタクトセンターの重要な役割を果たすことができなくなります。
（エ）このように無条件にお詫びを続けると、逆にお詫びの気持ちが正確に伝わらないことがあります。

問題11 （エ）

こちらから電話するとして、お客様のご都合を伺う。

【解説】

オペレーターも、スーパーバイザーも即答できない質問に対して、どのように対応するのが最適かを問う問題です。
（ア）必要な対応ではありますが、質問事項に対して回答しないで終了とすることはできません。
（イ）スーパーバイザーにお詫びのためだけにエスカレーションするのも、お客様に必要以上の時間を頂く形になることが懸念されます。スーパーバイザーでも回答できない内容かどうかはオペレーターでは判断できませんので保留にすることはやむを得ませんし、お詫びはオペレーターが行っても良いことです。この場合、回答にむけた調査をした上で、お客様にコールバックして回答することが必要になります。
（ウ）調査完了次第で迅速な回答を目指している点は評価できるものの、お客様のご都合を伺う必要があります。
（エ）コールバックにあたっては、お客様のご都合の良い時間帯に行うことが必要です。

問題12 （エ）
他社製品について評価することはしないが、自社の客観的な情報を伝える。

【解説】
コンタクトセンターにおいて、自社製品をどのように紹介するかについての問題です。
自社の優れた点を積極的にアピールし、売上に貢献するのは望ましいことですが、他社を一方的におとしめるような対応は不適切です。客観的な情報を提供することで、信頼を構築することが最も重要です。
（ア）他社製品に関しては、最終的には他社にご確認頂くようにご案内すべきですが、この場合はさらに最適な回答があります。
（イ）自社の優れた点の情報を提供し、劣っている点について全く触れないのは、結果としては客観性に欠けると評価されてしまうことが考えられます。
（ウ）他社製品について、あえてコメントを避けるという方法論もありますが、あたかも全く情報がないかのように応対するのは適切ではありません。
（エ）他社製品をおとしめたり、評価をしたりするのでなく、客観的な情報を提供し信頼関係を構築することが求められます。

問題13 （ウ）
不平や不満を言っている顧客には、丁寧で誠意のある対応を行うことで、顧客の満足度を上げることができる。

【解説】
コンタクトセンターにおける苦情対応に関する問題です。
コンタクトセンターは企業の代表として、どのような考え方や態度で臨むべきかを考えます。
（ア）顧客の考えを全て受け入れられるとは限りません。会社や組織の対応方針を基本としつつ、顧客の主張の正当性を判断しながら対応する必要があります。
（イ）取引履歴がない顧客から苦情があった場合、どのような背景で電話をかけてきたのか、注意深く知ることが重要です。
（ウ）不満や苦情を言っている顧客であっても、コンタクトセンターの応対が期待値を上回るものであった場合、満足度が向上し、ロイヤルカスタマー（重要なお客様）になる可能性があります。
（エ）今回のアウトバウンドセールスに興味がない見込み顧客でも、状況が変われば重要な顧客になる可能性があります。したがって、全ての顧客に対し、常に丁寧な応対を心がける必要があります。

問題14 （イ）
個人情報の取り扱いはクライアントのルールに従う。

【解説】
コンタクトセンター業務の発注元であるクライアント先でコンタクトセンターを受託・運営するケースにおける問題です。
（ア）クライアント先での勤務であっても、人事上は自分の所属する会社のスタッフですので、自社方針には従う必要があります。
（イ）個人情報の所有者はクライアント（コンタクトセンターの発注元企業）です。したがって個人情報の取り扱いはクライアントのルールに従う必要があります。
（ウ）契約に基づくサービス仕様書以外の業務を行うことは、管理外の工数増加や労働時間の増加による超過勤務時間の発注など、予期しないコストを増大させる要因となります。またクライアントと自社との衝突を招くおそれもあります。サービス仕様書以外の業務を依頼された場合は個人で判断せず、自社の上長に相談します。
（エ）業務上知り得た情報そのものは、自社のノウハウにはできません。その業務を行った会社としての経験は他の業務にも応用できることはあります。

問題15 （エ）
取引先の顧客に対して、自社のイベントの招待をご案内する。

【解説】
アウトバウンド業務に関する問題です。
（ア）、（イ）ともに顧客へ電話を発信する業務の説明です。（ア）は一般的なアウトバウンドコンタクトセンターのイメージですが、無作為に電話帳などのリストに電話をかけてセールスを行うよりも、（エ）のように、有力な見込み顧客や既存の顧客に対するフォローアップ、または販売促進活動を図るアウトバウンドコンタクトセンターのほうが、より効果的な方法です。
（ウ）はインバウンドコンタクトセンターの担当業務の説明になります。

問題16 （エ）
顧客データベースに基づいてDM（ダイレクトメール）を送付する。

【解説】
コンタクトセンターが会社の売上に貢献する場合の機能に関する問題です。
（ア）インバウンドセンターで行われるアップセルです。
（イ）コンタクトセンターのマーケティング機能のひとつで、会社の営業戦略に必要です。
（ウ）アウトバウンドセンターで行われる機能で、コンタ

クトセンターとして直接売上に貢献します。
(エ)ダイレクトメールの送付は、一般的には販売促進部門が担う機能になります。

問題17 (ウ)
A：関係　B：コミュニケーション

【解説】
CRMの目的と意義を問う問題です。
LTV（Life Time Value）＝ライフタイムバリューとは、顧客から得られる利益を個々の取引単位で計算するのではなく、会社のファンとなって頂いた顧客と長期的な関係を構築することで、その顧客から得られる売上や利益を最大化することを目指す考え方です。
CRMは顧客との良好な関係を築いて、それを継続的に維持することで、その顧客から長期にわたり、売上と利益を確保していくための方法です。

問題18 (イ)
売上を最大化するためには、過去の売上のデータを分析し、最適な対象に最適な架電方法でアウトバウンドコールをする事が必要である。

【解説】
アウトバウンドコールによる販売活動（セールス）に関する問題です。
アウトバウンドに求められるのは、売上の最大化であり、効率性・架電数の確保や受電率は売上を最大化するためのひとつの目安です。
(ア)アウトバウンドコールによるセールスでは、単純な受電数ではなくキーパーソンの受電率（キーパーソンコンタクト率）が重要です。
(イ)売上の最大化には、架電大量リストの分析、最適な曜日や時間帯での架電、担当オペレーターへのリスト配分の最適化やオペレーターの人員配置の最適化などが重要です。正解です。
(ウ)架電数の確保も重要ですが、人員配置については、いたずらに増やすのではなく、事前に架電対象リストを十分に分析し、最適時間帯などを考慮し効果的に行うことで、キーパーソンの受電率（キーパーソンコンタクト率）を上げることが重要です。
(エ)新規、既存顧客の割合が、これまでの実績データに基づいて分析された結果でなければ効果は期待できません。

問題19 (ア)
オペレーターの勤続年数

【解説】
アウトバウンドの特徴に関する問題です。

(ア)オペレーターの勤続年数は、対応やトークスキルには直結しません。
(イ)顧客により効果的にアプローチできるトークスキルの活用は重要です。
(ウ)顧客につながりやすく、ゆっくりと話を訊いてもらえる時間帯を分析して、架電することが重要です。
(エ)過去に同じような商品を購入した顧客など、購入してくれる可能性があるリストに基づけば、アウトバウンドコールの成功率は高くなります。

問題20 (ア)
C→B→D→A

【解説】
営業の手順に関する問題です。
プロモーション中においてはまず、お客様へ商品をご紹介します。もし興味をもっていただいたら購入意志があるか確認します。購入すると決まれば、商品について必ずお伝えしなければならない事項（特に金融商品などに多い）をしっかり理解して頂き、契約となります。

問題21 (ウ)
顧客のニーズを見極めて、顧客の希望の商品よりも高い商品を案内した。

【解説】
アップセルの定義に関する問題です。アップセルとは、顧客に、現在購入済み、もしくは購入を検討している商品やサービスよりも上位のものを購入してもらうことです。顧客に最も適切な商品をおすすめする中で、より付加価値の高い商品・サービスの購入に結びつけていきます。
(ア)価値の同じ商品を案内しており、アップセルではありません。
(イ)代替品というだけではアップセルかどうか判断できません。
(ウ)購入済、もしくは購入を検討している商品やサービスよりも、アップ（＝上位）のものを購入してもらうことであり、アップセルにあたります。
(エ)クロスセルの説明です。

問題22 (ウ)
必要要員数の計算に必要なのは、サービスレベル、予測業務量、AHT（平均処理時間）、計画外の要素である。

【解説】
予測と人員配置の業務プロセスに関する問題です。流れを把握しておく必要があります。
(ア)予測およびシフト計画は通常30分間隔（インターバル）で行います。1件あたりの処理時間が30分を超え

る場合は、60分を1インターバルとします。
（イ）シフト計画の実行にあたっては、現場でも臨機応変に判断できるようなルールを設定しておく必要があります。さらに、そのルール自体も実運用に適しているかどうか定期的な見直しが必要です。
（ウ）必要要員数の計算には、サービスレベル、予測業務量、AHT（平均処理時間）を、数値モデル（アーランC式）に投入して必要人数を計算します。その上で、休憩やミーティング、研修、休暇や欠勤などの計画外要素を加味して必要人員数を確定します。
（エ）どんなに正確に予測をしていても、当日の突発的な状況や変化に対応して当日の調整が必要になります。それをリアルタイムマネジメントといいます。

問題23 （ア）
過去の業務量の推移、売上、キャンペーンの情報、事業計画

【解説】
インバウンドコンタクトセンターの入電件数予測に必要な情報について問う問題です。
予測と人員配置のプロセスは、まず件数予測をした上で、業務量予測に基づく人員計画作成（採用や研修を含む、3ヶ月から6ヶ月単位の計画）、シフト計画作成（通常1ヶ月単位でオペレーターのシフト計画を含むもの）と進み、さらにリアルタイムマネジメントによる当日の調整の流れとなっています。この問題は、「予測」に関する問題です。予測の段階では、過去の業務量や売上、近い将来に行われるキャンペーンなどの販促情報、事業計画などが必要な情報であり、平均処理時間、オペレーターの人数や欠勤率、シフトのルールなどは、人員計画とシフト計画を立てる段階で必要になる情報です。

問題24 （イ）
3ヶ月後に予定されているキャンペーンを考慮し、オペレーターの追加採用をした。

【解説】
要員計画に関する問題です。
要員計画は、件数の予測に基づいて、採用や研修に必要な期間を考慮して3ヶ月から6ヶ月の中期で、必要な人数を計算し、採用や研修の計画を構築し、実施していくことです。
（ア）当日の変化に対応してシフトなどを調整する事例です。リアルタイムマネジメントです。
（イ）キャンペーンやプロモーション、繁忙時期に対応してオペレーターの増員を図る要員計画の事例です。
（ウ）当日の変化に対応してシフトなどを調整する事例です。リアルタイムマネジメントです。
（エ）要員計画を策定する前に行う、着信件数の予測の際に行う手法の説明です。着信件数の予測の際には、過去のデータのトレンド（推移）の分析を行いますが、突出した数値は、特別なイベントや天候の変化などを反映していることが多いため、過去のデータとしてそのまま活用できないことがあります。要員計画の説明ではありません。

問題25 （ウ）
後処理時間の長いオペレーターに対して、フォローアップを行う。

【解説】
受注業務を行うインバウンドコンタクトセンターにおけるスーパーバイザーの活動に関する問題です。この場合は、いかに応答率を向上させるか、特にテレビ通販については商品紹介直後の応答数をどれだけ確保できるかが、販売機会を失わないという意味において非常に重要です。
（ア）オペレーターからの問い合わせがあった場合にスーパーバイザーとしての対応ができず、結果として、そのオペレーターの他の受信を妨げることがあるため、望ましくはありません。
（イ）（ア）と同様です。
（ウ）後処理時間の長いオペレーターが何をしているのかを確認し、出来るだけ早く受信業務に戻れるようにすることが必要です。
（エ）休憩中のオペレーターを呼び戻すことも場合によってはできますが、スーパーバイザーが先ず行わなければならないことではありません。

問題26 （ウ）
顧客の要件を正しく解釈し、正しく記録しているか。

【解説】
クオリティの定義としての精度と一貫性についての問題です。ここでの精度とは、電話やEメールによる問い合わせが正しく処理されたかどうか、ミスが無かったかということです。一貫性とは対応にバラツキが無く、再度問い合わせが無いように回答されているかどうかということです。
（ア）コンタクトセンターの効率に関する内容です。
（イ）コストに関する内容です。
（ウ）正確な対応が実施されているかどうかというクオリティに関する内容です。正解です。
（エ）営業戦略に関する内容です。

問題27 （ア）
あらかじめ24時間以内など返答の納期を決めておき、担当オペレーターへ周知しておく。

【解説】
Eメールの対応に関する問題です。
Eメールは電話と違い、即時の対応を必要としませんが、処理期限をハッキリと明確にして管理しなければ回答が遅延し、苦情に発展する可能性があります。このため、返答納期は明確に定め、担当者に浸透させておく必要があります。納期管理は「基準内に返答できたもの」「基準内に返答できなかったもの（納期漏れ）」の件数をそれぞれ把握し、納期漏れを最小化することが目標となります。
（ア）適切な対応です。なお、24時間などの返答納期は、顧客視点で計測することが必要です。すなわち顧客がメールを発信してから、返信を受け取るまでの時間です。
（イ）返答納期を決めても、担当するオペレーターに伝えなければ目標管理をすることが難しくなります。
（ウ）Eメールは多くの優秀なコンタクトセンターでは明確に返信する納期を定め目標管理をしています。
（エ）サービスの指標は、コンタクトセンターでは必ず設定し、達成状況を管理する必要があります。

問題28 （イ）
ミスのない正確な応対ができているかを重点的にチェックする。

【解説】
モニタリングは、一人ひとりのオペレーターを評価すると共に、業務プロセスの改善の観点で実施することが特に重要です。その観点から、言葉遣いや声のトーンなどのソフトスキル以上に、応対の内容そのものが正確か、首尾一貫しているか、といった点での評価が重要になってきます。それらは顧客が電話をかけてきた理由（質問や、苦情、問い合わせなど）が解決したかどうかを確認する項目だからです。
（ア）ソフトスキルに重点が置かれているので、誤りです。
（イ）モニタリングの目的は、ソフトスキル上の改善点を発見する以上に、ミスのない正確な応対ができているかどうかを重点的にチェックすることです。
（ウ）コンプライアンス違反は重大なミスに該当する内容になりますので、新人に限らずすべてのオペレーターのモニタリングに重要です。
（エ）1回のモニタリングの中で精度もソフトスキルも同時にチェックしますが、その重みは同じではありません。案内の精度は、言葉遣いや声のトーンなど、他の項目より重要です。

問題29 （イ）
オペレーターの応対スキルが不足しているため、的確に案内できていない。

【解説】
モニタリングの結果として、業務プロセスの改善に取り組む場合の問題です。
詳細なデータ分析を行う必要はありますが、一般にコンタクトセンターの中で、的確にご案内出来ないケースが多い場合は、オペレーターの対応スキルよりも、商品知識に関連する研修や、業務プロセスに課題があることが多いと考えられます。
（ア）オペレーターへの情報提供の場として、商品に関する勉強会を実施し、知識面の補強を図る必要があります。
（イ）応対スキルが低いためにうまく伝えられない可能性は、その他の理由に比べて低いと思われます。
（ウ）（エ）FAQシステムがあってもコンテンツ（内容）が不十分であったりわかりづらかったりすると、的確な案内に役立たせることは困難です。

問題30 （ウ）
対応の精度や解決率の向上に役立つ、業務改善のポイントを発見するため。

【解説】
モニタリングの目的としてオペレーターのスキルレベルを評価することは含まれますが、欠点を見つけるためではありません。それよりも重要な目的は、業務の改善を行うことです。
（ア）モニタリング後のフィードバックの際には、欠点の指摘だけではなく、良い点も合わせて評価しフィードバックすべきです。
（イ）オペレーターが間違った対応をしたことを発見した場合に、顧客への訂正のご案内を改めて行うことはあるかもしれませんが、これは結果論であり、モニタリングの目的ではありません。
（ウ）モニタリングの最大の目的は、業務プロセス上の問題を発見し、改善することです。正解です。
（エ）モニタリングでも可能ですが、モニタリングのような特定の機会ではなく、日常的な業務観察の中でレポートしていくことがメインとなります。

問題31 （ウ）
法令を遵守することは企業活動においては当然のことだが、法の規制がないものに関しても企業倫理に則って行動をすることが求められる。

【解説】
コンタクトセンターのコンプライアンス上、最も身近で重要なものとして守秘義務と企業倫理があります。いず

れも、経営層のレベルで遵守されるべきであり、そこから一般のスタッフまで浸透することが求められています。スーパーバイザーもコンプライアンスの意義をよく理解し、職場のメンバーに徹底していくことが重要です。
(ア)・(エ) 法令の遵守、企業倫理の確立、オペレーターへの積極的な取り組み、社会からの批判に対する真摯な対応が、組織存続と企業価値の基本であり、経営トップが率先してその任に当たることが求められています。
(イ) 第3者機関の監査や調査など、正当な理由が認められる場合はその限りではありません。
(ウ) 企業倫理と行動基準に基づいた行動が求められています。

問題32　(エ)
電話をかけた際に氏名を確認したところ、電話番号を押し間違って、関係の無い人に電話をしたことが分かった場合、個人情報の漏えいに当たらない。

【解説】
個人情報保護法に関する問題です。
(ア) いかなる時であっても第三者に顧客情報を伝える場合には本人の了解を得ることが必要です。
(イ) 通話録音による音声であっても、通話内容などから個人を特定することができる場合は、個人情報になります。
(ウ) 顧客から同封物に他人のものが混入していたとの話があった場合、破棄してもらう前に、会社として対処する方法を社内で検討すべきです。
(エ) 電話のかけ間違いで無関係の人に電話が繋がり、名前の確認時に判明した場合、氏名を伝えただけであり、かけた相手がその氏名から特定の個人を識別することは事実上困難であるため、個人情報の漏えいには当たらないと解釈できます。

問題33　(ア)
企業が、コンプライアンスを無視しても法的責任は問われない。

【解説】
コンプライアンスの知識に関する問題です。
コンプライアンスとはコーポレートガバナンスの基本原理のひとつで、法律や規則などのごく基本的なルールに従って活動を行うことです。そのため企業の社会的責任は非常に大きくなっています。
(ア) 企業が、コンプライアンスを無視し、法律に違反すれば、当然に法的責任を問われます。したがって不適切です。
(イ) コンプライアンスは「企業の社会的責任」のうちのひとつです。
(ウ) コンプライアンスには社会規範や企業倫理を守ることも含まれます。
(エ) コンプライアンス違反をした場合、責任を問われるのは経営層だけではなく、現場の管理者も対象になります。

問題34　(ウ)
②→③→④→①　(PLAN→DO→CHECK→ACTION)

【解説】
コンタクトセンターに限らず、業務改善に必要なステップはPDCAサイクルと呼ばれるステップか、それに近い手法で行われます。
まず、問題点を定義し、必要なデータの裏付けや分析を経て改善計画を立案し (PLAN)、改善活動を行い (DO)、さらにその結果の評価を行い (CHECK)、さらに改善活動を行う (ACTION) と共に改善対象となったプロセスから、他の課題のPLANにつなげるというサイクルになっています。

問題35　(ウ)
事業主は、従業員に定期的に健康診断を受診させる必要がある。

【解説】
職場環境に関する問題です。
会社で行なう健康診断は労働力の管理の一環であり、正常な経営活動を行う上でのリスク管理といえます。会社は従業員を雇い入れる時と、その後1年以内毎に1回 (深夜業労働者などは6ヶ月毎に1回)、定期的に一般の健康診断を実施しなければならないことになっており、これは労働安全衛生法で義務づけられています。
また事業主は、健康診断を実施した際に、その結果を従業員に通知する義務があります。
(ア) 採用後も定期的に健康診断を受ける必要があります。
(イ) 健康診断は全員が受診しなければなりません。
(ウ) 正解です。
(エ) 受診結果は本人に通知することが義務づけられています。

問題36　(ウ)
オペレーターがモニタリングの内容を受けて自ら改善に取り組むことができるようにする。

【解説】
スーパーバイザーとしてオペレーターにフィードバックする際の注意点に関する問題です。
(ア) 必ずしもセンター長などと改善案を決める必要はなく、部門の方針に基づき、オペレーター本人と一緒に改善案を考える方が、オペレーターの納得感を得られます。

（イ）フィードバックを始める際には、一定の時間待つ必要はなく、改善が見られない場合にはすぐに行っても問題はありません。
（ウ）正解です。フィードバックをうけたオペレーターが具体的に改善に取り組めるようにします。
（エ）先ずオペレーターの良い点を褒めてから、改善点を説明した方が、スムーズなフィードバックができます。

問題37　（ア）
オペレーターの研修の成績

【解説】
コンタクトセンターのサービスレベル指標についての問題です。
サービスレベルは電話のつながりやすさの指標のひとつです。応答率は最終的に対応できた電話の割合を計算するものですが、サービスレベルは20秒以内に80％などと、つながりやすさに対する顧客の体験を指標化出来る点で優れています。
サービスレベルに影響を与える要素としては、
①電話がどのくらいかかってくるのか（電話の件数）
②1件あたりの処理にどのくらい時間が必要か（平均処理時間）
③着台している電話応対可能なオペレーターがどのくらいいるのか
があります。
（ア）オペレーターの研修の成績は、AHT（平均処理時間）に影響があるかもしれませんが間接的な影響です。
（イ）コール数は大きな影響があります。同じ人数で想定よりコール数が少ないと、サービスレベルは高くなり、コール数が多いと低くなります。
（ウ）コール数が同じ場合、オペレーター人数が多ければサービスレベルは高くなります。
（エ）AHT（平均処理時間）は、人数および件数が同じ場合、AHTが短いほどサービスレベルは高くなり、AHTが長いほどサービスレベルは低くなります。

問題38　（イ）
コンタクトセンター所在地の人口

【解説】
コンタクトセンターにおける需要の予測に関する問題です。
コンタクトセンターへの着信件数は、過去の着信件数の実績や増減の傾向、曜日・時間帯毎の変動、季節要因、キャンペーンや新製品の影響度などが関与します。予測担当者はこれらのデータを分析してコールパターンを把握し、予測モデルを構築して需要を予測します。
（ア）過去の電話の着信件数が多いほど、予測される呼量も増加します。

（イ）一般的に顧客はコンタクトセンターがどこに設置されているかを知らされていないため、所在地がどこであっても着信件数に影響することはありません。したがってコンタクトセンター所在地の人口は、全国から着電する設計のコンタクトセンターでは無関係であるといえます。
（ウ）キャンペーンやプロモーションは、一定期間顧客からの着信件数を増加させる効果があります。
（エ）休日や祝日の組み合わせによっても着信件数は変動します。

問題39　（イ）
クオリティの指標とは、精度のことであり、間違いのない対応をすることが求められる。

【解説】
コンタクトセンターのKPI（Key Performance Indicator）に関する問題です。
（ア）サービスの指標とは、コンタクトセンターのサービスが提供されるスピードを指し、電話のつながりやすさや、Eメールの納期率などの指標を指します。
（イ）クオリティの指標は、精度の指標であり、間違いのない、一貫性のある対応を指します。
（ウ）従業員満足度もコンタクトセンターのパフォーマンスに影響を与える重要な要素であり指標のひとつです。
（エ）コストはオペレーターの人件費単価だけでなく、コンタクトセンター運営の全体コストや効率性を指します。

問題40　（イ）
個人情報を利用する場合は、特定された利用目的の達成に必要な範囲を超えて個人情報を取り扱ってはならない。

【解説】
個人情報の保護および取り扱いに関する問題です。
個人情報の流出は企業のイメージダウンや売上減少に直結するため、近年、企業における個人情報管理の重要性は非常に高いものになっています。大量の個人情報を扱うコンタクトセンターにおいても適切な管理が求められます。
個人情報に関しては「個人情報保護法」に基づき、管理すべき事項が詳細に定められており、コンタクトセンター関係者はよく理解しておく必要があります。
（ア）個人情報保護法では、原則としてあらかじめ本人に同意を得ていれば、個人データを第三者に提供することが可能です。
（イ）個人情報を利用する場合は、特定された利用目的の達成に必要な範囲を超えて個人情報を取り扱ってはなりません。
（ウ）個人情報は「個人」に関する情報に限定され、法人に関する情報は含まれませんが、法人の役職員氏名は

個人情報に該当します。
（エ）取引先から受け取った名刺には、氏名のほか所属、電話番号、最近ではメールアドレスなどが載っており、それぞれが氏名と結びつくことで当該本人の個人情報となります。したがってこの名刺入れを落とした場合には個人情報の紛失となります。

問題41　（ウ）
顧客との対面時に行われる営業用のトークスキル

【解説】
オペレーターの電話応対スキルに関する問題です。
（ア）・（エ）セールスを行うアウトバウンドでは、顧客の期待することや困っていることを積極的にヒアリングすること、また的確に質問することで顧客情報を収集し、適切なタイミングで商品やサービスをご紹介することで売上につなげることができます。両者ともに必要不可欠な電話応対スキルです。
（イ）主にインバウンド業務に必要なスキルのように思われますが、アウトバウンドにおいても、時に顧客からクレームやご不満の声をいただく場合があります。クレームは、サービスやプロセス改善の機会であり、適切に対応することで、顧客が企業のファンになってくださる可能性もあります。顧客の心理に共感し、適切にクレーム対応をするスキルも重要なスキルとなります。
（ウ）一般的な対面営業における営業トークスキルも有効ではありますが、電話（音声のみ）でのコミュニケーションを行うコンタクトセンターにおいては、顧客（見込みの顧客含む）とのコミュニケーションを効果的に行う質問スキル、ヒアリングスキル、およびコンタクトセンターでの成功事例を背景としたトークのシナリオ（トークスクリプト）を理解し、実行していくことが重要です。

問題42　（ウ）
採用時に持っているべき能力や成功しやすいタイプなどを採用担当者に伝えること。

【解説】
オペレーターの採用からデビュー、およびその後の人材育成のプロセスは以下の通りです。
①採用時の条件設定：採用後のトレーニング時の離脱や退職が少なく、対応業務へのデビューに至る確率の高い、成功しやすいタイプを採用時の条件に設定します。
②採用後の研修：デビュー基準に至るための研修となります。座学による知識やスキルの習得、ロールプレイ（模擬練習）による対応訓練、OJT（教育担当者の管理下で実際の業務に従事すること）など、多様な研修が考えられます。
③デビュー基準：ミニマムスキルとも言われ、一人で対応業務を行える最低限の知識・スキルを身につけた状態を指します。実際に業務ができるかどうかを基準とするため、客観的に評価できることが求められます。オペレーターのデビュー基準は、電話システムの使用スキル、オペレーター業務に使用する端末（パーソナルコンピューター）の利用スキル、キーボードの入力スキル、サービスや製品に関する知識、業務プロセスに関する知識などを網羅する必要があります。
④スキルの検証：オペレーターとしてデビューした後は、知識やスキルの領域を広げ、より広く深い業務を担当できるようになることが期待されます。対応範囲を拡大する前には、追加研修を行っていく必要があるとともに、定期的に知識やスキルの検証（テストやモニタリングなどによる評価と検証）が必要となります。
（ア）現場の目で評価ができる利点はありますが、個別の面談に必ずいつも出席できるわけではありません。
（イ）採用基準の作成は、採用担当者や上級管理職の役割です。
（ウ）採用基準に影響するポイントのフィードバックは、組織的な採用アプローチの改善に有効であり、スーパーバイザーに求められることです。
（エ）採用納期の遵守は、採用担当者や上級管理職の役割です。

問題43　（エ）
応募者が極端に少ない場合は、採用条件を再検討する場合もあり得る。

【解説】
スーパーバイザーがオペレーターの採用面接に参加する際に心がけるべき点に関する問題です。
面接時に大切なことは、採用後の研修を通じて、採用した者がオペレーターとして活躍できる資質があるかどうかを見極めることです。したがって、スーパーバイザーがコンタクトセンターの実態に即して、採用面接に同席する意義は大きいといえます。
（ア）自分との相性だけを判断してはいけません。
（イ）コールセンターの業務内容はさまざまであり、オペレーターとしての経験がいつも望ましいとは限りません。むしろ、他のサービス産業における経験などが役立つこともあります。
（ウ）予め定めた採用条件にあてはまらなくても、過去の経験や面談の様子などによって採用することもあります。
（エ）採用条件とは、一定の研修の後にミニマムスキルを身につけデビューできる可能性が高い人を採用する基準です。労働市況によっては、研修期間やメニューを見直して採用条件を柔軟に調整することが必要になることがあります。

問題44 （イ）
すべてのオペレーターに対して、定期的に知識やスキルの検証をすべきである。

【解説】
知識とスキルの検証に関する問題です。
人材のパフォーマンス評価の一環として、オペレーターやスーパーバイザーなどが現場の業務に従事するための知識やスキルの検証を行います。
（ア）すべてのオペレーターやスーパーバイザーが対象となるべきで例外を設けるべきではありません。また、勤務経験の長いスタッフが知識・スキルが高いとは一概にはいえません。
（イ）すべてのオペレーターは顧客に直接対応するスタッフであり、少なくとも年に１回は知識やスキルの検証をすべきです。またスーパーバイザー、モニタリング担当者、教育担当者もオペレーターの知識やスキルに直接的に影響のあるポジションのため、定期的に知識やスキルの検証を行うべきです。
（ウ）モニタリング評価は、通常定量化してスキル検証に活用されます。
（エ）新人であっても顧客対応業務を一人で担当する以上は、他メンバーと同等の知識とスキルの検証が必要です。

問題45 （イ）
先入観を持たないこと

【解説】
コーチングの実施に関する問題です。
コーチングでは対象となる相手を良く見ることから始まり、正しく対象者を見るためには印象や先入観を排除することが重要です。そして、結果や事実を客観的に判断し、伝えることも必要です。また、同じ目線に合わせたり、相手の気持ちを推量したりはしますが、決して上下関係を失うものではありませんし、必ずしも自分のことを開示する必要はありません。（イ）の先入観を持たないことが正解で、（ア）、（ウ）、（エ）は誤りです。

問題46 （エ）
他のオペレーターをサポートする姿勢やチームへの貢献も、評価項目にする。

【解説】
人材のパフォーマンス評価の項目に関する質問です。
（ア）遅刻や欠勤などの勤怠は応答率などのセンター目標を達成するために必須の評価項目です。
（イ）知識とスキルの検証のために筆記テストも活用しますが、現在知識があるかよりも、どこに情報があるかを検索する能力が重要ですので、モニタリングをはじめとする業務の観察やロールプレイによる検証を含めることが重要です。
（ウ）出来る限り数値化して評価項目にすべきですが、定性的な評価も並行して重要です。
（エ）挨拶や他者との協調性などの勤務姿勢を評価項目にすることにより、チームプレイヤーとしての能力を確認することが重要です。

問題47 （エ）
オペレーターによる小集団活動や管理スタッフとの意見交換などのオペレーターが意見する機会を設ける。

【解説】
オペレーターの定着率に関する問題です。
オペレーターの定着率は、コンタクトセンターのすべての指標に影響を与える重要な要素です。定着率を高めることで、熟練したオペレーターが増えれば、対応のクオリティを確保し、顧客満足度を向上させる要因となります。またオペレーターの採用および研修のコストと、業務に慣れるまでの生産性を考慮すると、定着率を高めることがいかに重要か判断出来ます。
（ア）金銭的なインセンティブは、一時的には効果がありますが、恒常的な施策とはなり得ません。
（イ）採用と研修にかかるコストや、デビュー後に十分にスキルが向上するまでスーパーバイザーや教育担当者、指導担当のオペレーターなどがフォローアップしていくコストなどを考えると、定着率の向上はコンタクトセンターの全体的なコストを削減する重要な施策です。またコンタクトセンターのクオリティの強化の視点からも、定着率の向上は重要です。
（ウ）仕事に対する責任感を持つことで、メンバーが組織にロイヤルティを感じることができます。それは、顧客対応におけるクオリティにも影響があります。
（エ）オペレーターによる小集団活動や、意見収集などによりオペレーターからのフィードバックを収集することは、定着率向上に向けた情報収集のために重要です。

問題48 （ア）
センター目標達成の為に、オペレーターの具体的な目標やクリアすべき課題は、オペレーターと上長とで話し合って決める。

【解説】
オペレーターのパフォーマンス評価に関する問題です。
センターの個人目標はオペレーター本人が勝手に決めるものではありません。上長と相談の上、次はどこまでを目指すのかを明確にすることが重要となります。
（ア）オペレーターと上長が話し合い、両者が納得できる目標を決めることが重要です。
（イ）本人の同意や納得感がないまま上長が勝手に決め

ても、十分な結果を出すことが難しくなります。
（ウ）実行計画の結果報告だけでは、なにか問題が発生している場合にそのプロセスを把握出来ず、改善が遅れてしまいます。
（エ）個人パフォーマンスの評価とチーム全体の目標達成の結果は必ずしも一致しないことがあります。

問題49 （イ）
入電状況を監視して、オペレーターの配置や休憩を管理する。

【解説】
スーパーバイザーの役割に関する問題です。
スーパーバイザーはコンタクトセンター運営の中心的存在であり、効率的で一定のサービス品質を実現するためにさまざまな活動を行います。
スーパーバイザーの最も重要な業務はオペレーターの管理です。着信量の変動を時間帯（インターバル）単位で監視し、オペレーターの配置数や交代をうまく調整することにより、余剰なオペレーターを削減し、呼損の発生が最小になるよう管理します。またオペレーターの処理効率を監視するのもスーパーバイザーの役割です。着信量や待ち呼の件数を監視しながら処理が長引いているオペレーターを発見して処理が短時間で完了するよう支援します。
（ア）苦情やクレーム内容を他部門にフィードバックすることは、必ずしもスーパーバイザーが行う必要はないため適切とは言い切れません。
（イ）スーパーバイザーの重要な業務はオペレーターの管理です。
（ウ）運営方針はセンター長、マネージャーなど運営管理の上級管理職が決定するため不適切です。
（エ）データベースはコンタクトセンター運営とは異なる専門スキルが必要であり、不適切です。

問題50 （エ）
モチベーションを高め、自ら問題に気づき解決していく力を引き出す質問力や傾聴力

【解説】
コーチングに必要な能力についての問題です。
コーチングの目的は、相手の人格を尊重し、モチベーションを高め、自ら問題に気付き、問題を解決していく力を引き出すことです。相手の良いところを褒めることはもちろんですが、場合によっては悪い点も理解させることが必要です。また、自分の話したいことだけを伝えて、理解させるのではなく、相手と一緒に考える姿勢も重要です。
（ア）コーチングは、会話術をベースにしたものではありません。

（イ）理解させるためにプレゼンテーションスキルではなく、共に考える姿勢が求められます。
（ウ）弱点についても正しく認識することがコーチングのスタートになります。
（エ）自ら問題に気づき解決していく力を引き出す能力はコーチングに求められるスキルの代表的なものです。

問題51 （ウ）
24時間・100席規模のコンタクトセンターを運営するための費用や方法に関する提案をコンタクトセンター運営会社に依頼した。

【解説】
提案依頼書（RFP）に関する問題です。新たなビジネスや事業拡大に伴い、コンタクトセンターを新たに調達する場面があります。コンタクトセンターの調達においては、ベンダーが公平な環境下で適切な見積や提案を行い、専門性を発揮できるようなRFP（提案依頼書）を作成することが必要です。
（ア）や（イ）はRFI（情報提供依頼）、（エ）は改善提案依頼となります。

問題52 （イ）
業務仕様書や守るべきパフォーマンス水準を定めて両社で合意する。

【解説】
発注側と受託側で業務契約を締結する際には、要件定義に基づき、業務が的確に遂行されているかどうかを管理するために、
① SOW：Statement Of Work（コンタクトセンターによって実施される業務範囲や対象、業務プロセスなどを詳細にまとめたもの）
② SLA：Service Level Agreement（サービスレベルアグリーメント）
などについて、両者間で合意します。
コンタクトセンターは定められたSOWやSLAに基づき、パフォーマンス目標の達成や契約事項の遵守について管理します。一般的には、コンタクトセンターのパフォーマンスについて月次で発注者（クライアント）にレポートし、直近のパフォーマンス実績を両者でレビューします。著しいパフォーマンスの低下や、契約不履行（コンプライアンス違反など）が認められた場合、ペナルティの発生や、契約の打ち切りなどに発展する場合もあります。
ビジネスにおける信頼関係を築くためにも、業務で守るべき水準や方法を定めて管理していくことが重要となります。
（ア）「常に監督」しているだけでは、業務のクオリティを必ずしも確保できません。

(イ) 正解です。SOWやSLAを定めることが重要です。
(ウ) 問題が発生する都度、報告をさせる方法では、深刻な問題がおこらなければアクションをおこせません。
(エ) 方法のひとつではありますが、業務の進め方やパフォーマンスを確保することには直結しません。

問題53　（エ）
業務が正しく運用されているか、業務プロセスのモニタリングを実施する。

【解説】
業務プロセス監査の知識に関する問題です。
コンタクトセンターは開始前に設計した業務プロセスに基づき運営が開始されますが、実際に開始すると当初予定していなかった業務プロセスが発生することがあります。早い段階（開始から1カ月程度）で業務プロセス全体を監査することで、設計したプロセスと実態との乖離について問題があれば早急に是正します。業務プロセスは顧客視点で作成されていることが最も重要ですが、それ以外にクライアントの要件、コンタクトセンターの要件も考慮した上で設計されなければなりません。
(ア) オペレーターが監査に同席することは問題ありませんが、監査の目的によって複数の視点を盛り込みます。
(イ) 業務フローのチェックだけでは、業務プロセスの監査とはいえません。業務の実態も合わせて確認する必要があります。
(ウ) 監査は計画的に行います。また、繁忙期にも適切な運営が行われているか確認することも重要ですので、忙しいから監査時期をずらすということは行いません。
(エ) 業務プロセス監査は、該当する業務プロセスをその開始から終了に至るまでモニタリングなどで観察し、確認します。

問題54　（ウ）
プロジェクトの活動を管理可能で適切なレベルに作業分解したもの

【解説】
プロジェクトマネジメントの知識に関する問題です。
新規のコンタクトセンターの立ち上げには、さまざまな準備や関係者を総合的に管理しなければなりません。プロジェクトマネジメントの詳細は、国際的なプロジェクトマネジメントの知識体系であるPMBOKの中で詳述されています。スーパーバイザーが、コンタクトセンターの立上げプロジェクトのリーダーとして活動する場合、広範囲の知識習得が求められます。WBS（ワーク・ブレイクダウン・ストラクチャー）は、プロジェクト活動の成果、納期を明確に定める際に欠かせません。
(ア) リスクの一覧は、プロジェクト計画段階において重要ですが、WBSとは別物です。

(イ) 通常、プロジェクトは複数の利害関係組織と連携して遂行されますので、各々の役割・責任は計画段階で明確にされるべきです。しかし、これはWBSではありません。
(ウ) 正解です。WBSの説明に該当します。
(エ) これはガントチャートと呼ばれるものです。プロジェクト開始後、進捗状況を簡単に確認することができます。

問題55　（ア）
調達時点で、初期構築コストだけでなく、ランニングコストも正しく把握する。

【解説】
情報システムの調達に関する問題です。コンタクトセンターの運営には、さまざまな情報システムが欠かせません。情報システムのランニングコストは初期コストと違い継続的に発生するため、慎重な見積りが必要です。画面設計や動作スペックも重要ですが、事業環境の変化に合わせて柔軟にシステム要件を変更することも考慮に入れ、ランニングコストを慎重に見積もることが重要です。
(ア) システムの調達においては、初期コストだけはなく、ランニングコストも正しく把握します。ランニングコストには、ライセンスや保守費はもちろんのこと、必要に応じて自社内の体制なども加味した方がより正しく把握することができます。
(イ) 実際の支払いは契約方式に依存しますが、初期構築コストとランニングコストは別に適切に算出し理解しておかなければなりません。
(ウ) 一般的に、初期コストよりもランニングコストの方が多く発生すると言われています。
(エ) 利用期間内の需要を予測し、過剰なスペックのシステム投資を行わないようにしなければなりません。

問題56　（ウ）
あらかじめ設定したスキルの優先順位に従って、コールが振り分けられる。

【解説】
コンタクトセンターシステムのうち、スキル・ベース・ルーティング機能に関する問題です。スキル・ベース・ルーティング機能ではオペレーターに複数スキルを設定登録することで、優先順位や受付体制の人数調整を柔軟に行うことができます。育成目的で新人に優先して着信させることや、問い合わせ数が多くない種別のコールを特定のオペレーターに振り分けるなどに利用できます。
(ア) 電話機ではオペレーターのスキルを判別できません。
(イ) Eラーニングのシステムに関する説明です。
(ウ) スキル・ベース・ルーティングの説明です。
(エ) コンタクトセンターシステムには、リアルタイムでオペレーターの通話時間や作業時間を確認する機能があ

りますが、これはスキル・ベース・ルーティング機能とは別の機能です。

問題57　（ウ）
応対内容を評価して品質向上を図るため

【解説】
コンタクトセンターシステムのうち、音声録音装置に関する問題です。
音声録音装置は、さまざまな利用が可能です。活用例としては、コンタクトセンターの応対品質を向上させるために記録をチェックする、クレーム発生時に原因を分析する、新人研修で実際のやりとりを聞いてもらうなどがあります。
（ア）平均通話時間のデータ分析は、数値上の分析のため音声録音は使用しません。
（イ）応対例には個人情報などが含まれますので、一般に公開する目的では利用されません。
（ウ）正解です。品質向上に向けた応対内容の評価は、音声録音装置を利用する目的の１つです。
（エ）オペレーターの応対品質向上には用いられますが、責任の追及は目的ではありません。

問題58　（ア）
コール処理の効率性が向上する。

【解説】
スキル・ベース・ルーティングの効果に関する問題です。
スキル・ベース・ルーティングは、顧客の目的（電話をかける理由）に応じて適切なスキルを持つオペレーターにより早くコールを着信させる機能のことです。これを導入することで不適切なオペレーターが対応することによる余計なやり取り、転送、たらい回しの発生を避けることが可能となり、顧客満足度の向上も期待できます。
（ア）顧客の目的に応じて適切なオペレーターにコールを着信させることができるため、導入前に比べて効率性の向上が期待できます。
（イ）ログイン操作はオペレーターが各々行うものであり、スキル・ベース・ルーティング導入の有無とは無関係です。
（ウ）オペレーターのスキルトレーニングは別途行う必要があり、スキル・ベース・ルーティングを導入したからといって直接的にスキル改善が期待できるわけではありません。
（エ）着信の予測精度とは無関係です。

問題59　（エ）
Dさんには料金問い合わせ受付コールは着信しない。

【解説】
スキル・ベース・ルーティングの知識に関する問題です。

スキル・ベース・ルーティングではオペレーターにスキル設定を行うことにより、特定のスキルグループに着信したコールを、特定のオペレーターに着信させることができるようになります。
（ア）商品注文のコールは全員に着信します。
（イ）Bさんには「商品注文受付」「料金問合せ受付」の２種類のコールが着信します。
（ウ）「配送受付」のコールが着信するのはCさんとDさんです。
（エ）表の通り、Dさんには「料金問い合わせ受付」のコールは着信しません。正解です。

問題60　（ア）
ログイン管理を厳格に行い、正確なコールデータを取得している。

【解説】
オペレーターのログイン管理に関する問題です。
オペレーターが正確なログイン／ログアウト操作を行うことは、適切にコールを着信させるだけでなく、効率性に関する正確なデータ取得を行う上でも重要です。したがって、オペレーターに対しては、ログインルールも厳守するよう意識づけるとともに、違反がないかどうかを常に確認していなければなりません。
（ア）ログイン管理を厳格に行うことで、正確なコールデータを取得することができます。
（イ）コール数が減少したことを理由にログアウトさせることは、正確な稼働率情報の取得を妨げます。
（ウ）トイレ休憩などは、通常の運用では「離席状態」に変更すべきであり、ログアウトさせるべきではありません。
（エ）１人のオペレーターには基本的に１つのログインIDを付与するのが原則であり、スキルを付与するたびに新たなIDを追加する必要はありません。

問題61　（ウ）
顧客は自分の言いたいことを上手に話すことができない場合があるものと思って、対応する。

【解説】
顧客とのコミュニケーションの際の心構えについての問題です。
（ア）顧客の話す内容を効果的に把握する方法として、傾聴する姿勢や顧客の話を忠実に聞きとることが大切ですが、そこでさらに効果的な質問を駆使することで、顧客の話す内容を把握することが出来ます。
（イ）顧客の顔が見えなくても、傾聴と質問、そして真摯な姿勢で内容を把握することはできます。
（ウ）顧客は自分の話したいことやニーズを必ずしも上手く表現できるとは限りませんし、分かっているとも言え

ません。さまざまな顧客がいることを理解して対応することが必要です。
（エ）顧客は、会社側であるコンタクトセンターに商品やサービスに関する知識があるものと期待して電話をされていると考えられます。顧客の話したいことは何かを探るため、会話をうまくリードしましょう。

問題62　（イ）
顧客の心情を推察しながら、できるだけ喜びを表現するように明るい声を出して対応する。

【解説】
コンタクトセンターの業務特性に対応したコミュニケーションを問う問題です。
（イ）に記述されているように、コンタクトセンターの応対では相手の立場に立って受け答えすることが重要です。顧客の声から嬉しさが伝わってくる場合には、それに呼応することも必要です。（ア）（ウ）（エ）にあるように、ビジネスライクな対応や顧客の知識不足を補うこと、また、自社のアピールも大切ですが、コミュニケーションとして優先されるべきは、顧客の心情への共感です。

問題63　（エ）
体調が悪そうに見えるオペレーターに対して、体調を気遣いつつ対応した。

【解説】
スーパーバイザーがオペレーターとコミュニケーションを図る際の注意に関する問題です。
一般的には、仕事に無関係な会話はすべきではありませんが、場合によっては、体調を気遣いつつリラックスできる環境づくりに配慮することも必要です。
（ア）コンタクトセンターではオペレーターの噂話に注意しなくてはなりません。反抗的なオペレーターがいる場合は、直接本人から事情を聞きましょう。
（イ）誰でも名前を覚えて欲しいものです。特に一人で対応するオペレーターにとって、名前で呼ばれることは嬉しいことですので、スーパーバイザーはオペレーターを名前で呼ぶように心がけます。
（ウ）問題点の解決はスーパーバイザーだけでできないこともあります。問題点は、適宜センター長などの管理者に報告することが必要です。

問題64　（ウ）
他人から賞賛されればモチベーションが上がる。

【解説】
モチベーションの条件に関する問題です。
モチベーションは「動機づけ」と言われます。不安な気持ちや安定した気持ち、また金銭的に満足している状態が人の「動機づけ」につながるとは一概には言えません。自分が成し得たことに対して他人が賞賛した場合、次の目標に向かう勇気を持ちますので、モチベーションが上がるといえます。

問題65　（エ）
いつも公平な姿勢を守るように心がけ、ベテランオペレーターも新人オペレーターも同じように接している。

【解説】
オペレーターのモチベーションを上げたいと思うスーパーバイザーの行動に関する問題です。
（ア）ベテランのオペレーターを特別視する必要はありません。新人オペレーターの研修時のOJTなど、スキルを必要とするものは別ですが、書類整理などの作業は希望者を募るなど平等に行うことが重要です。
（イ）人はどのような些細なことでも褒められると嬉しいものです。何度褒めても構いません。褒める際には公式の席で全員の前で褒めると、なお効果的です。
（ウ）非公式な食事会は、他のオペレーターに取って必ずしも良い印象は持たれません。
（エ）オペレーターに接する場合には、常に公正、公平な姿勢を堅持することが必要です。

問題66　（エ）
テーマや内容は問わず、オペレーター全員によるディスカッションの機会を設けて、仲間以外のオペレーターとのコミュニケーションを促す。

【解説】
グループ間のコミュニケーションが円滑でない場合に、チーム全体としての一体感を醸成する方法についての問題です。
（ア）特定のオペレーターからの情報がすべて正しいわけではありませんし、スーパーバイザーが特定のオペレーターを特別視するような態度を取るのは望ましいことではなく、例えそのオペレーターが優秀でも一定の距離を置くことが肝要です。
（イ）センターの目標を達成するためには、先ずオペレーターが他者と協調や協力をする体制づくりが優先されます。なお、基盤が確立されてからであれば、競争は悪いことではありません。
（ウ）面談を実施し、一人ひとりを説得することも方法のひとつですが、膨大な時間が必要となるおそれがあり、最適な方法とはいえません。
（エ）オープンな環境で話し合う機会を作ることにより、チームワークを醸成することは、チームを目標の達成に向かわせるのに効果的です。

問題67　（エ）
会社の立場をご理解いただくよう努めること

【解説】
クレーム発生時の対応スタンスに関する問題です。企業の担当者としての姿勢を持つことは大切ですが、それよりもまず、真摯な姿勢を示すことが重要です。
（ア）クレームに対して言い訳をするよりも、まず顧客の言い分をしっかりと聞きましょう。
（イ）あらゆる事項について謝罪する必要はありませんが、謝罪すべき点については真摯に対応しなければなりません。
（ウ）他人事のように受け答えするのではなく、責任を持って応対しなければなりません。
（エ）会社の立場を理解してもらうように努めるよりも、顧客が苦情・クレームを出すに至られた経緯や状況についてしっかりと理解することが優先されます。

問題68　（ウ）
原因を特定するためのスタッフへのヒアリング

【解説】
コンタクトセンターにおける問題解決プロセスについて聞く問題です。
通常、PDCAサイクルを問題解決プロセスに応用するケースが多いですが、コンタクトセンターの場合は特にデータ分析を重点的に行うことが必要です。その上で、適切な改善プロセスを導入しなければなりません。
（ウ）の原因を特定するためのプロセスは、スタッフへのヒアリング以上にデータ分析が重要です。

問題69　（ウ）
応対内容を分かりやすく簡潔にまとめ、正確に残す。

【解説】
電話応対の記録の残し方に関する問題です。お客様との通話記録は、内容の分析、クレーム時の確認、再問合わせ発生時の確認などに用いられるため、正確な記録が必要です。
一方、正確さを重視しすぎることで、記録に多くの時間を費やしすぎると処理時間が長くなり、生産性が悪化してしまいます。
（ア）残す・残さないを自分で判断してはなりません。
（イ）正確に記録を残すことは重要ですが、生産性の悪化に結びつくだけでなく、再コール発生時に記録を迅速に確認することができません。
（ウ）一般的に、簡潔さと正確さが重要となります。応対記録のルールやテンプレートを活用する場合もあります。
（エ）良くある意見は重要なので記録しなければなりません。

問題70　（ア）
検索するキーワードはひとつのみであり、複数のキーワードで検索することはできない。

【解説】
インターネットの情報検索に関する問題です。
（ア）複数のキーワードを入力すると、いずれにも一致する結果が表示されます。
（イ）キーワードの最初に「-（半角マイナス）」をつけて検索すると、そのキーワードは除外して検索されます。
　（例）「コンタクトセンター　-東京」
（ウ）特定のサイト内だけを検索するには、「site:ドメイン名　キーワード」で検索します。
　（例）「site:www.sample.com コンタクトセンター」
（エ）検索するキーワードを完全一致させるには「"キーワード"」と入力することで指定ができます。

用語集

ACD Automatic Call Distributor
インバウンドのコンタクトセンターにおいて、着信呼を着信順にオペレーター間で均等になるよう分配するシステムまたは機能。音声案内機能、蓄積データを報告する機能などがある。

ACW After Call Work
AHT（平均処理時間）の構成要素。ACD（着信呼自動分配システム）は、オペレーターのログイン時間の中で、コールの後処理などを行っているために次の電話に出られない時間をACW時間として測定している。後処理業務には対応中に完了できなかったデータ入力作業として、ラップアップコード入力、フリーテキストのコメント入力、リサーチなどが含まれる。ACDシステムの種類によっては「Wrap（ラップ）」と表示されるものもある。

AHT Average Handling Time
1件の顧客対応業務を処理するために1名のオペレーターが費やす時間の平均。業務には、エンドユーザーとの通話、保留、通話後の後処理が含まれる。

ASA Average Speed of Answer
お客様が電話をかけてからオペレーターに繋がるまでの間、キュー（Queue）で待たされた時間の平均。放棄呼の設定によって、この指標の値が歪められてしまう場合があるため、ASAを算出する際、放棄呼をどのように扱っているかを確認する必要がある。

ATL Average Time Late
主にEメールや郵便などの非リアルタイムの処理が可能なプロセスにおいて、目標とするサイクルタイムまでに処理ができなかったプロセスの測定方法。未処理案件の遅れ具合を監視するために、重み付けを用い、加重平均して計算する。

ATT Average Talk Time
オペレーターが顧客（電話のかけ手）と通話している時間の平均（保留時間は測定に含めないことが望ましい。保留時間を除外できない場合、スタッフ稼働率の計算の際に考慮する）。一般的なATTの計算式は、総通話時間を総コール数で割ったもの。電話システムの種類によっては、「ACD時間」と呼ばれることもある。

BCP Business Continuity Plan
ビジネス継続性の確保とは、事業の停止を招きかねない天災、火災、爆発、大規模なシステム障害などの事故や災害発生に対してさまざまな観点からの対策を講じること。

B to B
商取引の形態のひとつで、企業（Business）と企業（Business）の取引のこと。「B 2 B」とも表記する。原料や部品の電子調達やメーカーと問屋・小売店との受発注の電子化、文具などのオフィス用品から人材仲介など分野は多岐にわたる。

B to C
商取引の形態のひとつで、企業（Business）と一般消費者（Consumer）の取引のこと。「B2C」とも表記する。インターネット上に商店を構えて消費者向けに商品を販売するオンラインショップの他、消費者向けのソフトウェアや画像、音楽などのコンテンツ販売なども、それにあたる。

CEM Customer Engagement Management
「カスタマー・エンゲージメント・マネジメント」を参照

CPC Cost Per Call
1コール、1業務あたりのコンタクトセンターの運用コスト。

CPH Cost Per Hour
1時間あたりのコンタクトセンターの運用コスト。

CPM Cost Per Minutes
1分間あたりのコンタクトセンターの運用コスト。

CRM Customer Relationship Management
企業がさまざまな活動で得た顧客情報を一元管理し、顧客のニーズにきめ細かく対応することで、顧客の利便性と満足度を高め、顧客を常連客として囲い込んで収益率の極大化を図ることを目的とした経営手法・考え方のこと。

CS Customer Satisfaction
顧客満足のこと。

CSR Customer Service Representative
コンタクトセンターで顧客対応業務（電話、Eメール、Web経由の問い合わせ、FAX、郵便など）を行うスタッフを指す。その他には、エージェント、TSR（テクニカルサービスレップ）、コミュニケータ、コンサルタント、サイバーエージェント、テレフォンアポインターなど同意で用いられている。CMBOKでは、総称して「オペレーター」としている。

CTI Computer Telephony Integration
電話やFAX、Eメールとコンピューターシステムを統合する技術全般の総称。最近では顧客データベースと連携したシステムが増えており、顧客のプロフィールや応対履歴、購入履歴などを参照しながら的確なサポートを提供することもできるようになっている。

CXM Customer Experience Management
「カスタマー・エクスペリエンス・マネジメント」を参照

FAQ Frequently Asked Question
日本語では「よくある質問」と訳される。FAQは、顧客対応で必要となる知識や情報を文章化し、形式知として蓄積するナレッジ集のこと。

FTE Full Time Equivalent
通常、組織ごとに定義が異なる。フルタイムスタッフとパートタイムスタッフを管理上でフルタイムとしてカウントするための標準化手法。例えば2人のパートタイムがそれぞれ就業時間の半分ずつ働いたとした場合、1人のフルタイム相当としてカウントする。

HTML Hyper Text Markup Language
ウェブ上のドキュメントを記述するための言語。HTMLでマークアップされたドキュメントは、他のドキュメントへのハイパーリンクを設定できるハイパーテキストであり、画像・リスト・表などの高度な表現力を持つ。

ICT Information Communication Technology
情報コミュニケーション技術。顧客が利用するIT技術のこと。IP電話インターネット回線を利用した電話のこと。

ISO10002
2004年にISO（国際標準化機構）から発行された苦情対応に関する国際規格で、消費者保護や顧客満足の視点から顧客の苦情に対して適切かつ迅速な対応をするための枠組み（マネジメントシステム）を構築、運用することが求められている。

ITIL®
ITサービスマネジメントにおけるベストプラクティスを集めたフレームワーク集。

ITサービスマネジメント
高い品質のITサービスを提供するための計画や開発、維持、提供などに関するプロセスを管理するためのアプローチをいう。

IVR Intelligent Voice Response／Interactive Voice Response
音声応答システム。音声による自動応答を行う電話システム。発信者のダイヤル操作に合わせて録音済みの音声を再生し無人で対応するシステム。

KPI Key Performance Indicator
重要業績評価指標のこと。企業や組織の目標達成度合いやパフォーマンスの状態を定量的に表し、業務改善やパフォーマンス向上のためのパラメータとして活用したりする。

LTV Lifetime Value
顧客生涯価値。1人の顧客が取引を始めてから企業にもたらす損益を累計して算出したマーケティングの成果指標。顧客のロイヤルティを高めることにより、その顧客が生涯にわたって企業にもたらす利益の最大化を図る。

MECE Mutually Exclusive and Collectively Exhaustive（ミーシー・ミッシー）
ロジカル・シンキングの手法のひとつ。全体を構成するさまざまな要素を「モレなく、ダブリなく」整理するための考え方。

MOT Moment Of Truth
真実の瞬間と訳される。顧客が企業のサービスを経験する瞬間のこと。

NPS Net Promotor Score（ネットプロモータースコア）
「あなたは、このサービスを友人や家族に薦めますか？」の質問を行い、0から10までの11段階で評価。上位2段階をプロモーター、下位5段階を批判者として、その割合の差がプラスであるほど良いとする、顧客のロイヤルティを評価する方法。ベイン・アンド・カンパニー社が開発を行った指標。

OJT On The Job Training
実際の仕事を通じて、必要な技術、能力、知識などを身につけさせる教育訓練のこと。

PBX Private Branch Exchange
構内交換機。交換機は、電話同士を接続する機械のことをいう。インターネット電話にも対応した交換機をIP-PBXといい、交換機のシステムをソフトウェアだけで実現しているシステムをUn-PBXという。

PDCA
サイクルマネジメントサイクルのひとつ。計画（Plan）、実行（Do）、評価（Check）、改善（Act）のプロセスを繰り返し実施することによって、品質の維持・向上および継続的な業務改善活動を推進するマネジメント手法のこと。

PMBOK Project Management Body of Knowledge
「プロジェクトマネジメントの知識体系」のこと。「知識エリア」と呼ばれる9つの観点（スコープ、時間、コスト、品質、人的資源、コミュニケーション、リスク、調達、統合管理）

を定めている。

RFI Request For Information
情報提供依頼書。特に外部のベンダーを採用する場合に、事前にベンダー候補を絞り込むために、情報の収集を主な目的として依頼書を発行する。

RFM分析
顧客の購買行動・購買履歴から、優良顧客のセグメンテーションなどを行う顧客分析手法のひとつで、「R（recency）：最新購買日」、「F（frequency）：累計購買回数」、「M（monetary）：累計購買金額」の3つの観点で指標化して分析をする。

RFP Request For Proposal
提案依頼書。一般的にはクライアントが用意するものであり、コンタクトセンターが提案書を作成するにあたっての依頼書として作成される。コンタクトセンターは、RFPに提示されたサービスを達成する上での詳細な手法や価格を提案書として記載する。

SIPサーバー
SIPとはIP電話など、インターネット上で電話通信を行うために利用される通信制御プロトコルのひとつである。SIPサーバーとは、電話番号をIPアドレスに変換しIP電話との接続を行うなどの制御を行うシステム。

SLA Service Level Agreements（サービスレベル・アグリーメント）
製品またはサービスを提供するサプライヤーと交わす契約書または合意書。一般的にはパフォーマンスレベルや目標値を合意の上定めたものを指す。

SLM Service Level Management（サービスレベル・マネジメント）
SLAを基に、継続的にコンタクトセンターのパフォーマンスを確認、問題があれば改善する一連の活動を指す。

SOW Statement of Work または Scope of Work
業務仕様書。クライアントやコンタクトセンターが作成する要求定義として、コンタクトセンターによって実施される業務を詳細にまとめたもの。

WBS Work Breakdown Structure
プロジェクトの全要素を成果に基づいて分類したもので、プロジェクトのさまざまな作業の全体スコープを階層的に定義したもの。

WFM Work Force Management
オペレーターの要員計画を最適化するためのツール。呼量予測、要員計画機能、予測と実際の運用状況の乖離を把握するためのアドヒアランス機能（オペレーターのスケジュール遵守状況の管理機能）などを搭載している。

アーランB／アーランC
コンタクトセンターのシフト調整で用いられるトラフィックをモデリングした公式で、コンタクトセンターの設定した目標限度内で、待ち時間や応対数を維持するために必要な回線数やリソース（要員）を計算することが可能となる。アーランB式は必要回線数を、アーランC式は必要要員数をシミュレーションするのに活用する。

アウトソーシング
企業内の業務について、外部の組織に委託すること。専門的な知識やノウハウ、インフラ、システム、設備などを持つ外部の組織に委託することで、業務拡張やコスト削減などが図れる。

アウトバウンド
アウトバウンドは、コンタクトセンターから、顧客に電話をかける（発信）ことをいう。

アウトバウンドシステム
アウトバウンドとは、電話の発信のことをいうが、電話の発信を、顧客の電話リストなどを基に自動的に発信するなどの支援システムをアウトバウンドシステムという。

アクティブ・サポート
ソーシャルメディアにて、顧客が発信した情報を監視し、コンタクトセンター側から情報を発信した顧客に対し、積極的なコンタクトを持ち、顧客が発信した情報に対するサポート対応を行う方式。

アクティブリスニング
顧客が話した内容を注意深く聴くだけでなく、質問などをすることにより、顧客の置かれた状況や要望・期待などを正しく理解すること。

アサーティブな姿勢
顧客と同じ位置に立ち、責任のある誠実な対応を積極的に行う姿勢のこと。顧客との会話では、受動的（passive）な姿勢や、攻撃的（aggressive）な姿勢ではなく、アサーティブ（assertive）な対応を常に心がけることが大切である。

アップセル
ある商品の購入者または購入希望者に対して、購入または買い替え・契約更新時に、その商品と同種でより上級（販売単価や利益率の高い）のものを提案し、顧客の了解を得て販売することで顧客単価の向上を目指す販売アプローチ手法のこと。

後処理
「ACW」を参照

案件解決率
問題なく処理が完了した率。

一次解決率
「1コール解決率」を参照

インソース
アウトソースの一形態で、クライアント組織自身のファシリティや管理チームの存在するロケーションで、指揮命令系統と人材の雇用調達・業務運営を委託すること。

インバウンド
インバウンドは、入ってくるという意味である。コンタクトセンターでは、顧客からかかってくる電話のことをインバウンドと呼ぶ。

エスカレーション
オペレーターや担当者の対応可能範囲を超えた問い合わせへの対応、または苦情対応などで、適切な上位者に対応を依頼し、その後の対応を引き継ぐこと。電話対応のチャネルの場合は、直接上位者に電話を転送する場合や、後から適切な上位者がコールバックする方法などがある。いずれの場合もその後の対応はエスカレーションを担当した者が行う。

演繹法
えんえきほう。一般的に知られている理論やルールから、結論を導き出す思考法。三段論法は演繹法にあたる。

エンドユーザー
「顧客」「カスタマー」と同意。コンタクトセンターのサービス対象となる顧客のことを指し、消費者、法人顧客、支店・支社、またはクライアントの流通経路（チャネル）として、小売店舗、流通（ディストリビュータ）、専門業者などがある。

エンドユーザーにとっての重大なミス
処理全体がエンドユーザーの観点から欠陥とみなされてしまうようなミス。エンドユーザーの満足度と不満足度に直接影響をもたらすミス。

エンパワーメント
従業員に自らの業務について自分で決定する能力と権限を持たせ、自主性を高めて行動させること。権限移譲だけでなく、自身で解決できる能力を持たせることにより自ら判断し行動させる必要がある。

オーナーシップ
顧客の問題を最初に受け付けた担当者が、顧客の問題が解決されるまで管理し、責任を持つこと。

外的リスク
コンタクトセンターもしくは関係する利害関係者がコントロールできないリスク。市場の変化・競合他社の動向、政策、自然条件や交通の遮断が相当する。

カスタマー・エクスペリエンス
顧客が商品やサービスを購入するまでの経験のこと。日本では、顧客経験価値と訳される。

カスタマー・エクスペリエンス・マネジメント
顧客の経験について企業が管理を行うこと。顧客の経験とは、顧客が商品やサービスを見つけることから始まり、購入、利用までについての管理を行うこと。

カスタマー・エンゲージメント
顧客が企業に持つロイヤルティのこと。企業は顧客とのエンゲージメントを深めることにより、顧客の製品やサービスを再購入してもらうだけでなく、その企業や商品に対するファンとなり応援してもらうマーケティングの手法。

カスタマー・エンゲージメント・マネジメント
企業が顧客とのエンゲージメント形成や、より深いエンゲージメントを構築するための管理活動。

カスタマー
「エンドユーザー」を参照

稼働外時間
オペレーターの業務時間内で電話をしていない時間。トレーニング時間、休憩、ミーティング、特別なプロジェクト、トイレ休憩などが含まれる。ほとんどのコンタクトセンターにおける電話システムにAUX機能が含まれ、オペレーターがボタンを押すと業務外時間のカウントが可能である。

稼働率
効率性指標のひとつで、給与時間に対する生産的活動の割合を表す。（[通話時間＋保留時間＋後処理時間＋待機時間]／[給与時間]）で算出される。

狩野モデル
顧客満足度の要素からサービス品質を「当たり前品質要素」「一元的品質要素」「魅力的品質要素」の3分類に分け、より顧客満足度に影響を与える品質を発見し、向上させ、顧客満足度を向上させるために利用される。

キャリブレーション（較正）
顧客対応業務のモニタリング担当者が同一のコールに対するそれぞれのモニタリング評価結果を比較し、評価のブレがないようにし、評価の一貫性を確保するための活動。

帰納法
経験した内容から、関係する法則などを見つけ出し、結論を導き出していく思考法。

キャピタル・バジェッティング
ファシリティの変更、サイトの移動、ベンダーの変更、情報通信システムの更新など、資産の取得と、大規模な人的資源の配置（採用と教育など）に及ぶ計画の財務的な管理を行うことが相当する。

キャリアパス
人材が職務において、ある職位や職務に就くために必要な、一連の業務経験やその順序などが一貫して俯瞰できるプラン。

給与時間
オペレーターが業務に就き、給与を支払われている時間（有給休暇や昼食休憩なども含む）。

業務量に基づく必要な要員数
必要スタッフ数の予測（要員計画）は、予測業務量とAHTを用いて計算するか、予測業務量とAHT、計画外に生じる要員の目減り（Shrinkage）を用いて計算する。

業務プロセス
監査業務における重要なプロセスの最初のステップから最後のステップ（プロセスの成果）までを監査すること。必要であればコンタクトセンター内の部q門をまたいで外部ベンダーの領域なども含めて実施される。

クオリティ（指標上のクオリティ）
クオリティの指標とは、顧客に対して提供されるサービスの精度、解決率、一貫性などを指し、重大なミス率、解決率などが該当する。

苦情
苦情の定義には、コンタクトセンターの製品やサービス、スタッフ、およびエージェントの何らかの側面に関する（対面、または電話、郵便、FAX、Eメールなどで寄せられた）あらゆる否定的なコメントがすべて含まれる。

苦情マネジメントシステム
「ISO10002」を参照

クライアント
コンタクトセンターへの発注者、または顧客戦略に基づくコンタクトセンターへの業務委託者。同じ社内にコンタクトセンターに相当する組織（グループ、部門、部署、チームなど）を持ち、そのサービスを利用している組織を指すこともある。

クリティカルパス
クリティカルパスとは、プロジェクトの活動の依存関係を整理した上で、プロジェクトの所要期間を決定する一連の活動を指す。クリティカルパスとなるWBSを管理することが、プロジェクトの納期を守る上で重要となる。

クレーム
顧客からの苦情のこと。クレームについては、企業により定義が違う。例えば、顧客からの苦情だけでなく、お褒めの言葉なども広義のクレームとして定義する企業もある。

クロスセル
ある商品の購入者または購入希望者に対して、その商品に関連する別の商品または組み合わせ商品などを推奨することで、顧客当たり購買品目数の向上と売上向上を目指す販売アプローチ手法のこと。

経過日数
処理が終わっていない案件（未処理案件）を経過日数ごとに分類したもの。件数と経過日数とで加重平均し、平均遅延時間（ATL：Average Time Late）を測定する。

契約スタッフ
人材派遣会社の給与管理下にあるフルタイムもしくはパートタイムスタッフのこと。

欠勤率
スケジュール（予定）されたシフトに対して、スタッフがいなかった率を測定する。

呼
電話の接続のことをいう。電話がかかってきた量を呼量という。

効率性指標
インプット（投入）をアウトプット（成果）で割ったもの。例えば、労働時間や運営コストに対して、処理できた顧客対応業務件数や時間、売上など。生産性指標ともいう。

コーチング
人材開発のためのコミュニケーション技法のひとつ。対話を通じて相手のモチベーションを高め、相手の多様な個性を受容・承認しながら課題解決や目標達成を支援するもので、傾聴・質問・承認・フィードバックなどを連動させて使用する。

コールバック
エンドユーザーからのコールに対して、処理結果により、オペレーターがエンドユーザーに電話をかけ直すこと。

コールハンドリング
顧客との会話において、会話の主導権をオペレーターやスーパーバイザーが持つこと。

コールログ
顧客から受け付けた問題の内容や、顧客との会話での重要な点、対応した内容などの記録を残したデータのこと。

顧客アプローチ
コンタクトセンターから顧客に対し情報の提供やセールスを行うこと。

顧客第一主義（カスタマー・セントリックス）
組織が、新しい商品やサービスの開発のために顧客の意見を積極的に聴き、顧客視点で商品やサービスの開発を行う一連のプロセス。

顧客満足
顧客は期待した通りのサービスを受けた時に、満足したと感じる。顧客が満足と感じている状況のことを顧客満足という。

顧客ロイヤルティ
顧客が特定の企業や商品について、自身の意思により再購入や再利用をする状態を顧客ロイヤルティという。

誤差
「信頼区間」を参照

個人情報保護法
「個人情報の保護に関する法律」の略称。「個人情報の有用性に配慮しながら、個人の権利利益を保護すること」を目的として、民間事業者が個人情報を取り扱う上でのルールを定めた法律。2005年（平成17年）4月施行。

コスト
通常、効率性に加え、コンタクトセンターの製品やサービスの提供にかかる処理単位あたりの費用という観点に基づく。コストは価格とは異なる。価格とは、コンタクトセンターがサービスに設定する代価や、クライアント組織に予算請求されるコストなどを指す。

呼損（ブロック呼）
電話回線の物理的回線以上の電話が発生した場合に、電話の接続ができない状況（話し中）となる呼。

固定費
コンタクトセンターの運営予算において、需要や活動により変化しない費用（一般的には、ビルの賃貸料、情報通信システムの償却費など）を指す。

コミュニケーションギャップ
相互が認識、理解する情報に相違が発生すること。コミュニケーションギャップには、情報量の違いのために発生する「情報ギャップ」と、発信者と受信者の価値観や経験、問題意識の違いから発生する「認識ギャップ」がある。

コンタクトセンター
企業または組織の顧客接点の中心的な存在として、電話など非対面のチャネルを通じて、顧客満足度の向上と企業の利益を最大化することを目的としさまざまな顧客サービスを提供する組織。電話だけでなく、Eメールや、ソーシャルメディアなど、複数のチャネルにより顧客とコンタクトを行っている組織。

コンタクトセンター戦略
顧客戦略に基づいて、コンタクトセンターの運営戦略方針についてまとめたもの。コンタクトセンター戦略は、クライアント組織とビジョン・ミッションを共有し、コンタクトセンターの中長期計画、年次計画、センター内の部門やチームの目標、個人目標の管理までが含まれる。

コンタクトセンターマネジメント
コンタクトセンターの運用についてのマネジメント手法。

コンタクト・パーソネル
サービス・エンカウンターの場面で、顧客と直接接触しサービスを提供する従業員のこと。コンタクトセンターでは顧客と直接会話をするのは、オペレーターやスーパーバイザーのため、コンタクト・パーソネルはオペレーターやスーパーバイザーとなる。

コンピテンシー
優秀な人材に一貫してみられる行動・態度・思考・判断・選択などの傾向や特性のこと。通常は、その職務で必要となる知識や技能は除外して考える。

コンプライアンス上の重大なミス
法律上、規制上、個人情報保護の観点から、処理全体が欠陥とみなされてしまうようなミス。このようなミスは、国際、国内、地方の法律や規定に基づいている。
※コンプライアンスとは、一般的に「法令遵守」の意味で用いられる。

サービス（指標上のサービス）
サービスの指標とは、顧客に対して提供されるサービスのスピードを指し、サービスレベル、平均応答速度、放棄呼、納期率などが該当する。

サービス・エンカウンター
顧客が企業の従業員と接触すること。この瞬間に顧客は企業が提供するサービスを経験する。

サービスサイエンス
サービスを経験ではなく科学的に分析することで、サービス産業の生産性向上やサービスのイノベーションによる発展を目指すことを目的として研究されている学問のこと。

サービスレベル
一定の時間内に応答した処理の割合を表す測定指標。例えば、コンタクトセンターにおけるサービスレベルが80／30という場合は、着信から30秒以内に応答したコールの割合が、全体の80％であることを表している。このサービスレベルの表記は、パフォーマンス目標値としても、また実際のパフォーマンスデータ値としても使われる。

サイト視察
コンタクトセンターのベンダー決定の判断要素のひとつとして、実際にコンタクトセンターを視察すること。

サプライヤー
電話基盤など、情報通信システムなど、コンタクトセンターで利用されるシステムの提供など、コンタクトセンターの活動を支援する組織のこと。

シックスシグマ
各種の統計分析や品質管理手法を体系的に使用して、製品製造やサービス提供に関連するプロセス上の欠陥を識別・除去することにより、業務オペレーションのパフォーマンスを測定・改善する厳格で規律ある経営改善方法論。

シフト調整
インターバルごとに予測される業務量をこなせるように、オペレーターのリソースを割り当てること（出勤計画）。

重大でないミス
処理全体を欠陥とみなすまでには至らないが、一部にミスがある場合のこと。ソフトスキルやプロ意識の過失、データ入力上のエラーなどがこれにあたる。

重大なミス
処理全体が欠陥とみなされてしまうようなミス。一般的に、エンドユーザーがコンタクトセンターに再度連絡をしなければならない場合、あるいはエンドユーザー（エンドユーザーにとっての重大なミス）、コンタクトセンター、もしくはクライアント（ビジネス上の重大なミス）に不必要な出費をもたらしてしまうミスのこと。

処理時間（サイクルタイム） Cycle Time
プロセスの経過時間。コンタクトセンターの場合の一般的な処理時間の定義は、コンタクトセンターが顧客対応業務（Eメール、郵便、FAXなど）を開始した時間から、その処理が完了した時点（例えば、製品やEメールの返信が顧客の手許に届いた時）までとなる。

ジョン・グッドマンの法則
米国のジョン・グッドマンが、苦情処理と再購入決定率の相関関係を計量化した結果と口コミの波及効果を測定した結果を法則としてまとめたもの。

信頼区間（誤差）
ある一定のサンプリングデータに基づき母数の属性を推定（例：平均値）した際の誤差の幅のこと。信頼区間の値は、±パーセントで表される。例えば、エンドユーザー満足度調査の結果が87％で、信頼区間が±3％の場合、実際の満足度の平均値は、84％（87％－3％）から90％（87％+3％）の間にあることとなる。

スイッチング・バリア
顧客が置かれている環境により、顧客自身の意志で商品やサービスの選択を行えない状況のこと。

スーパーバイザー
コンタクトセンター内の管理職で、オペレーターからの報告を受ける立場になる（第一線監督者とも呼ばれる）。コンタクトセンターによって、SV・アシスタントSV・リーダーなどの呼称を用いる。

スキル・ベース・ルーティング Skill Based Routing
ACDと連動するソフトウェアアプリケーション。オペレーターの言語能力や、コールの優先度などに基づきあらかじめ決められたルールに沿って、かかってきたコールを特定のスキルを設定したオペレーターに接続する機能のこと。

生産性
効率性指標のひとつで、（[顧客対応業務処理時間]／[給与時間]）で算出される。

精度
顧客対応業務のクオリティ指標のひとつ。業務プロセスのモニタリングを通じて、「正確に処理された率」「ミス率」などの指標がある。「顧客に関する重大なミス」、「ビジネス上で重大なミス」、「コンプライアンスに関わる重大なミス」などを測定することで、指標化する。

セグメンテーション
対象となる事象を、属性や目的などによって分類すること。

占有率
効率性指標のひとつで、（[顧客対応業務処理時間]／[顧客対応業務処理時間＋受付可能時間]）で算出される。占有率は、オペレーターが顧客対応業務の着信に対応できるよう、効果的にシフト調整されているかを判断する際に用いられる。

ソーシャルメディア
オンライン上で個人が不特定多数のユーザーに対し、情報の発信や交換を目的として利用するメディアのこと。

ゾーパ ZOPA (Zone of Possible Agreement) ＝合意可能領域
お互いが合意することが可能な範囲のこと。

チームダイナミクス
チームを構成するメンバーの多様性から生まれる動的なエネルギーのこと。思考や経験の違うメンバー同士がスキルや情報を共有し、より優れたチームになること。

チームビルディング
個人の利害関係の枠を超え、組織をチームとして捉え、組織の方向性やビジネスゴール、達成すべき目標などを確認しながら、チーム内の共通認識と相互理解を深めることでチームとして組織力を高め、相乗効果を最大化すること。または、ビジネスゴールや目標を達成するために、組織またはチームの体制を整えることの意味で用いられることもある。

着信呼自動分配システム
「ACD」を参照

チャネル
コンタクトセンターが顧客とコミュニケーションを取るために利用するツール・媒体のこと。チャネルの種類は、電話、Eメール、Webチャット、SNSなどがある。

テキストマイニング
大量のテキストデータを、単語や文節を基に区切り、それらの出現の頻度や相関、傾向などを解析し、有効な情報を取り出すための分析方法やツールのこと。

トークスクリプト（スクリプト）
コンタクトセンターにおける電話応対の台本・シナリオのこと。顧客との間で想定される会話をフロー化または図式化するなどして作成されたマニュアルを指す。

トレンド
時間経過におけるパフォーマンスの変化状況に対する評価のこと。内的リスクコンタクトセンターもしくは関係する利害関係者がコントロールできるリスク。パフォーマンスの低下による顧客満足度や顧客ロイヤルティの低下もリスクである。

ナレッジ・マネジメント（ナレッジ・メンテナンス）
顧客対応を支援し、円滑に進めるための情報データベースを構築、管理し、データベースに登録されている情報の鮮度を常に最新に保ち、不要な情報はアーカイブ処理（使用不可能なステータスにして一括管理する）をする一連の管理サイクルを指す。情報の鮮度保持、アーカイブ処理などのメンテナンス管理を、ナレッジ・メンテナンスという。

納期率
目標とするサイクルタイム内に業務が完了した割合。

ノンバーバルコミュニケーション
会話などの言葉や文字でのコミュニケーションのこと。（言語コミュニケーション）

バーバルコミュニケーション
情報の内容以外（声のトーンや表情、動作など）で相手の理解に影響を与えるコミュニケーションのこと。（非言語コミュニケーション）

ハインリッヒの法則
ハインリッヒの法則では申し出があった1件の苦情に対し、申し出がない29件の苦情が存在し、さらに苦情となる潜在的な問題が300件あるとされている。（1:29:300の法則ともいわれている。）顧客が商品やサービスに不満を持ち、苦情の申し出があった場合には、同じように不満があるにも関わらず申し出をしない顧客も多くいるということを示している。

バックオフィス
コンタクトセンターにおいて、直接の顧客接点機能は持たないが、事務処理や管理業務を行う場所。

パッシブ・サポート
ソーシャルメディアにて、顧客からの質問に対し回答を行うサポートの方式のこと。

バトナ BATNA (Best Alternative to Negotiated Agreement)
交渉が決裂した時の代替え案のことをいう。

パフォーマンス・マネジメント・システム
組織の全体的なサービス、クオリティ、コストのパフォーマンスを確保するために、また特に顧客要求を一貫して満たす上で必要とされる組織構造、手順、プロセス、人的資源。

バランス・スコアカード
バランス・スコアカードは組織の戦略を財務の視点と顧客の視点で捉え、それらを支える基盤として業務プロセスの改善と人材の育成を重視したビジネスシナリオ構築と評価の考え方である。コンタクトセンター戦略を構築・評価する際にも、この4つの視点を重視することが重要となる。ロバートS.キャプラン＆デビッドP.ノートンによってまとめられた。

ビジネス上の重大なミス
顧客対応業務全体に対して、コンタクトセンター、クライアント、またはビジネス上の観点から障害を引き起こすと思われるミス。これらのミスは、コストやクライアントの満足度に直接的な影響をもたらすもので、コンプライアンス上の重大なミスが個別に管理されていない場合は、通常、データの機密性や適合性に関するミスも含まれる。

ビジョン・ミッション
ビジョンとは「企業・組織としてのあるべき将来像」のこと。ミッションとは「企業・組織の果たすべき目的や存在理由、使命、任務」を指す。

ビッグデータ
ソーシャルメディアなどの非定型データのこと。TwitterやFacebook、YouTubeなど、オンライン上に存在するデータのこと。

必要要員数
ある一定期間内の予測業務量をこなすために必要なオペレーターの概算数（実際に誰が選任されるかに関わらず）。

ピラミッド・ストラクチャー
相手に伝えたい内容（メインメッセージ）について、その根拠を構造化し、構成を組み立てていく手法のこと。

ファシリティ・マネジメント
コンタクトセンターの立地ならびに実際に活動するコンタクトセンターオフィスの設備を決定し、購買し、マネジメントすること。

ファシリテーション
会議を活性化し円滑に進めるために参加者の発言を促し、話の流れを整理して、参加者の認識の一致を図る役割や行為の総称。会議の日程や場所、参加者、進め方、必要な設備などを準備する役割を含む場合もある。

フィードバック
結果、評価を本人に戻すこと。コーチングにおいて相手に気づきを促す手法としてフィードバックが使われるが、「新しい施策へのフィードバック」「キャンペーン結果のフィードバック」というように、さまざまな状況において使われる。

フィッシュボーン
課題とそれに影響を及ぼしている要因との相互関係を図にまとめたもの。魚骨図、特性要因図とも呼ばれる。魚の主骨に見立てた中心線の先に課題を記入し、その両側に要因を大分類した骨を表し、さらに中・小分類した要因を洗い出していく。

ブレインストーミング
会議における集団発想法のひとつ。出席者が自由に意見やアイデアを発言し、周囲は決してそれを否定しないことで、創造的なアイデアや課題を最大限に抽出する。

プレディクティブ・ダイヤラー Predictive Dialer
アウトバウンド業務を効率化する機能を搭載した電話交換機のこと。在宅率、空き回線、通話終了可能オペレーター数などの分析結果から設定された顧客リストへ自動発信し、相手に繋がったコールだけをオペレーターに均等に分配する。発信のタイミングや速度は、オペレーターの平均処理時間（AHT）や、電話の繋がる確率など、指定されたパラメータによって計算される。テレマーケティング、債権回収業務、電話営業、販売促進業務、営業連携型センターなどのアウトバウンド業務を行うコンタクトセンターで利用される。

プロジェクト憲章
プロジェクトそのものの定義と、そのプロジェクトを誰が行うかを明確にする文書で、プロジェクトの定義をまとめた正式な文書となる。プロジェクトマネージャーが、プロジェクトを実行するために必要なリソースを活用する権限を与える。

プロジェクトの制約事項
プロジェクトマネジメントを行う上で、成果の達成を左右する要素。スコープ（範囲）、コスト（予算）、時間（納期）の3つがある。

プロジェクトマネジメント（PM）
プロジェクトは明確な目的を持つ限定的な活動であり、時間や費用の制約を受ける。プロジェクトマネジメントとは、プロジェクトを計画通りに進めるため、時間、予算などを適切に配分し、実行を管理する手法のことである。

プロセス理論
モチベーション理論の中で、人間の行動はなぜ起こり、どの方向に進み、どのように持続され、終了するかという一連の人間の行動プロセスに注目した理論のこと。

プロモーション
販売促進活動のこと。その商品の販売を促進するためのキャンペーンや広告、宣伝などを総称していう。

フロントオフィス
コンタクトセンターにおいて、実際に顧客との直接の接点を持つ業務を行う場所。

平均応答速度
「ASA」を参照

平均処理時間
「AHT」を参照

平均遅延時間
「ATL」を参照

平均通話時間
「ATT」を参照

ベストプラクティス
他社や他部門における好取り組み事例のこと。

変動費
コンタクトセンターの運営予算において、顧客のコンタクトセンターに対する需要（コール数や取り扱い件数など）により変動する費用（人件費、電話代など）を指す。

放棄呼
ACDシステムに受信したが、オペレーターまたはIVR（インタラクティブ・ボイス・レスポンス）が応答する前にかけ手が切ってしまったコールや、機械側が切断したコールのこと。

マイルストーン
プロジェクト管理上で、重要な意味を持つイベントを指す。

ミニマムスキル
顧客応対を開始する（デビュー）時点で必要となるスキル。顧客応対業務、サポート業務、管理業務など、業務に就くすべてのスタッフに対し設定する必要がある。

メンター
メンタリングという人の育成、指導方法を実践する指導者のこと。指示や命令によらず、対話による気づきと助言により、被育成者のメンティー（Mentee）本人の自発的・自律的な発達を促す。

メンタリング
人の育成、指導方法のひとつで、指示や命令によらず、メンター（Mentor）と呼ばれる指導者が、対話による気づきと助言による被育成者のメンティー（Mentee）本人の自発的・自律的な発達を促す方法である。

モチベーション
人が一定の方向や目標に向かって行動し、それを維持する働きのことで、「動機付け」「やる気」と呼ばれることもある。

プロセスのモニタリング
コンタクトセンターが実施するすべての顧客プロセスが、クライアントや顧客から期待されている品質や効率などを満たし、目標とするパフォーマンスを達成する上で効果的であることを検証すること。

モニタリング
対象となるプロセスについて、あらかじめ設定しておいた計画や目標、指示、運用基準などに基づいて、その状況を観察・確認すること。

役割ストレス
顧客と組織など、自分の役割において関わる利害関係者間でニーズに矛盾が生じることなどによって引き起こされるストレスのこと。つまり自身の役割が起因するストレスを指す。

要員計画
スタッフの採用や研修、またブースの営設などのために必要な時間の長さを考慮した事前準備計画のこと。これは既存スタッフの稼働計画（シフト計画）とは区別して用いられる。

予測精度
予測精度は、以下の2つの方法がある。
・要員計画の予測精度　（例：採用に必要な人数や、研修を想定するために予測した業務量と実績値の比較）
・シフト調整の予測精度　（例：既存スタッフのスケジュールを決定するために予測した業務量と実績の比較）

ラポール
「橋をかける」という意味のフランス語。心理学などにおいて「相互を信頼し合い、安心して自由に振る舞い、感情の交流を行える関係が成立している状態」、「心の通い合っている状態」を表す語として用いられる。

リアルタイムマネジメント
当初予測された着信件数や効率性指標（AHTなど）と業務上の実際の状況の乖離や、オペレーターの出勤予定数の変動に対応して、追加的な要員計画、シフト調整を行い、要員数を適切にコントロールすることである。通常は当日レベルで行うものと、大幅な需要などの変動に対応して予測レベルから修正する1週間程度のサイクルで行うものがある。

リーダー
通常の組織では、オペレーターとしての業務を行いながら、モニタリングやコーチングの実施者、製品知識の専門家、サービス、手順、方針に関する専門家、またはエスカレーションコールの処理担当者などとして、ラインスタッフの管理機能も兼任しているスタッフ。

離職
スタッフ側の希望かそうでないかに関わらず、職務から離れること。リスク計画プロジェクトの目標にプラスやマイナスの影響を与えるであろう不確かな事象あるいは状態を予測し、それに対する計画を立てること。

リテンション
顧客維持（顧客保持）の意味。顧客のロイヤルティを向上させ、企業のファンになるよう、顧客のケアを行うこと。限られた市場や競合が多い市場などでは、リテンション（顧客維持）を向上させることが、企業の売上に大きく影響する。

ルーティング　Routing
着信したコールをあらかじめ決められたルールに基づいて自動的に転送する機能。オペレーターのスキル設定に沿って転送する「スキル・ベース・ルーティング」、過去の顧客情報を参照し、適切なオペレーターに転送する「データベース・ルーティング」、待ち時間の長いオペレーターから順に転送する「待ち時間ルーティング」などがある。

ロイヤルカスタマー
ある企業や商品・サービスを継続して購入してくれる忠誠心（ロイヤルティ）の高い顧客のこと。ロイヤルカスタマーを育成するためには商品やサービスだけでなく、販売・サポートプロセスにおいても顧客満足度を高め、顧客の離反率を下げることが重要とされている。

ロールプレイング
教育や研修手法のひとつ。コンタクトセンターにおいては、お客様役と電話応対者役がスクリプトに沿って模擬的な会話をすることにより、実践型・体験型の練習をすること。ロープレともいう。

ログイン　Logged-in
オペレーターは、システムにログイン（またはログオン）することで、業務を開始したことをACDシステムに伝える。通常はタッチトーンコードやエージェント番号を入力する。サインオンとも呼ばれる。

ログオフ　Logged-off
オペレーターは、システムからログオフすることで業務から離れていることをACDシステムに伝える。ログオフの方法は、組織のルールにより異なる。昼食休憩時にログオフする組織もあるし、シフト終了時にのみログオフする組織もあるが、シフト終了時のみのログオフの方が、稼働率を定義通り把握できることが多い。ログオフは、サインオフとも呼ばれる。

ロジックツリー
問題を構造的に分類し、可視化して分析する手法。ロジックツリーを作成する場合各階層はMECEとなるように洗い出しを行い、最終階層が解決策となる。

ワークライフ・バランス
ただ単に仕事とプライベートの割合を指すのではなく、やりがいや充実感を感じながら働き、仕事上の責任を果たすとともに、家庭や地域生活などにおいても、人生の各段階に応じて多様な生き方が選択・実現できることをいう。

1コール解決率
同じ問題で再度問い合わせをすることなく、お客様との一度の対応業務（コール）で問題が解決できた率のこと。一次解決率と同義。

オペレーター資格・スーパーバイザー資格　試験対策テキスト
主要な貢献者

一般社団法人日本コンタクトセンター教育検定協会
　CMBOK委員会
　　担当理事
　　加藤　紀行　　富士通コミュニケーションサービス株式会社

＜主要な編集者・校閲者＞
　主任編集員
　　田口　浩　　　株式会社東京海上日動コミュニケーションズ
　　澤田　哲理　　株式会社プロシード

　編集員
　　松本　修一郎　NTTコミュニケーションズ株式会社
　　新津　隆之　　株式会社オデッセイコミュニケーションズ
　　玉本　美砂子　株式会社ジェイ・ビー・エムコンサルタント
　　佐々木　隆通　日本ATMヒューマン・ソリューション株式会社
　　武　あゆみ　　日本ATMヒューマン・ソリューション株式会社
　　片岡　泉　　　株式会社日立システムズ
　　土谷　恵里　　株式会社日立システムズ
　　森久保　一也　株式会社日立システムズ
　　津江　好美　　富士通コミュニケーションサービス株式会社

　校閲者
　　鈴木　葉月　　株式会社オデッセイコミュニケーションズ
　　武田　理沙　　一般社団法人日本コンタクトセンター教育検定協会

※上記の所属は初版時のものです。

コンタクトセンター スーパーバイザー 完全マニュアル
コンタクトセンター検定試験　公式テキスト
スーパーバイザー資格
CMBOK2.0準拠　試験範囲完全対応
（FKT1406）

2014年10月1日　初版発行
2018年2月14日　第2版第6刷発行

著　　　作：一般社団法人 日本コンタクトセンター教育検定協会
制 作 協 力：CMBOK編集委員会
発　行　者：大森　康文
発　行　所：FOM出版（富士通エフ・オー・エム株式会社）
　　　　　　〒105-6891東京都港区海岸1-16-1 ニューピア竹芝サウスタワー
　　　　　　http://www.fujitsu.com/jp/fom/
印刷／製本：株式会社廣済堂
表紙デザイン：株式会社イタレリ

●本書は、構成・文章・プログラム・画像・データなどのすべてにおいて、著作権法上の保護を受けています。本書の一部あるいは全部について、いかなる方法においても複写・複製など、著作権法上で規定された権利を侵害する行為を行うことは禁じられています。

●本書に関するご質問は、ホームページまたは郵便にてお寄せください。

＜ホームページ＞
上記ホームページ内の「FOM出版」から「QAサポート」にアクセスし、「QAフォームのご案内」から所定のフォームを選択して、必要事項をご記入の上、送信してください。

＜郵便＞
次の内容を明記の上、上記発行所の「FOM出版 デジタルコンテンツ開発部」まで郵送してください。
　●テキスト名　・該当ページ　・質問内容（できるだけ操作状況を詳しくお書きください）
　●ご住所、お名前、電話番号
　※ご住所、お名前、電話番号など、お知らせいただきました個人に関する情報は、お客様ご自身とのやり取りのみに使用させていただきます。ほかの目的のために使用することは一切ございません。

なお、次の点に関しては、あらかじめご了承ください。
　●ご質問の内容によっては、回答に日数を要する場合があります。
　●本書の範囲を超えるご質問にはお答えできません。
　●電話やFAXによるご質問には一切応じておりません。

●本製品に起因してご使用者に直接または間接的損害が生じても、富士通エフ・オー・エム株式会社はいかなる責任も負わないものとし、一切の賠償などは行わないものとします。
●本書に記載された内容などは、予告なく変更される場合があります。
●落丁・乱丁はお取り替えいたします。

© FUJITSU FOM LIMITED 2014-2015
Printed in Japan